中华优秀传统文化与文化自信研究

孙乐宏◎著

中国原子能出版社

图书在版编目 (CIP) 数据

中华优秀传统文化与文化自信研究 / 孙乐宏著 . —

北京 ： 中国原子能出版社， 2022.8（2024.4重印）

ISBN 978-7-5221-2084-3

Ⅰ . ①中… Ⅱ . ①孙… Ⅲ . ①中华文化—研究 Ⅳ .
①K203

中国版本图书馆 CIP 数据核字 (2022) 第 154689 号

中华优秀传统文化与文化自信研究

出版发行　中国原子能出版社 (北京市海淀区阜成路 43 号 100048 　)

责任编辑　徐　　明

责任印刷　赵　　明

印　　刷　北京厚诚则铭印刷科技有限公司

经　　销　全国新华书店

开　　本　787 * 1092　1/16

印　　张　12

字　　数　200 千字

版　　次　2022 年 8 月第 1 版

印　　次　2024 年 4 月第 2 次印刷

标准书号　ISBN 978-7-5221-2084-3

定　　价　65.00　元

网址 :http//www.aep.com.cn　　　E-mail:atomep123@126.com

发行电话 :010 68452845　　　　　版权所有　翻印必究

前　言

中国传统文化源远流长，博大精深，深深地融入中华民族的思想意识和行为规范中，深刻地影响着人们的社会生活及精神面貌。中华优秀传统文化蕴含的基本精神，颂扬的民族气节，推崇的优良道德，是中华民族精神的重要组成部分。中华优秀传统文化展示的哲学成就、史学辉煌、美学魅力、伦理境界、文学硕果、艺术宝藏、科技成就及文物古迹，是中华民族昨日的辉煌，也是我们今天继续奋进的基础。中华优秀传统文化孕育出的杰出政治家、伟大思想家、优秀文艺家、著名科学家、非凡的军事家、不朽的民族英雄，是我们民族引为骄傲的优秀代表。中华优秀传统文化对亚洲、欧洲乃至世界文明发展进程的影响和推动，是中华民族对世界及人类的伟大贡献。

文化自信是一个政党、一个国家、一个民族对自身理想、学说、价值观等发自内心的敬畏和尊崇，以及由此产生的积极向上的心理状态。文化自信是最广泛、最基础、最深厚的自信。提升文化自信，是实现中华民族伟大复兴的前提和保障。提升文化自信可以凭借多种资源，中华优秀传统文化是其中重要的方面。培育和提升文化自信，必须立足于中华优秀传统文化。中华优秀传统文化是文化自信的基石。无论从内容特质、时代价值，还是国际影响方面，中华优秀传统文化都彰显了独特的魅力，是我们提升文化自信的重要资源。

本书从中华优秀传统文化与文化自信基本知识入手，对文化的本质与基本形态、中华优秀传统文化的特征与精神、文化自信的理论内涵与本质特征、文化自信的价值意蕴及文化自信背景下中华优秀传统文化的发展等方面展开论述。在撰写上突出以下特点：第一，理论与实践结合紧密，结构严谨，条理清晰，重点突出，具有较强的系统性和指导性。第二，结构编排新颖，表现形式多样，便于读者理解掌握。是一本对当代大学生进行中华优秀传统文化与文化自信教育及相关研究学者较有价值的参考用书。

在本书的撰写过程中，参阅、借鉴和引用了国内外许多同行的观点和成果。各位同仁的研究奠定了本书的学术基础，为中华优秀传统文化与文化自信研究的展开提供了理论基础，在此一并感谢。另外，受水平和时间所限，书中难免有疏漏和不当之处，敬请读者批评指正。

孙乐宏　著
北京市大兴区社区学院

目　录

第一章 中华优秀传统文化与文化自信概述

第一节 中华优秀传统文化是文化自信的基石

一、中华优秀传统文化的产生与发展

（一）中华优秀传统文化的萌芽

历史学家习惯把文字产生以前的历史称为远古（或上古）时期。中国古代文化正是起源于这一现代人看来极为遥远的时期。人类学家发现，距今约 1500 万年到 1000 万年之前的拉玛古猿，是人类的先祖之一。在我国云南的开远县和禄丰县，都发现了这一古猿的化石，这有力地证明了中国是人类的发源地之一。

20 世纪 60 年代在距开远、禄丰不过百里之遥的元谋县发现的元谋人化石，则是我国境内发现的最早的人类化石。这两则发现，使中华文明与文化的源头得以科学的定位。

有了人，就有了历史，也就有了人在历史活动中所创造的文化。从元谋人、蓝田人（陕西蓝田）、北京人（北京周口店）到马坝人（广东曲江）、长阳人（河北长阳）、丁村人（山西汾县）再到柳江人（广西柳江）、资阳人（四川资阳）、河套人（内蒙古河套）、北京山顶洞人，在这样一个从猿到人的发展过程中，中国古文化逐渐萌生并发展起来。

特别值得指出的是，中华文化在中国大地上的发生，一开始即呈多元状态。不但黄河流域，而且长江流域、珠江流域，甚至东北等北方地区以及青藏高原，都有旧石器及新石器时代文化遗址的广泛发现。

我国远古时期的文化因此也就呈现出多姿多彩的状态。火的使用是旧石器时代先民的一项具有划时代意义的文化创造。北京猿人文化遗址内已发现灰烬，出土了大量因烧灼而变色破裂的石块、骨骼，甚至还有木炭。这一切确凿地证明了，距今 50 万年前的北京猿人已能熟练地使用火，并能有效地保存从自然界取来的火种。关于火在人类历史中的作用和地位，恩格斯在《反杜林论》中曾有这样精辟的论述："就世界性的解放作用而言，摩擦生火还是超过了蒸汽机，因为摩擦生火第一次使人支配了一种自然力，从而最终把人同动物界分开。"他还肯定地指出："甚至可以把

这种发现看作人类历史的开端。"

除了火的使用以外，在仰韶文化（河南）的典型遗址——半坡村遗址中，还可以看到，我们的原始先民已学会了农作、狩猎、制陶，发明了彩绘陶画和简单的音乐舞蹈；在大汶口（山东）文化遗址中除了有更加精美的陶器外，还出现了冶铜、酿酒、制玉、象牙雕刻等新的工艺。

（二）古代传统文化的勃兴

公元前 21 世纪，中国历史上第一个国家政权夏王朝建立起来，中国文化进入了勃发阶段。在夏商西周时期，从文字的发明到青铜器具的普及，从宗法、礼乐制度的创建到人本精神的确立，中国文化迈出了巨大的一步，为以后的更大发展奠定了基础。

1.汉字的发明与使用

文字是记录语言的符号系统，是人们表达思想感情、进行人际交往、发展传统和文化的主要工具。它的发明和使用，使人们之间的交流跨越了时间久远和空间广阔的障碍，引导人类从"野蛮时代"真正进入了"文明时代"，成为文明社会最重要的标志之一。

汉字的产生在历史上有过多种的说法，有源于结绳说，有起于八卦说，更有仓颉造字说。其实文字的产生是社会生产力发展到一定程度的产物。上古时期，人们采用结绳、木刻、图画等方式来记事，帮助记忆。在漫长的经验积累过程中，一些符号反复使用，逐渐孕育出文字。从汉字的发展历史看，最早期的文字中，象形文字的比例特别大，后来随着汉字的进步和发展，象形文字才逐渐减少。所以在事实上，汉字的最初形态是刻画符号。大约在新石器时代的晚期，汉字开始进入起源阶段，到大约 5 000 多年以前，开始出现了一些简单文字，社会进入了有文字的时期，中国汉字也就逐渐产生了。

汉字早期的形态以殷商的甲骨文为代表。它是刻在龟甲和兽骨上的文字，主要是用以记录占卜，所涉内容关于社会政治、经济和文化等各个方面。甲骨文是一种比较成熟的文字，字形结构已经出现了后世汉字的六种造字和用字方法，以象形字为多，还有会意字、形声字、指事字、假借字、转注字，其中有许多单字形体接近今天的汉字，读音也基本上是一字一音。甲骨文也已具有方块字这种汉字独特的书写形式，其行文方法与后来汉字的行文方法相同，都是自上而下，竖列书写。由于历史条件与人的思维能力的限制，甲骨文依旧保存较多的原始性，一般卜辞的文篇简短，散漫无序，但其间却包含有丰富的文化思想，商代也由此成为"有册有典"的时代，标志着古代中国已跨入文明社会的门槛。

金文也是汉字早期的形态之一。金文即青铜铭文，它是铸在青铜礼器上的文字，在商代后期就已产生，到西周时期兴盛发达起来，记载内容多为国家政令、贵族功德和铸造原因等。与甲骨文相比，由于金文的书写工具和材料的不同，其文字笔画一般比较粗壮，起止不露笔锋，大小各异。金文较甲骨文，文字字数大量增加；造字方法以形声字为主，使汉字向形声化方向发展；词序章法虽然承继甲骨文，但篇章规模却更为庞大，所载内容也丰富得多，是研究西周历史的重要资料。

甲骨文、金文的产生，奠定了汉字进一步发展的基础，使汉字在形、音、义三个方面具有了独特的韵味，蕴涵着深刻的美。其形美在结构合理，每一字形都能模拟一定的事物，体现着形式与内容的统一；音美在韵多声少，抑扬顿挫，能因不同情况以不同的音律和音调，表达适当的思想感情；意美在词汇丰富，近义词、同义词的充分展示，使其含义表达更为清晰准确。汉字在以后又经历了篆书、隶书的发展阶段，至汉末形成楷书，成为现代汉字的标准字体，汉字也成为世界上最古老的文字之一。

2. 西周文化

公元前 11 世纪，周人取殷商而代之。从周朝建立到周平王迁都洛邑，史称西周时期。西周是奴隶制社会发展的鼎盛时期，在继承殷商的典章制度、文字、工艺技术等成果的基础上，思想文化上有了进一步的发展。西周统治者一方面因袭商代种族血缘统治方法，并同政治关系紧密结合起来，形成了完备的宗法制度；另一方面用"德"的概念进行限制，强调"唯德是辅"。在周人看来，殷人宣称自己的统治是上天的意志，可是最终被灭亡，要想维持自己的统治，不能一味地依靠上帝，必须实行"德政"，才能得到"民心"，因而提出了"敬德保民"的思想，也就是要用"德"来维护统治阶级内部团结，调整统治策略，巩固其统治。周人在天人关系思想笼罩下，意识到必须尽人事以待天命，这已经反映出周代人的人本思想和主体意识的初步觉醒，中国传统文化中的人文精神正是肇端于此。

西周文化的另一特征为"尊礼文化"。周代有"经礼三百、曲礼三千"，礼乐制成为周代文化的集中体现，它既是典章制度的汇总，又是人们各种行为规范的准则。此后，周人的冠、婚、丧以及视、听、言、动，都用礼乐加以规范，体现的是人与人之间的上下尊卑等级关系。西周时期还出现了最初的阴阳、五行思想，西周初年的《易经》，已经蕴涵着"阴"和"阳"的意思，并试图以代表两种不同性质原理的符号，以及排列组合的变化来解释自然界和人类社会的现象。

总之，西周时期的天命神权思想、敬德保民思想以及阴阳五行思想，尽管体系不完整，但对中国文化的发展产生了深刻的影响；特别是周人的人本思想、礼乐文化冲淡了殷商时期的神本文化，为春秋时期思想界的"百家争鸣"奠定了基础，具有决定中国文化模式转换的重要意义。

3.青铜文化

青铜是红铜加锡或铅的合金，因其锈呈青绿色而得名，它具有熔点低、硬度大、易铸造等优点，是最早为人类利用的金属，人们在这一时期创造的文化亦被称为青铜文化。夏代，中国社会就进入了青铜时代，商周时期青铜文明成就辉煌，科技文化等方面都有巨大发展，达到青铜时代的高峰。

青铜文化的发达首先在于青铜冶炼技艺进入高度发展时期，标志着生产力水平的提高。根据考古发现，商周时期不仅出现了大规模的冶炼铸造作坊，而且采用了与后世铸铜合金成分相近的配置标准。青铜在这一时期作为制造生产工具、生活用具和武器的重要原料，一出现就在各个领域取代了石器和陶器，被铸造成各式各样的复杂器物。青铜器也具有很高的艺术价值。青铜器上的花纹凝重繁复，样式不同。凤鸟纹被视为吉祥而盛行，还有云雷纹、三角纹、瓦纹和蕉叶纹等。在周代后期，青铜器还采用了错金银、嵌红铜、鎏金、硫化处理等新工艺，使其装饰华丽，色彩鲜艳，富有豪华神奇感，成为体现古代先民勤劳智慧、审美情趣的艺术珍品。

（三）中华优秀传统文化的全面产生

春秋战国时期的社会大变革、大动荡不仅为当时的知识分子提供了丰富多样的思想素材，而且也使他们"救世之弊"的社会责任感倍增。这可以说是百家争鸣出现的最重要的文化背景。气象恢宏的先秦诸子百家争鸣中，最重要的有儒、墨、道、名、法、阴阳、农、纵横、杂、小说十家。

孔子是儒家学派的创始人。他通过对周礼的研究和整理，把带有天道神学色彩的礼转换成伦理道德之礼，而这个礼的核心就是仁。仁的基本含义就是爱人。作为孔子之孙子思的再传弟子——孟子则进一步阐发了孔子的仁学思想，他提出了仁、义、礼、智的四端说，并将儒家学说发展成一套比较完整的"达则兼济天下，穷则独善其身"的修身理论。这一理论在先秦就有"显学"之称。在汉武帝"独尊儒术"以后，孔孟之道更是成为中国传统文化的道统之学。

代表中下层劳动者利益的墨家学派的创始人是墨子。如果说自春秋末年到战国初期是儒家学说广为流行的话，那么，到战国中期就是"孔墨显学"并行天下。墨子出身贫贱，史籍中称其为"贱人""鄙人"。从《墨子》一书中看出，他不仅是个思想家，还是个社会活动家。他组织了我国最早的学术社团，加入的人大多是"耕稼树艺""纺绩织纤"的人，可见其信徒多系直接从事劳作的下层群众，尤以手工业者为多。故墨家学说强调物质生产劳动在社会生活中的地位（"尚力"），反对生存基本需要之外的消费（"节用"），企图以"普遍的爱停止战乱取得太平"（"兼爱"），同时又尊崇天神（"天志"），鼓吹专制统治（"尚同"）。这些思想典型映现出小生产者和小私有者的文化性格。秦汉之后，曾作为显学的墨家学说逐渐衰落。

道家学派的始祖是老子。相传老子曾做过周王室史官，他还曾和孔子讨论过"周礼"。但面对着礼崩乐坏的争霸局面，他与孔子的积极有为精神相反，主张无为而治。在他看来，"人法地，地法天，天法道，道法自然"（《老子》二十五章），而自然是无为的。与孟子大约同时代的庄子则进一步发挥了老子的这一无为思想，并在自己的人生活动中处处遵循这种无为逍遥的生存方式。《史记》中就记载有庄子拒聘为相的故事。

除了儒、墨、道三家之外，名家、法家、阴阳家、农家在当时也较有影响。名家的代表人物是惠施与公孙龙。名家好辩，当时被称为辩者。惠施与庄子不仅交往甚多，而且有过许多的辩论。《庄子》一书中保存了惠施"合同异"等一些著名的命题。公孙龙的著名命题则有"离坚白""白马非马"等。名家的好辩往往因为混淆名与实、一般与个别的区别而流于诡辩，但其思想对于启迪人的智慧无疑是有积极意义的。

法家的主要代表人物有李悝、商鞅、申不害、慎到、韩非子等。李悝著《法经》，商鞅实行"法治"，申不害、慎到相继提出重"术"、重"势"的思想，至韩非集法（政令）、术（策略）、势（权势）之大成，建构成完备的法家理论。法家也是战国时的"显学"，后来成为秦王朝统治天下的政治理论。汉代以后，儒学独尊，但法家学说仍或隐或显地发挥着作用。

以邹衍为重要代表人物的阴阳家，其特点是"深观阴阳消息"。所谓阴阳消息，即阴盛则阳衰，阳盛则阴衰。阴阳家认为阴阳的矛盾双方互为消长，一生一灭，构成自然界与社会万事万物运动发展的终极原因和基本方式。运用阴阳消长模式来论证社会人事是阴阳家的一大创造，而从时间、空间的流转变化中去把握世界则是阴阳家别具特色的思维方式。

与孟子同时的楚国人许行则是农家的代表，其学说只见于《孟子·滕文公上》。他主张统治者应与民同耕、同食，这种平均主义的农民意识对中国古代历史的影响也极为深远。除了上述诸子学说之外，以张仪、苏秦为代表的纵横家，主张合纵连横，由于其直接为君主权术作论证，故其思想影响不大。而"兼儒道，合名法"的杂家则主要是折中糅合了诸家学说，故也无太大的影响力。小说家则被认为是记录"街谈巷语"的小道而不被看重。由此可见，真正构成百家争鸣核心的是儒、道、法、墨诸家，这些思想作为一种文化传统对尔后的中国历史产生了极为广泛而深远的影响。

（四）中华优秀传统文化的全面兴盛

公元前 221 年，秦灭六国，建立了我国历史上第一个统一的多民族的封建中央集权国家，创立了较为完整的政治、经济、文化统治制度。15 年后，汉王朝建立，继承并发展了秦王朝的各种制度，并统治中国 300 多年。秦汉统一的政治格局为知识分子提供了对大一统理论进行思考、总结和提高的现实基础。

1. 秦朝

秦朝统一后，运用国家政权的力量，使封建土地所有制得以最后确立，为封建国家的政治结构、文化发展奠定了经济基础。汉代初期实行释放奴婢的措施，目的是为了维持和巩固封建土地所有制。秦汉时期确立的封建土地所有制，成为此后2000 多年封建社会的根本经济制度，在此基础上，秦汉统治者也建立了为中央集权统一国家服务的官僚政治制度、思想文化制度和伦理道德规范。

秦朝确立了高度集中的中央集权制，皇帝享有至高无上的权力，形成个人专断，同时王位世袭。汉代还从宗法制度上入手，使"嫡长子继承制"成为君主世袭的原则。中央集权统治的确立，有力地促进了人们经济文化生活的共同性。在汉代，这种统一的观念更是深入到整个民族的思想文化之中。

秦统一后，实行"书同文""车同轨"，利用国家政权力量，从文字、人的心理状态和伦理规范方面，促成统一的民族文化的凝聚和形成。首先，进行的是文字的统一工作。秦代李斯等人在秦文字的基础上，通过对周朝文字大篆进行简化、整理，在吸取战国末期其他文字优点的基础上，创制并在全国推行一种文字，后人称为小篆。文字的统一对于政治、思想文化的一体化至关重要。其次，实行"度同制""车同轨"。全国实行统一的圆形方孔货币；统一长度、重量的标准以及车辆的宽度等。这些措施消除了各地的差异隔阂，加强了中央同各地的联系，畅通了商业贸易与文化交流。最后，统一思想。秦统一天下后，在李斯的建议下，实行文化专制政策，以思想的统一来巩固中央集权君主专制的统治。所有这些统一措施，不但强化了秦朝的中央集权统治，而且也有力地促进了人们在政治、思想、经济文化生活上的共性，为中华民族文化共同体的最终形成奠定了坚实的基础。

2. 汉朝

西汉建立后，随着政治上的稳定、经济上的繁荣，曾经被后世儒生士大夫反复抨击过的秦朝实行的思想统一问题再次被提出。汉武帝时期，董仲舒顺应社会时代潮流，以儒家的"六经"为根本，提出了"大一统"思想。"大一统"思想既体现在制度上，也体现在思想上。董仲舒主张建立文官制度，改变了人才的培养方式，促进了官僚系统的进一步完善；从社会伦理规范出发，他提出了"君为臣纲、父为子纲、夫为妻纲"的三纲，并称之为天意的体现、王道的支柱；将"仁、义、礼、智、信"作为五常来对民众进行说教，三纲五常成为维护封建专制和宗法等级的重要工具；为了统一思想，他提出要"罢黜百家，独尊儒术"，使儒学成为汉代文化思潮的主流，"定于一尊"。从此，儒学成为中国封建时代的统治思想，其他各家被看成异端。

中国文化进入了经学的时代。

所谓"经学"，是指从汉代开始直至清代的以研究儒学经典为主要内容的学问。在汉代，经学作为统治者的官方学术形式获得了空前的发展，在其中出现过不同的学术派别，他们不但对儒家经典的真伪展开了激烈的争论，而且在学术观点和学术研究的原则、方法上也有重大的分歧，形成了对经典的各种不同的解释，使经学成为令人难以忍受的烦琐学问，最终导致儒家经学的没落。随着东汉王朝的崩溃，在社会大动乱中儒学的神圣光圈黯然失色，从而在魏晋南北朝时期，出现了崇尚清谈的"玄学"。由于佛教的传入和道教的兴起，儒学独尊的地位在这一时期已经被打破，出现了儒、道、释三大学派鼎立的局面。这三大学派既自成体系，又相互吸收和兼容。同时，由于社会的动荡不安，出现了大规模的民族迁徙和大杂居，由此引起了空前的民族大融合和各民族之间的文化的相互渗透和交融，从而使民族文化充满了生机和活力。多元文化的大融合，对后来隋唐时期的文化繁荣产生了积极的作用。

3.隋唐两代

隋唐两代是中国封建社会历史上继汉代之后第二个鼎盛时期。由于全国统一，社会经济繁荣发展，政治统治稳固开明，从而在文化方面也出现了生动活泼、风格各异、丰富多彩的盛唐文化，展现出一种"有容乃大"的宏伟气概。随着隋唐的统一，华夏传统文化得到了很好的继承和发展；同时，对少数民族文化的采撷吸收，大大丰富了隋唐文化的内涵。唐代国家统一后，与当时世界上70多个国家和地区展开文化交流，在注重保留中华民族文化自身特色的同时，博采众长，使自身文化保持旺盛的生命力，向世人展示了中华民族的独特魅力。在强盛、宽容、开放的隋唐时代，中国特色的诗歌、书法、绘画都发展到了一个鼎盛时期；在音乐、舞蹈和雕刻等方面，也取得了令世人瞩目的辉煌成就；在史学、经学等方面的研究也取得了长足的进步。隋唐时期，也是中国佛教的全盛时期，佛教在中国得到了前所未有的传播并逐步走向成熟。佛教文化作为中国传统文化的重要组成部分，不仅在中国的哲学领域占有一定的位置，而且唐代的文学艺术也因吸收佛教文化而更加多彩辉煌。同时，佛教对我国各民族文化以及民俗民风都有重大影响。

4.宋明

宋明时期是中国文化发展史上的强化时期，并占有十分重要的位置，体现出特有的风貌。宋明文化最重要的标志是理学体系的构建，并使之成为占统治地位的哲学思想，它对宋明时期的文学创作和社会生活等方面产生了重要影响。与理学着意于知性反省、造微于心性之际的趋向一致，两宋的封建士大夫文化也表现为精致、细腻、内敛的特有性格，宋词、宋画无不浸润着优雅细密、清新恬静之美。随着社会结构的变迁和商业经济的发展，宋代就出现了充满活力的市民文化，精彩纷呈的戏曲、小说在丰富了宋人文化生活的同时，也跻身于文化舞台上，成为不可忽视的社会存在，元杂剧、明代小说的辉煌成就是它得到不断发展、壮大的体现；宋明时期，我国古代科技的发展达到极盛，活字印刷术、指南针和火药武器的发明，是宋代科技最为突出的成果，宋明时期的天文学、医药学、地理学、地质学、冶金术、制瓷术也取得了较大的成就，郭守敬的《授时历》、李时珍的《本草纲目》、宋应星的《天工开物》等，都是科技得到重大发展的集中反映，都为人类的文明发展做出了重大贡献。

二、融入时代元素以增强中华优秀传统文化生命力

人类历史上出现过的文化形态统计为 26 个，时至今日，只有 7、8 个文化形态依然传承。其他的文化，要么衰落了，要么消亡了，要么被征服了，要么出现过中断。唯有中华文化在几千年的历史长河中历经磨难和挫折，但不曾中断过。这足以说明中华优秀传统文化有着强劲的生命力。延续中华优秀文化生命力，必须将中华优秀文化和时代相结合，只有融入当代中国的文化建设之中，成为当代中国文化新形态的有机组成部分，中华优秀传统文化才能延续其生命、彰显其价值、展示其魅力，中华文化的发展才不至出现断裂。培育和提升文化自信成为建设中国特色社会主义文化的重要工程。将传统文化与这一工程结合起来，将传统文化的积极基因植入提升文化自信这一工程的方方面面，必将增强和延续传统文化的生命力。

三、批判性继承是发展中国优秀传统文化的必然要求

提升文化自信，是当代中国文化建设的重要内容。任何一个民族的文化建设、文化发展都是在既有的条件和基础上进行的，也就是说，必须继承历史上留下的已有的文化。中国现时的新政治新经济是从古代的旧政治旧经济发展而来的，中国现时的新文化也是从古代的旧文化发展而来，因此，我们必须尊重自己的历史，决不能割断历史。在批判继承中国传统文化的基础上，中国共产党人创造出了民族的、科学的、大众的新民主主义的文化。这种新文化一经提出，就成为近代中华民族实现民族独立和人民解放的重要思想武器，成为中华民族自立于民族之林的思想基石。在新时期，要提升文化自信，建设中国特色社会主义文化，也需取中华优秀传统文化之精华弃其糟粕。

四、提升文化软实力是坚定文化自信的根基

一个国家的综合实力既包括经济、科技、军事为主要内容的硬实力，还包括以文化、意识形态、价值观为主要内容的软实力。当今世界，国与国之间的竞争与较量不仅仅取决于硬实力，也取决于以文化为核心的软实力。早在几千年前，中国的

先哲们就提出了重视软实力的思想。《黄帝四经》曰："重柔者吉，重刚者灭"。老子的《道德经》曰："天下之至柔，驰骋天下之至坚。"软实力强调的是国与国之间的合作与吸引，这是一种通过塑造本国良好的外在形象影响他国的能力。这种能力主要来自文化、政治价值观和外交政策。中国传统文化蕴含的软实力因子是提升文化自信的重要资源。习近平总书记曾强调了中华优秀传统文化对提升文化自信的重要性，我们坚定文化自信的坚实根基和突出优势，就在于中国优秀传统文化。博大精深的中华优秀传统文化、中国人几千年来积累的知识智慧和理性思辨，是我们最深厚的软实力。

第二节 中华优秀传统文化的内容特质与文化自信

一、中华优秀传统文化的内容特质

一个国家、一个民族、一个政党的文化自信不是天生就有的。在几千年的历史长河中，中华民族创造了优秀的中华传统文化，这些传统文化所蕴含的人生理想、道义担当、理政之道和经世之道成为我们民族独特的精神标识，也成为我们提升文化自信的基石和底蕴。从传统社会向现代社会的转型过程中，面对西方强势文化的冲击，中华民族原有的文化自信重塑与提升之路充满了曲折与艰辛。实现中华民族的伟大复兴，必须要有文化自信的提升。审视中华优秀传统文化，可以发现其有着提升文化自信的丰富的理论内容和独特的精神气质。

二、中华优秀传统文化蕴含提升文化自信的丰富资源

中国传统文化是以儒家为核心、结合释道为一体的综合体系。这一体系在基本内容上"重人""重德""重和"。"重人"是中华优秀传统文化的重要精神和内容。中国哲学，本质上是一种人生哲学。周朝时已有了"惟天地万物父母，惟人万物之灵"之说。孔子则提出了"仁者，人也"。其学说强调"仁"，也即强调"人"。正是由于先秦时代开始形成的这样一种注重"人"、看重"人"的人本主义文化传统，中华民族拒绝把自己全部交给上帝或天国，从而避免了由宗教对国家长久统治所造成的愚昧、冲突和灾难。"重德"是中华优秀传统文化的又一重要内容。早在孔子之前，叔孙豹就提出了"立德，立功，立言"的"三不朽"，"立德"被排在三立之首位。春秋时期，孔子在整理殷周典籍的过程中，提出了重德的"仁学"思想。"仁"的基本内涵是"仁者，爱人"，"仁"的基本原则是"己欲立而立人，己欲达而达人"。要实现"仁"者的目标，个人必须注意自身人格的完善。为此，孔子提出了"三

军可夺帅也，匹夫不可夺志也"，孟子提出了"天将降大任于斯人也，必先苦其心志，劳其筋骨，饿其体肤，空乏其身，行拂乱其所为，所以动心忍性，曾益其所不能"的道德修养要求。传统文化对"德"的尊崇使中华民族形成了许多优秀的传统美德，这些传统美德形成了中华民族独特的民族精神。"重和"是中华优秀传统文化的另一重要内容。"和"非常重要，"致中和，天地位焉，万物育焉"。为了达到"和"的理想状态，必须坚持"中庸"之道。道家认为，道生一，一生二，事物的存在和发展始终包含阴与阳、硬与软、对抗与和谐两个方面，而和谐是主导面。法家和墨家也都强调"和"的思想。中国传统文化"贵和"的精神使中华文化始终能以一种包容的姿态面对外来的文化。

三、中华优秀传统文化具有提升文化自信的独特特质

中华优秀传统文化非常强调个人自强不息的奋斗精神。《周易》曰："天行健，君子以自强不息。"这是告诫君子应该效法天道，自立自强。儒家也看重自强不息的品质，"志士仁人，不可以不弘毅，任重而道远"。只有具备坚毅的品质，才能实现大同世界。刻苦坚忍、百折不挠、自强不息的奋斗精神成为我们民族精神的一部分，深深地烙印在中华民族的灵魂深处。正是这样的民族精神，中华民族才创造了古代灿烂的中华文明；也正是这样的民族精神，中华民族在近代落伍的情况下，仍然能奋发前行。宽广仁厚、兼容并包是中华文化的另一精神特质。"地势坤，君子以厚德载物"，"厚德载物"体现的是一种包容精神和开放姿态。这种宽厚的品质使中华文化在面对外来文化时，总能从其身上汲取优秀成分，发展壮大自身。比如，汉朝时，印度的佛教通过丝绸之路传入到了中国。中华文化对这种域外文化始终保持着一种开放的姿态。佛教典籍被不断翻译、介绍进中国。隋唐时期，佛教文化和中国儒家心性说相融合、相碰撞，产生了具有中国本土气息的八大教派。佛教在中国的本土化丰富并发展了中华传统文化。天人合一是中华优秀文化的又一精神特质。天人合一思想发源于周朝，经过孟子和董仲舒的发展，到宋代时达到成熟。《周易》曰："夫大人者，与天地合其德，与日月合其明，与四时合其序，与鬼神合其吉凶。"此处的天地、日月、四时、鬼神指自然。这句话告诫人们，人类的行为要遵循自然的品性和自然的运行规则，即"易理"。道家把天看作自然之天，人是自然发展过程中的产物，因此，人不能脱离自然，只能顺乎自然而为之。

第三节　中华优秀传统文化的时代价值与文化自信

一、中华优秀传统文化的时代价值

世界上任何一个国家，任何一个民族文化自信的提升必须从其传统文化契入。传统不是守旧、僵化的代名词，传统文化是保存先人的成就，并使继起的后代适应社会的一种既定存在形态；若没有传统文化，现代人决不会比类人猿更高明。因为生物学意义上的遗传最多只能使我们在生理构造方面比类人猿更精细一些，只有传统文化的世代承袭才使我们成为真正的人。中华优秀传统文化作为中国人几千年理性和生存智慧的积淀，它不仅解决了过去中国的发展和中国人精神生活的问题，它对当代中国和世界的发展也有着多方面的价值和启迪，它为中华民族文化自信的重塑和提升提供了丰富的养分。

二、中华优秀传统文化对治国理政、提升文化自信的作用

推进国家治理体系和治理能力现代化是全面深化改革的总目标。要实现这一目标，需要对我国历史和传统文化有深入了解，也需要对我国古代治国理政的探索和智慧进行积极总结。比如中华传统文化中强调为政者廉以洁己、慈以爱民的廉政思想，对当今我国国家治理中的腐败控制有重要价值。孔子提出的"其身正，不令而行"强调了君主以身作则的重要性。孟子提出的"君仁，莫不仁；君义，莫不义；君正，莫不正"思想强调了君主的仁、义、正对国家安定的价值。汉代的贾谊也强调了明君和官吏道德上以身作则的意义，"故民之治乱在于吏，国之安危在于政。故是以明君之于政也慎之；于吏也选之；然后国兴也。故君能为善，则史必能为善矣；吏能为善，则民必能为善矣"。这些强调执政者加强自身道德修养的思想对当今中国治国理政有重要启示。要把当今中国的事情办好，必须加强各级政府领导班子建设。要把建设一支政治坚定、注重实效、作风优良、廉洁自律的干部队伍作为治国理政的重要工作。另外，中华优秀传统文化中"和"文化对国家治理也有一定的借鉴价值。国家治理的根本目标是实现经济发展、社会稳定、民众幸福。能否推动经济发展、社会稳定、民众幸福也成为考量一国国家治理体系和治理能力的重要指标。

三、中华优秀传统文化对维护世界和平、提升文化自信的价值

和平与发展是当今世界的主题。世界从整体上看是和平的，但局部地区仍然动

荡不安，冲突不断，恐怖事件频频发生，各国之间的分歧和隔阂不断加大。维护世界和平，需要各国协同努力。中华民族历来是一个爱好和平的民族，爱好和平在儒家思想中也有很深的历史渊源。孔子强调："克己复礼为仁。一日克己复礼，天下归仁焉。""仁"不仅是处理人际关系的原则，而且是处理国与国关系的原则。孟子提出了行"王道"和"以大事小""以小事大"的邦交原则，"惟仁者为能以大事小，是故汤事葛，文王事昆夷。惟智者为能以小事大，故大王事獯鬻，勾践事吴"。值得注意的是，孟子还特别将维持国与国之间友好关系的重点放在大国方面。这些优秀的中华传统文化启迪着世界各国，唯有确立和平的理念，国与国之间才能减少纷争和战争，才能维护世界和平。

四、中华优秀传统文化对化解全球性问题、提升文化自信的贡献

随着全球化进程的推进，世界范围内出现了一些关系全人类根本利益、威胁人类生存和发展的环境问题、生态问题、能源问题、可持续发展、极端恐怖主义问题。这些现实危机的出现引发了西方社会对现代性的反思。历时二百多年的全球化进程的确改变了全世界的面貌，但经济的发展和科学技术的进步使人所处的环境危机四伏，使人成为"机器的一个零件"，成为"单面人"。这些问题的出现固然和西方片面追求经济增长的发展模式有关，但其深层和本质的原因则与人类自身的缺陷分不开，人的贪婪本性和人是自然界的"主宰"这种文化价值观，使人迷醉于科技的威力，一味对自然索取和征服。中华优秀传统文化中的天人合一、自强不息、宽容和谐、谦和好礼和求真务实的思想等对解决这些问题有重要的启示。20世纪80年代，世界诺贝尔奖奖金获得者在巴黎发表的宣言中呼吁西方世界关注中国传统文化。这说明儒家思想对当今全球性问题的解决有重要的价值。中华优秀传统文化具有超越时代的历史恒常性，它冲破几千年厚重的历史长河和壁垒，历经岁月和风雨的冲洗，依然引领风骚，璀璨夺目。中华民族优秀文化所具有的这种现代价值是世界上任何其他文化和文明都不可比拟的，它是我们提升文化自信的重要资源。

第四节　中华优秀传统文化的国际影响与文化自信

一、中华优秀传统文化的国际影响

文化自信不仅包含对自身文化价值的高度肯定，还包括对自身文化影响的充分认识。提升文化自信，必须理性看待中华优秀传统文化在过去和现在的国际影响。当今，随着全球化进程的不断推进，中外文化交流日益频繁，越来越多的中国文

产品出现在了国际市场和国际舞台上，中国文化的影响在向纵深发展。中国文化历史悠久，灿烂辉煌，它曾长时期居于世界领先水平。通过传教士、商人和留学生等群体，中华文化对东亚、欧洲国家和地区的经济、政治、文化和社会生活曾经产生了深远、持久的影响，有些影响一直持续到现在。

二、中华优秀传统文化对亚洲国家的影响

先秦到清朝前期这一时期，中国在亚洲的历史舞台上是当之无愧的主角。中国周边的朝鲜、日本、越南等国的政治、文化深受中国传统文化的影响。

朝鲜在建国之前，儒学与汉字就已经输入到了朝鲜。新中国成立后，朝鲜学习汉文化的步伐明显加快。朝鲜设立的太学就是以传播汉学为主要任务的机构。7 世纪时，朝鲜政府因仰慕汉学，还派遣本国贵族子弟前往长安留学，这些留学生返回朝鲜后成为传播儒家文化的使者。10 世纪到 14 世纪，朝鲜政坛更替频繁，但无论哪一个政权，皆以儒家思想为立国之本。儒家思想不仅对朝鲜半岛的过去有影响，对当今韩国的企业管理、影视制作、学校教育仍然有深远的影响。韩国确立了"文化立国"的战略后，韩国的影视剧中渗透着儒家浓浓的文化精神和温情道德，它不仅受到了中国和日本等东亚国家民众的追捧，还受到了东欧国家民众的好评。

日本与中国是一衣带水的邻邦，两国很早就有了交往。周朝时，中华文化就传到了日本。隋朝时，圣德太子效法中国制度，进行了国内改革。公元 608 年，日本国王接见隋朝使节，向使节表达了向隋朝学习典籍制度以作为建国准绳的愿望。公元 630 年，日本派出了第一批遣唐使。在此后二百多年中，日本共派出遣唐使十八次。在返日的留唐学生的策动下，公元 645 年，日本发生著名的大化革新。正如日本近代以西方化为目标的明治维新，大化改新的理想就是实现"中华化"。大化改新后，日本的律令大体上采用唐律，日本各级学校以儒家经典为教科书，日本佛教以中国为母国，日本历法以唐历为蓝本。这说明中国传统文化对古代日本的影响非常深远。近代日本在向西方学习的过程中，并没有丢掉中国的儒家思想，从小受《三字经》《大学》《中庸》《论语》浸染的日本"资本主义之父"涩泽荣就非常推崇儒家的《论语》，并告诫日本的企业家，要一手拿算盘，一手拿《论语》。

三、中华优秀传统文化对欧洲国家的影响

13 世纪中叶，蒙元帝国建立后，更多的欧洲商人、传教士、使者来到了中国，他们带回的关于中国的信息使欧洲人耳目一新。《马可·波罗游记》的介绍让欧洲人对中国如痴如醉，对东方满怀憧憬。正是在对东方的好奇与向往中，才有了新航路的开辟。英国的拉雷教授曾在他的《英国十六世纪的航海业》一书中这么说西方人对中国的憧憬与新航路开辟的关系，探寻华夏确是冒险界的主旨；是数百年航行

业的意志灵魂。不过，此时期中国对欧洲的影响主要停留在物质层面上。

16 世纪末，利玛窦等传教士来中国后，他们带回欧洲的信息就不仅仅是停留在风土人情、日常生活方面，他们对中国的介绍更多是思想、文化、政治、典籍等方面。这个时期，儒家经典和孔子的学说在欧洲都有了西译本。例如，郭纳桑译《大学》，并改名《中国之智慧》，殷铎译《中庸》和《论语》，刘应译《礼记》部分篇章，马若瑟、孙璋都曾译过《诗经》，钱德明译《乐经·经传》，雷孝思译《易经》。欧洲传教士们对儒家学说和其他中国传统文化的介绍在欧洲引起了很大的轰动，掀起了一股"中国热"。18 世纪，纪君祥的元杂剧《赵氏孤儿》在法国上演。法国大文豪伏尔泰花费数月时间对其进行改编，完成了五幕悲剧《中国孤儿》，上演时轰动空前。在伏尔泰的其他作品中（比如《风俗论》《哲学词典》），他也极为推崇中国的儒家道德思想。中国传统文化对德国思想界也有一定的影响。德国近代启蒙哲学家莱布尼茨的"单子论"就受到了中国儒家思想的启发。莱布尼茨还在华传教士通信探讨《周易》里的 64 卦。中国人无论通过精神和道德，还是关于正直的最理智和精辟的格言，都反映出已经开化到如此高的程度，因而一直走在其他异教国家的前面。中国的传统文化也影响到了俄国。俄国的普希金此时期通读了法国和俄国出版的关于中国的一切文献，还和熟悉中国文化的名流进行了交谈。在这些中国文献和关于中国的交谈中，普希金汲取了对自己有价值的知识，普希金特别关注儒家培养人性的方法。列夫·托尔斯泰（Лев Николаевич Толстой）也特别迷恋中国传统文化，他有时还直接借助儒家和道家的一些原理来支持他自己的理论。

随着"中国热"，欧洲国家开始了文化上的思想启蒙。以儒家为核心的中国传统文化为启蒙思想火花的燃起带去理性的酵母，致使欧洲中世纪神学权威因受儒学文明冲击而发生动摇，许多思想家深受启蒙。

综上，无论从内容特质、时代价值还是国际影响上都足以彰显历史悠久、博大精深的中华优秀传统文化所具有的独特魅力，它是先辈们留给我们的丰厚精神遗产。中华优秀文化不仅推动了中华民族的发展，还为人类文明进步做出了卓越的贡献。提升文化自信，必须立足于中华优秀传统文化。只有深入挖掘中华优秀传统文化的内容特质，高度认同中华优秀传统文化的时代价值，充分肯定中华优秀传统文化的国际影响，吸吮着中华民族几千年奋斗积淀下来的精神养分，站立在中华民族广袤的大地上，我们的道路才会走得越来越宽广，越来越稳健，越来越自信。

第二章　文化的本质与基本形态

第一节　大文化与小文化

一、文化的定义

文化问题是中国特色社会主义建设中一个具有全局性、战略性的大问题，在日常生活和理论方面也是一个重大问题。

文化是由思想和行为的习惯模式所组成，文化包括价值、信仰、行为规范、政治组织、经济活动等，实际上，文化包括社会中的一切。这是一种所谓大文化，或称之为广义文化。文化这个名词有广义、狭义两种，广义包括政治、经济；狭义的仅指语言、文字、宗教、文学、美术、科学、史学、哲学等。

文化是观念形态，是理论世界、价值世界、意义世界。这样，才能理解为什么说文化是民族的血脉，是精神家园。社会主义文化建设、中华民族的文化复兴，涉及的是中国传统文化与当代文化建设的关系、社会主义核心价值的建设、思想道德建设，以及哲学、道德、文学、艺术等，并没有把党的建设、经济建设、政治建设、社会建设、生态文明建设，统统称之为文化建设。如果这样，将中国特色社会主义理论、道路、制度的建设，统统归入文化建设，这不仅在理论上不可思议，在实际上也必然陷于混乱。

二、文化的重要性

文化具有广泛的渗透性，每一个领域都可以从自己的角度给文化下一个定义，形成了文化多元化的、各具特色的定义，使得文化很难给予一个统一、确切、一致赞成的定义。对现在所有的文化定义用"一、二、三"这样的数字来概括学者们对什么是文化的看法。

（一）"一"

"一"是指一元化的文化定义。这个定义现在有很多人在用。文化就是人化，凡是人类所创造的一切不同于自然界的东西都是文化。它表现在物质里面，就叫作物质文化；表现在人的组织和行为里面，就叫作制度文化；表现在人的观念里面，就叫作观念文化。总而言之，文化就是人所创造的一切，不同于自然界的都叫作文化。我个人是不同意这个定义的。这个定义有它的优点和缺点。优点是它指明了文化的本质特点，文化是人所创造的，它不同于自然存在物。这个定义最大的缺点是区分不了文化与社会、文化与文明。如果文化按种类划分为物质文化、制度文化、观念文化，文明也可如法炮制，划分为物质文明、制度文明、观念文明。文化与文明，是一物二用，没有区别。如果文明包括物质文明、制度文明、观念文明，文明的内涵与社会等同。文明与社会重叠，就没有必要区分社会与文明。

文化无所不包的定义有两个缺点：第一，它说明不了文化是从哪来的。既然一切都称之为文化，那么文化只能来源于文化自身；第二，它无法把文化、文明、社会区分开来，因为文化包括物质文化、制度文化、观念文化，文明可以这样划分，社会结构也可以这样划分。既然在理论上存在文化、文明、社会三个概念，总是因为三者存在区别，否则何必区分呢。

文明和文化是有区分的。文明是社会进步的概念，是表明社会进步的一种尺度，它是与野蛮、蒙昧相对应的。例如，物质文明，指的是生产工具的进步或产品优良程度；制度文明，指的是政治制度的优劣和行政效率；精神文明，指的是社会公德和人的素质。而文化是社会结构的概念，表明社会结构存在一种要素是文化。物质文化指的是其精神内涵而不是其效用，制度文化是制度的精神内涵和学说理论支撑，精神文化则是各种各样的精神文化形态。文化与文明不能画等号。文明大体上沿着社会形态的变化而变化，是一种文明代替另一种文明的前进的上升的过程。人类社会经历了原始社会文明、奴隶社会文明、封建社会文明、资本主义文明、社会主义文明，可是文化不能简单地按社会形态分类。一个民族文化的发展就像万里群山，有高峰有低谷，战国时期诸子百家是高峰，唐诗、宋词、元曲、明清小说都是那个时代的高峰。各有高峰，后人很难超越，也难以复制。文化和文明不是同步的。文明发展的程度高，不见得文化发展的程度就高。

（二）"二"

"二"，比较简单。整个社会分为经济基础和上层建筑。文化是上层建筑，这就是"二"分。这个定义有优点，也有缺点。优点是简单明了，指明了文化的上层建筑的性质。缺点是比较狭隘，排除了非上层建筑的属于文化形态的东西，包括逻辑、语言、科学、技术等。

（三）"三"

很长时期以来，我们使用的是三分法——政治、经济、文化。从马克思到毛泽东的《新民主主义论》，基本都是三分法，文化是不同于经济、政治的观念形态，政治、经济不等于文化，但是文化必然会渗透到政治、经济之中。三分法的优点是结构比较清楚，指出文化是不同于经济和政治的观念形态。这样我们可以理解作为观念形态的文化的本质，文化作为上层建筑的观念形态，一定的文化是一定的政治和经济在观念上的反映。

"一、二、三"，说起来好像很多，实际上就是二分。一个是广义的文化"一"，是大文化观。"二、三"，属于一类，都是把文化看作是观念形态的东西，这是我们通常讲的狭义的文化观，即小文化观。

大文化观就是把人类所创造的一切都称之为文化。过去经常有人这样说，文化者，人类心能所开释出来之有价值的共业也。这基本上是大文化概念。小文化观是把文化限制在观念形态。西方有名的人类学家泰勒提倡小文化观念的定义，认为文化包括知识、信念、艺术、道德、法律、风俗习惯以及人的其他一些能力。小文化观就是文学、艺术、美术这一类的事。

大文化观、小文化观从功能来说，各有其用。大文化观对于人类学、考古学来说是有用的，像考古学里的仰韶文化、大汶口文化等，实际上讲的是对中国历史发展的某个阶段总的状况的概括，包括生产工具、生活工具，也包括附着在生产工具、生活工具表现出的观念。而狭义的文化观或者小文化观，是把文化限制在观念形态上，对于哲学、社会学的研究来说是非常必要的，因为它能区分整个社会的结构。社会是怎样构成的，其中政治、经济、文化相互之间是什么关系。大文化观在历史唯物主义中无法使用，你穿衣服不能说穿文化，吃饭不能说吃文化，喝酒不能说喝文化。所以要区分社会结构、社会存在、社会意识，区分经济基础、上层建筑，必须是小文化观。只有这种小文化观，才能指导我们建设社会主义先进文化，究竟是要建设什么。我们不能把修高铁包括在文化建设之中，它是经济建设。小文化观念对于我们建设社会主义先进文化来说，应该是有效的指导原则。要培养民族精神、建设精神家园必须发挥作为观念形态的文化的作用，不能用无所不包的文化概念。文化，只有作为观念形态的文化，只有作为精神，才能显示文化的重要性，才能显示文化对于经济、政治的渗透性和反作用。

根据文化唯物史观的观点，文化应是社会结构的一个组成部分，它应与一个社会的经济结构、政治制度相结合才能组成一个社会形态、一个社会结构。这样才能把文化与文明、与社会区分开来。

人们经常使用"文化底蕴"这个词，这表明文化是一种精神内涵。人与动物不同。动物只有一种需要，就是生存的需要。人既需要有物质生产来满足自己的生存需要，又需要有文化来满足自己的精神需要，所以才有文化和物质之间的区分问题。如果把一切都叫作文化，那就混淆不清了。马克思一再强调，人是按两种尺度来建造的。

动物只是按照它所属的种的尺度和需要来建造，人却懂得按照任何一种尺度来进行生产，并且懂得怎样处处都把内在尺度运用到对象上去，因此，人也是按照美的规律来建造。所以动物只有一个世界，那就是它所依赖的自然世界，或者说是物质世界；而人是有两个世界的，既有客观的自然世界，也有人自己所创造的世界，人按照美的规律建造的世界，即艺术世界、精神世界、文化世界，这是人化的世界。人化的世界既包括物质形态的人化自然，也包括人从改造世界中所创造出来的文化形态、观念形态的艺术世界。

文化是观念形态，是精神领域，是意识世界，但绝不意味着文化是一种纯粹的观念，是只存在于人的头脑中的东西。文化是精神，但它离不开物质，必须有物质载体，离不开人与自然的关系。比如树根不是文化，根雕才是文化；石头不是文化，但石雕是文化；沙土不是文化，但沙雕是文化；冰雪是自然物，但冰雕是文化。这是因为各种雕塑、各种艺术品都要人类对自然物进行加工，加上自然界本身没有的东西，多出来的一点东西就是人的文化观念、人的审美情趣的对象化，所以自然界不是文化，但是文化离不开人对自然的改造，离不开自然的物质。

在文化里，有对于自然物的改造所形成的文化观念，也有一种虽然不对自然物进行改造，但是可以通过对自然物的审美把握，形成具有象征性、符号化的文化观念。这种象征性的文化也不能离开物质的载体，是对自然物的一种把握。比方说，人们知道夕阳、芳草都是自然物，但是"夕阳无限好，只是近黄昏"，就变成了具有诗意的文化观念。它借助夕阳、芳草、黄昏这些人人可见、人人常见的自然因素，可形成并非人人都能达到的一种艺术境界。袁枚的《随园诗话》讲了这个问题，"夕阳芳草寻常物，解用都是绝妙词"。只要你能理解它，都是绝妙好词，这就是对对象的一种文化把握了。再比如山、水，都是自然物，不是文化，但变成山水画就是文化。山水画是中国绘画里非常重要的内容。天下的自然物，花鸟虫鱼都是自然物，但是艺术化以后，都变成了文化。花是自然物，但在中国文化里被拟人化、艺术化。莲花代表高洁，牡丹代表富贵，菊花代表一种气节，杨柳代表送别，这都表现了中华民族所特有的文化象征，可这种文化象征又不能够离开自然物本身的属性。莲花的确出于淤泥，牡丹的确大红大紫，菊花的自然特性的确能傲霜斗雪。这一点说明文化虽然是观念的，但决不能把它归结为内心世界，它离不开人与自然的关系，离不开人对自然物的自然特性的确切把握。文化不仅是一种审美观念，一种文学艺术，还包括各种实践的理论升华，哲学、道德、法律、宗教、风俗习惯等都是文化。

总而言之，文化的观念世界是精神世界，但它是以物质为载体的一种观念世界，而不是单纯的内心世界，所以文化离不开人与自然的关系，或者说离不开人对自然的改造，离不开人对自然的艺术加工，离不开人对自然的审美把握，也就是说没有人与自然的关系，人类就不可能产生文化。文化不仅离不开人与自然的关系，也离不开人与人的关系，离不开社会关系。既然文化是一种观念形态、一种精神世界，表达的是人的情感、理性、精神，可是为什么同样具有理性、具有精神、具有观念的人在不同的时代会有不同的文化观念呢？这是因为文化离不开每个时代的社会关系，包括经济关系、政治关系，也就是说，文化是不能用人性来解释的，每一个时代的文化只能由它所产生的社会关系、经济关系、政治关系来解释。毛泽东在《新民主主义论》中特别强调观念性的文化是作为政治经济的一种反映。这就是说，文化是属于上层建筑的观念形态，但是它离不开物质载体，离不开人与自然的关系，更离不开人与人的经济关系、政治关系。

第二节　世俗形态文化与理论形态文化

一、世俗形态文化

文化具体形态是多种多样的，可以说不可计数。但从社会角度看，文化可以分为两种基本形态：世俗形态和理论形态。

世俗形态分成二种，第一种是日常生活的文化观念；第二种是民间文化；第三种是大众文化。文化是生活的样态，大体上是指人的生活方式中的文化观念，这是一种世俗形态的文化。同一民族的人在同一时期都生活在同一个社会中，人们的日常生活方式和生活观念是一体的。生产方式有共同之处，生活中的文化观念也有共同之处。这个与生活方式融为一体的文化观念，就是世俗生活的世俗文化形态。文化的世俗形态具有广泛性、群众性、世俗性的特点。

饮酒，是中国人生活方式中的一个要素。酒，有酒文化。有人把酒称为"硬饮料"，怎么是文化呢？酒文化并不存在于酒的化学成分中，而存在于人的生活方式中和饮酒的观念中。那是因为酒里面包含了许多文化观念。这种观念不是个别人的观念，而是具有相对普遍性的民族观念。

在中国酒文化观念里，酒与诗经常联系在一起。唐代的诗人大多喝酒，"李白斗酒诗百篇，长安市上酒家眠，天子呼来不上船，自称臣是酒中仙"（杜甫《饮中八仙歌》）。酒和诗之间在中国文化里具有一种非常密切的关系，饮酒和赋诗往往联系在一起。酒当然不是文化，诗人可以饮酒，但是饮酒的不一定就是诗人。饮酒者可以是酒鬼，也可以是酗酒成性的毫无文化的粗人。但中国的传统文化里，酒与诗相伴，诗人善于饮酒，这是一种文化观念。在中国的文化里，很多戏剧都以酒命名，包括贵妃醉酒、温酒斩华雄等，其实酒与戏剧之间也有内在的联系。

在中国文化里，酒和政治之间也有很密切的联系。中国历代王朝对饮酒是有限制的。周朝就发过文告，不能饮酒，不准酗酒，它以礼来限制酒。在中国人的日常生活观念中，酒和生活方式之间的联系非常密切。在中国，有人去世要喝酒，结婚也要喝酒。酒既可以表示快乐，也可以用来表示悲哀。在中国，酒中有礼，敬酒要长幼有序，有各种礼节。各种民族敬酒的方式都不一样，所以酒中的文化观念和生活方式是密切联系在一起的。

饮茶，作为特定的生活方式，也包含着文化内涵。《红楼梦》里贾宝玉去妙玉那里的饮茶方式，是文人的生活方式，《红楼梦》里描写的刘姥姥饮茶，是"牛饮"的方式，是老百姓的一种生活方式。大碗茶是大众的生活方式，而文人有文人的方式。"矮纸斜行闲作草，晴窗细乳戏分茶。"这是诗人的一种文化情调。

日本人讲茶道，茶道其实就是茶文化。中国也有茶文化。茶中有德，茶中有礼。新婚媳妇第一天要向公婆敬茶。客人来了以后，敬茶是很重要的礼节，表示恭敬。

吃，是日常生活的一部分，人们在吃中同样有文化观念。什么东西能吃？什么东西不能吃？西方人吃牛肉、吃牛排，但他们认为狗是宠物，不能吃，吃狗肉是野蛮。东方有的国家的人们就不懂了，怎么我吃狗肉就野蛮，你吃牛肉就不野蛮？如今加上一个环保观念，有些东西就是不能吃的，如受法律保护的珍禽就不能吃。环保观念其实也是一种文化观念。至于吃的方式，从古代的茹毛饮血到现在的熟食，再到美食、饮食养生，是生产方式的文明进步，其中也包括文化观念的进步。至于饮食中所表现的礼节，更是繁杂多样的。儒家有一套规矩，什么人坐上面，什么人坐下面；什么人先吃，什么人后吃，都有一个尊卑长幼的次序，渗透着一种礼仪。中国有一种传统文化观念，请客时东西越多越好，吃一半留一半，觉得有脸面。在中国人的观念里两个人一起吃饭，各自掏钱，AA 制，就是很小气。但美国人认为很正常。这就是一种文化观念。这种市场观念与中国长期形成的烟酒不分家的待客之道观念迥然不同。

生活方式中的文化观念，是指生活方式中渗透的文化观念，而不是指生活本身。任何社会的人作为生物体，都必须吃喝拉撒睡，都必须满足衣食住行。可生产方式不同，文化观念也不同。比如服饰文化，是文化中很重要的一种。穿衣不是文化，而是文明。但服饰，即服装的花样和饰品佩戴，可以体现一个民族的审美观念。穿衣似乎是小事，但哲学家、文化学家可以通过服饰的演变，看到时代的变化、观念的变化，甚至于男女关系的变化。男人戴耳钉，女人袒胸露背，如果倒退一个世纪是不可想象的。法国有一个很有名的作家写过，你不要给我看历史，只要把各个时代的服装摆出来，我就知道它的历史是什么样子。这表明整个服装的变化反映了人类文明的进步和文化观念的变化。比如女孩穿的衣服，过去是越长越好，现在是越短越好。这就是文化观念的变化。如果文化观念不变化，服饰是不可能变化的。所以在生活方式中，衣食住行都渗透着不同民族的生活习惯、不同民族的文化观念。至于人们日常生活的风俗习惯，都是一种文化观念。这种文化观念有时候比法律更厉害，比法律更具有广泛性、群众性。

生活方式中的文化观念具有惰性。生活方式变了，可观念仍然保留旧有的东西。例如，中国人对死亡的观念和西方人不同。人死了以后就到另外一个世界去了，所以古代有人殉、陪葬大量的物品，现在仍然有扎纸人马的。人们的生活方式是现代的，可是死亡观念还是过去的。

至于禁忌，这种日常生活中的观念更厉害。在文化观念中有各种各样的禁忌。其中对中国人影响比较大的是数字禁忌。数字禁忌在西方也有，在中国也很讲究。西方人认为13是很不吉利的，中国现在发展到五花八门了。4不能用，因为4是"死"；8是很好的数字，是"发"。从电话号码到汽车牌照、门牌号码都是这样的。产生数字禁忌不是偶然的，它和人们对自己的生活缺乏安全感密切相关，特别是在市场经济下，人的命运自己不能掌握，是由物来掌握的，实际上是一种物化的表现。人们要想摆脱这种偶然性，就会迷信。人们不相信自己能掌握自己的命运，所以就相信有一个东西能保护他，那就是神灵、数字、运气。我常说，不确定性导致迷信，绝对确定性导致宿命。市场经济条件下不确定性太多，从买股票到做生意，似乎一切都不由自己做主。人们总是问，为什么经济发达地区拜大师、信风水、抢头香的人那么多。这是因为这群人中的命运具有不确定性，其中不少人或是贪官或是投机者。

总之，人的生活方式本身并不是文化，但其中包含的如何生活的观念是文化。人的饮食与动物的吃食不同，就在于动物就是吃食，而人的饮食包括很多规矩，不单纯是吃。尤其在婚丧嫁娶，或招待贵宾，吃反而退居其次，礼和敬则居于首位。宁可饭菜不丰盛，不可礼仪不周到。

世俗文化，除了我们日常生活中的文化观念以外，还有一个叫作民间文化，它包括民间工艺、民间音乐、民间舞蹈、民间传说、民间信仰、民间风俗习惯等。这是真正具有群众性的文化，它与普通老百姓的生活紧密相连，是从群众土壤中成长出来的，又流行于民间，所以民间文化具有广泛的群众性。但是民间文化良莠不齐，有好的东西，也有很多是糟粕。

二、理论形态的文化

理论形态的文化包括两个层次，一个层次是意识形态的部分，如哲学、法律、文学、艺术、道德等，其中包含世界观、价值观、人生观；还有一个层次是非意识形态的部分，如科学、技术、语言等，这属于知识的部分。理论形态的文化和民间文化不同，民间文化的创造者是老百姓，与老百姓血肉相连，而理论形态的文化很多是由知识分子创造的，是一种具有专业性的文化形态。这种文化形态，是古代劳动分工以后逐步形成一部分知识分子专门从事理论形态的文化的创造，它包括各个民族的传世经典之作。这种文化我们一般称之为高雅文化。

文化的理论形态和世俗形态，虽然是两种形态的文化，但是不能对立，不是截然分开的，而是相互影响的。世俗文化中的文化观念，有很多可以上升为理论形态的文化，即世俗文化可以提升到理论形态，而理论形态的文化可以通过世俗化的方式转化为世俗文化，成为影响人们的行为规范。儒家文化在中国之所以产生广大影响，就是因为它不限于经典，而是已深深地渗透在中国人的血脉之中，变成一种民间的世俗文化。不识字的人都爱惜有字的纸，决不会用脚去踩踏而是拾起来；没有读过儒家经典的老太太、妇女，世代相传都要讲所谓"三从四德"。

儒家经典在中国如此广泛深入，无非是两条道路：一条是科举，一条是世俗。科举培养的是知识分子，世俗用来培育老百姓，使儒学观念变成群众性的观念，即世俗化的文化观念。中国人讲人伦、讲孝道，朋友之间讲义气、讲仁义，实际上都是理论形态文化世俗化的结果。中国农村的老百姓可以不知道什么是孔夫子，但是他们的思想里实际上有孔夫子。我们现在提倡马克思主义大众化，就是这个道理。马克思主义是高深的理论，如果只有少数马克思主义研究者才能研究，与广大群众没有关系，那是没有多大作用的。所以，理论形态的文化要真正发挥作用，必须通过世俗化的途径，现在我们叫作大众化的途径。

在人们的观念里，一般都重视高雅文化，不太重视世俗文化，不太重视民间文化。实际上真正能表达一个民族本质特征的往往是民间的东西，即世俗文化本身。因为它与一个民族的日常生活方式、行为规范紧密结合在一起。从整个世界发展来看，科学技术发展具有的最大特点是趋同，马路、汽车、电视机、互联网将来的发展都差不多。只有文化，特别是民间文化、世俗文化是多样的，才能表现出一个民族的特点。所以要了解一个民族，必须了解它的世俗文化。

文化的民族性很强，无论是理论文化，还是世俗文化。翻译经常碰到这个问题，你可以把一本书翻译成中文，但是你无法把这本书的文化背景翻译过来，所以我们通过翻译对书的理解总是有隔膜的。试想，从刚上学的小孩到老人，人们都知道李白的《静夜思》："床前明月光，疑是地上霜。举头望明月，低头思故乡。"二十个字，从小学读到现在，津津有味，但如果翻译成英文，外国人绝对不可理解，为什么抬起头来看月亮，低下头来思故乡，月亮和思乡有什么关系？这算什么诗？如果没有中国文化背景对月亮和思念家乡的情绪之间的文化联系，没有这种观念，也就无法理解这首诗。中国人的乡愁和月亮之间存在一种文化上的关联，四海同望月，低头乡不同。只有中国人才可能理解李白诗中这二十个字里面所蕴含的文化内涵。

现在文化还有一种划分，叫作物质文化和非物质文化。物质文化绝不是物质。物质文化就是能够以物质为载体传承下来的文化。如龙门石窟、敦煌石窟等，都是物质文化。非物质文化是通过世代传承的，像口头文学，或者泥人张等，没有物质载体。可以说，物质文化以物传，非物质文化以人传。人去世了，后继无人，则失传。所以非物质文化很容易失传。现在特别强调保存非物质文化，因为一旦传人没有了，它的文化就中断了。我们不知道，祖先有多少非物质文化的宝贝失传。

大众文化，在其他国家，在市场经济的催生下，成为一种流行的文化形态，在中国也开始出现，但还不发达。大众文化不能混同于低俗文化。大众文化可能包括低俗化，但并不必然低俗化，根本在于文化导向。随着中国市场化进程的加快，大众文化在中国会得到很快发展，完全模仿的时代已经结束。

第三节　文化的相对性与多元性

一、文化的相对性

文化非常重要，但不能重要到文化决定一切，文化决定论不是马克思主义的观点。文化并不是社会发展的决定因素，它是在经济基础上的反作用。如果一个社会经济凋敝，民不聊生，政治腐败，仅仅拥有丰富的文化经典，这是无济于事的。中国传统文化很优秀，但抵挡不了中国19世纪40年代以后的衰败。中国现在讲的文化复兴，是因为我们中华民族在经济、政治上复兴了，才有文化复兴。世界上有文化传统的民族很多，希腊历史上有多少著名的思想家，其文化足以让世人惊艳，可是经济不发展，国库空虚，还不起账，国家照样会破产。文化不是决定性的，但文化是非常重要的，是精神支柱，是凝聚力。我们应该重视文化，但是文化必须依赖于政治、经济的发展。所以我们不仅要知道什么是文化，还要特别强调建立与社会主义经济基础相适应的社会主义先进文化。

社会主义文化是先进文化，中华民族文化中的优秀传统，中华民族文化中的基本精神和理想，包含着我们当代可以吸取、可以借鉴、具有转化为先进性文化的基因。先进文化的问题，实际上是文化判断的标准问题。如何判断文化的先进与落后有个标准问题，在这个问题上文化相对主义和绝对主义都是片面的。

文化具有相对性，特别是风俗习惯的相对性是很明显的。美国有一个学者写过一本书，名为《文明与野蛮》，书中举了一个例子，在很多国家朝着人的脸上吐唾沫是最大的侮辱，可据说在非洲有一个民族，魔法师对着病人或者孩子吐唾沫，是一种治疗疾病的方式。礼节方面也是这样，中国人握手，西方人拥抱、亲吻。承认文化的相对性，就是承认世界文化的多元性，承认世界各个民族的文化都有其自身存在的价值和合理性。就民族关系来说，并不存在一种绝对优越于其他民族的所谓优越文化，每一个民族的文化对于自己的生存条件来说，都有其合理性和必要性，否则它就不会产生。

每一个民族的文化都有长处和短处。一个民族由于其自身所处的生活条件包括地理环境不同，文化是多样的。文化的多元性和民族的多元性是结合在一起、联系在一起的。我们不可能以任何一个民族的文化做一个标尺来衡量其他民族的文化，也不可能找到一种作为标准的所谓普世价值来衡量世界其他民族的文化。如果不承认民族文化的相对性，也就是否认其他民族存在的权利。因为文化的相对性和民族的特殊性是相结合的，所以联合国大会通过的人权宣言里，是把文化的多样性和人权问题结合在一起的，主张各个民族之间、文化之间应该宽容、相互重视、相互合作。一个民族的民族精神，也就是这个民族文化中的精华，是这个民族长期凝聚和世代延续的东西。所以文化相对性包含着合理的因素，就是承认各个民族的文化都有存在的平等权利，强调各个民族的文化中都有合理的因素。文化相对性的观念是反对西方文化中心论，反对种族优越论，反对各种殖民主义、文化霸权理论的。文化的相对性就是承认世界各民族文化的多元性、多样性。正因为民族文化是多样的、相对的，所以世界文化才得以不断地发展，才能够绚丽多彩。

按照文化本身来说，各种文化之间矛盾是有的，但可以交流，相互吸收，相互融合。文化之间的交流，大于相互之间的矛盾；国家之间，尤其是强国和弱国之间经济利益和政治利益的冲突，则大于它们之间的结合。并非因为文化不同而引发国家之间的冲突，而是利益之间的冲突强化文化之间的冲突。所谓因为价值观不同而反对另一个国家，往往是掩盖利益冲突的托词。我认为文化全球化是不可能的，不可能形成一个全球一体的文化。我们强调文化的多元性、相对性或者叫等价性，强调任何文化对于自己民族的生存条件来说都具有合理性，但是这种相对性不能绝对化，如果绝对化就变成了保护落后，为一切不合时宜的落后的文化进行辩护。所以，民族文化的多样性问题是从国家和民族之间的关系来说的，而不是对一个国家内部自己的文化政策来说的。对一个民族文化内部来说，文化仍然有先进与落后的区分。我们现在提倡的男女平等的文化观念，比封建社会的男尊女卑的观念要进步，一夫一妻制比三妻四妾观念进步，你不能说男女平等的观念和男尊女卑的观念是一样的。文化具有相对性，但这个相对性不能绝对化，如果绝对化就变成了绝对主义。

二、文化的多元性

我们把五四运动以前的文化称之为中国传统文化，传统文化和文化传统既有联系又有区别。传统文化是历史上已有的文化积累，而文化传统是传统文化在当代的继承和发展。传统文化和文化传统是两个不同的概念。当然没有传统文化也谈不上文化传统，但是如果不继承、不发展，传统文化就会在现实中无迹可寻，完全成为书本上的东西而与现实无关。没有传统的传统文化是个死东西，这种传统文化只是一个历史名词，已经枯萎、已经中断，甚至消失。在世界文化史上，有很多优秀的传统文化因为没有文化传统，而成为明日黄花。

中国传统文化最大的优点或者特点，就是有传有统。传，是一代一代传下来，传统文化就存活于现实生活之中，具有连续性；统，是优秀的东西可以为后人继承，具有主导性，为当代人所遵守和尊重。中国的传统文化是世界几大文明中，唯一在发展过程中没有中断的文化。要爱护我们的优秀传统文化，继承我们的优秀传统文化，使中华民族的传统文化真正成为一种文化传统。现在有很多人想恢复传统节日，包括端午节、中秋节、重阳节、七夕节等，不能只过西方人的节日而忘记了中国的民族节日。节日，在一个民族中不仅是休闲、娱乐，人生节奏的一种调节，而且是民族特性的象征。没有自己民族节日的民族，是一个没有民族特征的民族。节日的内涵也会发生变化。在当代中国，要完全恢复成过去节日那个样子不太可能，时代终究是发展的。如今的元宵节，不可能出现宋代词人辛弃疾《青玉案·上元》中描述的满城灯火、仕女如云的盛况："东风夜放花千树。更吹落，星如雨。宝马雕车香满路，风箫声动，玉壶光转，一夜鱼龙舞。"传统节日要保存、要提倡，但不充实内容不行。如果中秋节就是吃月饼，端午节就是吃粽子，变成吃货的节日、商家的节日，就不会有多大吸引力和文化价值。在工业社会如何保持农业社会传统节日的风俗和盛况，需要专门的研究和不断的创新探索。

按照马克思主义观点，传统是非常重要的。按照历史唯物主义观点，经济是基础，但经济本身并不能重新创造一切。创造文化的是人，而人必须从已有的思想资料或者思想资源中寻找构筑当代文化的一些要素。没有传统，就没有思想资源。任何民族的文化发展，都不可能摆脱自己的传统文化。传统文化不是包袱，不是负担，而是人类文化继续发展的基石和台阶。如果每一代人都重新创造文化，那么我们现在可能还处在原始社会。文化的发展，是一代一代人的不断积累，仿佛积土为山，越积越高。千里之行，始于足下；九层之台，起于垒土。一种文化的生命力不是抛弃传统，而是在何种程度上吸收传统，再造传统。当然，如果对传统文化缺乏创造性，躺在传统身上，传统就可能变为一种阻力，所以在文化发展中始终存在一个传统与当代的问题，存在继承与扬弃的问题。

当代既要继承中国传统，同时也需要改造传统，再造传统，发展传统。马克思主义与中国传统文化，特别是与儒家文化终究属于不同时代、具有不同社会功能的文化。儒家文化以及老子、庄子等思想家，都是两千多年以前的。马克思主义与中国传统文化结合，不可能没有矛盾，不可能绝对一致。因此才存在取其精华、去其糟粕的问题。我们决不应该有这种观念，凡是传统都不能变，祖宗之理都是天经地义的。如果这样看待传统，传统不仅不是助力，反而是大大的阻力。

谈到传统文化的时候，我们必须有一个正确的传统观。这就是我们面对的是两个传统：一个是中华民族自古以来的文化传统，也就是以儒家为主导的中国传统文化的传统；另一个是中国民主革命形成的、在革命过程中形成的革命文化传统。我们既要重视中国传统文化，也要重视我们自己在民主革命、社会主义革命中形成的革命传统。如果我们只重视中国传统文化而把中国革命传统置之脑后，只强调继承古代传统文化，而抛弃了自己的革命传统，贵远而贱近地选择性继承，不利于建立社会主义先进文化。

第四节　民族命运与文化命运

一、民族命运

一个民族的文化与作为的它载体的民族是不可分的。民族的盛衰决定文化的命运，没有一个民族衰败而它的文化却能得到独立发展的。如果存在，也是作为历史的遗迹而非活的文化机体。中华民族在长期历史中熠熠生辉，为世界景仰，因为在封建社会时代，中国是世界最强大而且又是文化最发达的国家，周边国家都向中国学习。日本唐代遣唐使、遣唐僧之多，史有记载。

自从西方资本主义兴起，特别是 19 世纪 40 年代以后，中国逐步沦为半殖民地半封建社会，中华民族的文化在世界舞台上也失去了昔日耀眼的光辉。日本脱亚入欧，就是一个明显的证明。清代末期，历史上从来以中国为师的日本变为中国人的老师，留学"东洋"成为一时之最。近代中国的名人留学日本的最多。这并不是因为日本的传统文化比中国的传统文化悠久或优越，而是由于明治维新后日本成为东亚强国，对亚洲尤其是东南亚国家具有吸引力。中国人沦为"东亚病夫"，其文化则不再为世界所重视，孔子也被冷落，为什么？民族衰败。

中国社会主义革命后，尤其是改革开放以后，中国国力强盛，成为世界第二大经济体，成为有影响的大国，中国文化在世界舞台上也随之重新焕发活力。孔子真正走出国门，孔子学院在世界很多国家落户。这绝非单纯文化之力，而是民族复兴的硕果。我们不会忘记西亚、北非、地中海地区、两河流域曾经是人类文明的摇篮，有过灿烂光辉的文化。可是随着国家的分裂、民族的衰落，它们逐渐被边缘化。虽然留下许多文物、古迹，但往往成为考古对象、旅游观光之处，而不是国家强盛的象征。历史证明，民族命运决定个人命运，民族兴衰决定文化兴衰。真正热爱中国文化的有志之士，首先要关注中华民族的复兴，坚持把中国建成世界一流强国，在这个过程中，文化复兴才有牢固的经济基础和政治基础。

二、文化命运

文化当然不是社会中的被动因素，它必然积极作用于经济和政治。但在当代中国，能积极作用于社会主义经济和政治的文化最主要的不是儒学或诸子之学，而应是与社会主义经济基础和政治制度相适应的社会主义先进文化。社会主义先进文化当然应该从中国传统文化中，包括从西方优秀文化中吸收积极的因素，任何非古排外的做法都是幼稚的。如果试图把中国传统文化不加区分地移植到社会主义经济基础的土壤上，肯定不会结出好的果实。有生命力、有活力的不断发展的中华民族，只能通过吸收，才能从中国传统文化和域外文化中得益。囫囵吞枣，只能食古不化、食洋不化。

认真学习中国传统文化和西方优秀文化是重要的。我们应该有一批人真正坐下来清理一下中国传统文化的家当。当务之急不是编著各种各样的类书，中国从不缺乏这样的类书，缺乏的是真正的研究。我们要从中国传统文化中提炼出精华来反哺中国学术界，甚至普通民众。我们也应该有一批高水平的翻译家，像当年严复一样能介绍西方的新思想、新成就，以营养我们自己文化的身躯。如果我们的文化建设是忙于建设所谓文化旅游景点，争夺死去几千年的名人故里，这是在钻钱眼，与文化建设无关。

对建设中国特色社会主义来说，完善社会主义市场经济体制是极其重要的。所谓完善，按我的理解不仅是经济领域，而且包括市场经济体制对整个社会的作用，应该充分发挥它的积极作用，防止和减少它的消极作用。因此，必须弄清楚完善市场经济和文化建设之间的关系。文化产业的建立可以有利于文化创新和传播，有利于促进文化发展；但文化不能完全市场化，文化建设的目的不是赚钱，而是育人、化人。在发展文化产业的同时，要注意文化事业的发展，注意公共文化的建设。

第三章 中华优秀传统文化的特征与精神

第一节 中华优秀传统文化的类型与特征

一、中华优秀传统文化的类型

从系统角度看，一种文化是由若干文化要素组成的具有一定结构和功能的文化系统。组成文化系统的文化要素复杂多样，在系统中具有不同特征和功能。如果以特征和功能的相似性为标准，可以对复杂多样的文化要素进行分类，区分出精神、制度和物质三个层面的文化要素。"物质、制度和精神构成文化的三个层面。"精神层面文化是以精神形式而存在的文化，代表着人类认识世界的精神成果，如世界观、价值观。物质层面文化是以物质形式而存在的文化，代表着人类改造世界的物质成果，如生产工具、生活器具等。制度层面文化介于前两者之间，代表着人类营造社会关系、规范社会行为的制度成果，如政治制度、社会礼仪等。这三个层面的文化要素相互影响、有机结合，共同构成整个文化系统。中华优秀传统文化也是由精神、制度和物质三个层面文化要素构成的文化系统。为了深入研究中华优秀传统文化当代价值，下面分别对这三个层面的文化要素进行简要梳理和阐释。

（一）精神层面文化

精神层面文化代表着人类认识世界的精神成果。中华民族在漫长的社会历史实践中，经过不懈的探索和长期的积累，产生了博大精深的精神成果，为中华民族的发展壮大提供了丰厚的精神滋养。下面择要列举几个方面的精神层面文化成果。

1. 民族精神

民族精神是一个民族在长期生存发展过程中积淀形成的精神品质，是一个民族维护团结统一、应对风险挑战的精神支柱。"在五千多年的发展中，中华民族形成了以爱国主义为核心的团结统一、爱好和平、勤劳勇敢、自强不息的伟大民族精神。"爱国主义是中华民族精神的核心，深深植根于民族心理之中，成为中华优秀传统文化的精神基因，至今强烈感染和影响着中华儿女。团结统一精神是中华民族始终能够保持完整统一、不断发展壮大的坚强精神纽带，中国历史上虽时有分裂，但民族团结和国家统一始终是中华民族历史的主流，反对分裂、维护统一的意识根深蒂固。

爱好和平是中华民族在处理国与国、民族与民族关系时所表现出的一种高贵精神追求。勤劳勇敢是中华民族的重要精神品质，"业精于勤""天道酬勤"表现了中华民族勤劳的一面，"见义勇为""英勇不屈"则表现了中华民族勇敢的一面。自强不息是中华民族不断发展壮大的精神动力，中华民族生生不息、发展壮大的历史，就是一部自强不息、开拓创新的辉煌史。伟大的中华民族精神，是中华优秀传统文化的重要组成部分。

2. 治国理念

中国古代治国理政思想可谓博大精深，特别是在先秦诸子百家的作品中，"治国之道"成为最鲜明的主题。儒家提倡"仁""义""礼"，提出"民为贵，社稷次之，君为轻"（《孟子·尽心下》）的民本思想，主张统治者实行"仁政""王道"，建立"选贤与能，讲信修睦""谋闭而不兴，盗窃乱贼而不作"（《礼记·礼运》）的大同社会。墨家提出"兴天下之利，除天下之害"（《墨子·兼爱中》），提倡"尚同""尚贤""兼爱""非攻""节用""非乐"的治国理念。道家提出"治大国如烹小鲜"（《道德经》第六十章），倡导"无为而治""小国寡民"的治国理念。法家强调"奉法者强，则国强；奉法者弱，则国弱"（《韩非子·有度》），提出"法""术""势"的治国理念。另外，农家、纵横家、阴阳家、名家等流派的思想家都有着独特深刻的"治国之道"。以"德"治国还是以"法"治国，"无为"而治还是"有为"而治，以"民"为本还是以"君"为本，"变法"求强还是"守法"求强，以"农"立国还是以"商"立国，等等，中国古人都有过系统深入的思考，进行了广泛持久的争鸣，留下了丰厚宝贵的思想财富。诸子百家的治国理政思想，以及后人在此基础上的反思和发展，是中华民族的思想智慧宝库。

3. 传统美德

中华民族是一个非常崇尚道德的民族，中国古人很早就提出和形成了内容丰富、体系完备的道德规范。以儒家为例，《论语》就提出了仁、礼、孝、悌、忠、恕、恭、宽、信、敏、惠、温、良、俭、让、诚、敬、慈、刚、毅、直、克己、中庸等一系列德目。汉代以后又形成了影响深远的"三纲"（君为臣纲、父为子纲、夫为妻纲）和"五常"（仁、义、礼、智、信）。客观地说，这些道德规范中，不乏糟粕，但主流是中华民族的传统美德。中华传统美德内涵丰富，"亲亲而仁民，仁民而爱物"的仁爱精神，"富贵不能淫，贫贱不能移，威武不能屈"的高贵人格，"天下兴亡，匹夫有责"的爱国情怀，"君子坦荡荡"的个人修养，"己所不欲，勿施于人"的处事原则，都是中华传统美德的生动写照。有学者将中华传统美德概括为十项：仁爱孝悌、谦和好礼、诚信知报、精忠爱国、克己奉公、修己慎独、见利思义、勤俭廉正、笃实宽厚、勇毅力行。中华传统美德涵盖了个人在家庭、社会和国家为人处世、安身立业的道德准则，是中华民族赖以生存和发展的重要道德保障。

4. 文学艺术

在中华优秀传统文化中，文学艺术作品数量大、水平高，是中华民族引以为傲的民族宝藏。在文学方面，中国古代文学取得了巨大成就。王国维说："凡一代有一代之文学：楚之骚，汉之赋，六代之骈文，唐之诗，宋之词，元之曲，皆所谓一代之文学也，而后世莫能继焉者也。"诚如斯言，至今流传下来的诗经、楚辞、汉赋、唐诗、宋词、元曲、明清小说等众多文学精品，在思想性和艺术性上都达到了世界顶级水平。屈原、陶渊明、李白、杜甫、白居易、苏轼等人的古典诗词，《红楼梦》《三国演义》《水浒传》《西游记》《儒林外史》《聊斋志异》等古典小说，不仅影响了中国，而且影响了世界。另外，《孟子》《庄子》《韩非子》《吕氏春秋》等先秦诸子作品，《左传》《史记》《汉书》《资治通鉴》等历史作品，也都具有很高的文学价值。在艺术方面，从原始彩陶、青铜纹饰到明清时期的书法绘画，中国在建筑、雕刻、书法、绘画、音乐、戏剧等方面都取得了辉煌的艺术成就。如王羲之、颜真卿、柳公权、张旭、苏轼、黄庭坚、董其昌等的书法，阎立本、王维、黄公望、倪瓒、文征明、唐寅等的画作，关汉卿、王实甫、马致远、白朴、汤显祖等的戏剧，代表了中国古代艺术达到的高超境界。

5. 历史经验

中国自古以来注重历史记载。中国为世界上历史最完备之国家。中国历史有三个特点：一是"悠久"，从黄帝传说到今天有近5000年的历史；二是"无间断"，特别是有文字记载以来中间没有历史记载的空白；三是"详密"，史书题材非常多。比如，纪传体正史有二十五种，称为"二十五史"；编年史有《春秋》《左传》《资治通鉴》等；纪事本末体史书有《通鉴纪事本末》《圣武记》等；别史有《通志》《续通志》等；政书有《通典》《文献通考》等；学术史有《明儒学案》《清代学术概论》等；杂史有《国语》《战国策》等；史评有《史通》《文史通义》等。这些历史典籍详细记录了中华民族自强不息、发展壮大的历史进程，既包括升平之世社会发展进步的成功经验，也包括衰乱之世社会动荡的深刻教训。中国历史上，"文景之治""贞观之治""开元盛世""康乾盛世"等时代社会稳定、经济发展、文化繁荣的成功经验，秦隋二世而亡、汉唐盛极而衰、魏晋南北朝分裂动荡、两宋文武失衡、明清闭关锁国的深刻教训，都详细记录在各种史书中。另外，中国古代在制度建设、经济发展、变法改革、反腐倡廉、选人用人、修身立德、民族融合、对外交往、国防建设、军事斗争等方面，都积累了极为丰富的历史经验教训。

6. 思维方式

思维方式是人们观察世界、认识世界的角度、方式和方法，思维方式的差异是造成文化差异的重要原因。与其他民族相比，中华民族有着独特的思维方式。中国传统的思维方式，一是重整体。庄子说："泛爱万物，天地一体也。"（《庄子·天下》）明代王守仁说："天地万物为一体。"清代陈澹然也说："不谋万世者，不足谋一时；不谋全局者，不足谋一域。"（《寤言二·迁都建藩议》）中国古人注重从整体上观察事物，认为小到个人、大到天地万物都是有机联系的整体。二是讲辩证。中国古人认为万事万物都体现着对立统一，只有辩证把握这些对立统一，不走极端，才能保持平衡、达到和谐。老子主张："有无相生，难易相成，长短相形，高下相倾，音声相和，前后相随。"（《道德经》第二章）孔子主张："欲速则不达""过犹不及"。《左传》也提出："宽以济猛，猛以济宽，政是以和。"（《左传·昭公二十年》）这些都体现了讲辩证的思维方式。三是尚体悟。孔子说："不愤不启，不悱不发，举一隅不以三隅反，则不复也。"（《论语·述而》）庄子说："蹄者所以在兔，得兔而忘蹄。言者所以在意，得意而忘言。"（《庄子·外物》）禅宗也强调"悟"，六祖慧能就认为："若识自性，一悟即至佛地。"（《坛经》）理学大师朱熹说："至于用力之久，而一旦豁然贯通焉，则众物之表里精粗无不到，而吾心之全体大用无不明矣。此谓物格，此谓知之至也。"（朱熹《大学章句》）这些论述都可看出中国古人对体悟的崇尚。

（二）制度层面文化

制度层面文化代表着人类营造社会关系、规范社会行为的制度成果。中华文明历史悠久，传统文化经历了原始社会、奴隶社会和封建社会三种社会形态，在不同的历史时期产生了不同的制度文化，为形成有序的社会关系、良好的社会风尚提供了制度保障。下面择要列举三个方面的制度层面文化成果。

1. 政治制度

政治制度是特定社会统治阶级通过组织政权以实现其政治统治的原则和方式。中国古代在国家管理体制、政府机构设置、政策实行措施等方面都探索形成了一些具有民族特色的政治制度，涉及行政、司法、监察、选官、教育、财政等国家治理的各个方面。比如中国古代的选官制度，秦朝以前主要采用"世卿世禄"制度，后来逐步引入军功爵制。汉代采用察举制与征辟制，在选拔官吏的科学性、合理性上有所进步。魏晋南北朝实行九品中正制，一度造成"上品无寒门，下品无势族"（《晋书·刘毅传》）的现象，严重阻碍了人才的科学选拔。隋唐开始实行科举制度，通过考试选拔官吏。科举制度在明清时期走入歧途，产生很多弊端而备受诟病，但它相较以前的选官制度更加公平公正，打破了阶级壁垒，为国家选拔了大量品学兼优的人才，促进了社会进步。再比如监察制度，据《周礼》记载，中国早在周代便设有治贪促廉的监察官，秦汉以来历朝历代都设有相应的监察机构，形成了较为完备的监察制度，一定程度上减少了贪腐行为，促进了政治清明。科举制度和监察制度等传统政治制度，虽然是阶级社会实行政治统治的工具，但它们的产生和实行一定程度上促进了社会发展，即使对于今天的制度建设依然具有积极的借鉴意义。

2. 社会礼仪

中国素有"文明古国""礼仪之邦"的美誉。孔子说："不学礼，无以立。"（《论语·尧曰》）《左传》上说："夫礼，天之经也，地之义也，民之行也丁（《左传·昭公二十五年》）《资治通鉴》上说："夫礼，辨贵贱，序亲疏，裁群物，制庶事。非名不著，非器不形。名以命之，器以别之，然后上下粲然有伦，此礼之大经也。"（《资治通鉴·周纪一》）可见中国古人对"礼仪"的重视程度。中国上古时期有"礼仪三百，威仪三千"（《礼记·中庸》），周代"礼仪"更加受到重视，形成了内容丰富的礼仪文化，成为人们家庭生活、社会交往乃至政治活动中言行举止的准则规范，发挥着极为重要的作用。儒家经典《仪礼》《礼记》《周礼》，称为"三礼"，三者记录保存了许多周代的礼仪，是中国古代礼仪制度的蓝本和百科全书，对后世影响极大。在具体礼仪方面，中国古代有"五礼"之说，以祭祀之事为吉礼、丧葬之事为凶礼、军旅之事为军礼、宾客之事为宾礼、冠婚之事为嘉礼，基本规范了社会活动的方方面面，成为中国古代礼仪的基本架构。在中国古代，礼仪是从西周宗法制度中演化出来的，是维护尊卑等级制度的一种工具。到了近代，它的社会危害性日益明显，成为新文化运动猛烈批判的对象，传统礼仪也逐渐被现代礼仪所取代。但传统礼仪表现了中国古代社会礼贤下士、尊老爱幼、谦逊文雅的社会风尚，体现出的人际和睦、社会和谐的价值追求，依然具有当代价值。

3. 民俗节日

民俗节日是民族文化的重要组成部分，是民族的一种生存生活方式，也是一个民族的重要文化标识。中国历史悠久、民族众多、疆域辽阔，既形成了中华民族共有的民俗节日，也形成了具有少数民族特色的民俗节日；既形成了全国性的民俗节日，也形成地方性的民俗节日。它们共同构成了我国千姿百态、丰富多彩的民俗节日文化。我国在长期的历史发展中，形成了以春节、元宵、清明、端午、七夕、中秋、重阳等为代表的传统节日，每个节日都代表了各具特色的传统风俗。描写春节的诗歌《元日》写道："爆竹声中一岁除，春风送暖入屠苏。千门万户曈曈日，总把新桃换旧符。"描写重阳节的诗歌《九月九日忆山东兄弟》写道："独在异乡为异客，每逢佳节倍思亲。遥知兄弟登高处，遍插茱萸少一人。"这些著名诗歌生动形象地反映了中国传统节日的独特风俗和独特魅力。除了上述影响范围较大的民俗节日外，我国一些少数民族也有着自己民族独特的节日，如彝族的火把节、藏族的燃灯节、高山族的丰收节、苗族的开秧节、壮族的牛魂节、傣族的泼水节、蒙古族的白节，等等。随着全球化的推进和各国文化交流的深入，传统民俗节日文化受到一定冲击，但其依然有着顽强的生命力和强大的影响力。

（三）物质层面文化

物质层面文化代表着人类改造世界的物质成果。这方面的文化带有较强的生活目的性，主要是为满足人的生产生活需要而创造的物质文化。中国古代物质层面文化内容十分丰富，有学者将其分为十一类：农业与膳食，酒、茶、糖、烟，纺织与服装，建筑与家具，交通工具，冶金，玉器、漆器、瓷器，文具、印刷，乐器，武备，科学技术。下面择要列举三个方面的物质层面文化成果。

1. 历史文物

中华民族历史悠久，遗留下来的历史文物众多，它们是我们祖先辛勤劳动和聪明才智的结晶，是历史的见证、文化的范本，具有重要的历史、艺术和科学价值。我国古代流传下来文物数量巨大、种类繁多，通常被分为两类：一类是不可移动文物，如古遗址、古建筑、古墓葬、石窟寺等，这其中的一些重要古迹，已经被联合国教科文组织确定为世界文化遗产。我国1985年加入《世界遗产公约》以来，已成功申报世界遗产55项，其中，文化遗产37项、自然遗产14项、自然与文化双遗产4项。我国世界遗产总数、自然遗产和双遗产数量均居世界第一，是近年全球世界遗产数量增长最快的国家之一，包括长城、故宫、颐和园、敦煌莫高窟、秦始皇陵及兵马俑坑、布达拉宫、龙门石窟、云冈石窟、丽江古城、丝绸之路、中国大运河，等等。另一类是可移动文物，如历代的石器、玉器、陶器、瓷器、金属器、石刻、玺印、书画、文献、拓片、笔墨纸砚等，这一类文物的数量更为巨大，诸如司母戊铜鼎、曾侯乙编钟、四羊方尊、马踏飞燕、越王勾践剑、富春山居图、清明上河图等，堪称"国宝"。近代以来，中国历史文物多灾多难，被掠夺、毁坏乃至遗失的不可胜数，造成我们民族文化的巨大损失。

2. 传统饮食

民以食为天，中华民族从用火烹制食物开始，就逐渐形成了丰富多彩的饮食文化。据学术界研究，中国古代的饮食文化产生于夏商，形成于周代。《礼记·内则》就记载了周代食物制作的多种方法，包括煎、熬、炸、炖、炙、熏烤等多种形式，显示了当时的饮食文化已经达到了较高水平。随着生产力发展和民族的融合，秦汉、魏晋南北朝、唐、宋等时代饮食文化逐渐发展繁荣，到了明清达到鼎盛。据明清时期《宋氏养生部》《易牙遗意》《饮食辨录》《调鼎集》《随园食单》等饮食文化专著记载，明清时期的饮食种类繁多、做法精致、技术高超，达到了令人叹为观止的地步。明清以来，传统饮食有八大菜系之说，其色、香、味、型各有特色，是中华传统饮食文化的优秀代表。在传统饮食文化中，茶文化和酒文化历史悠久、地位独特。茶和酒既是饮品，同时又远远超出了饮品的范畴，与人的精神生活、社会生活和政治生活发生重要联系。特别是经文人雅士吟咏歌颂、提炼升华，茶和酒与传统文学艺术一样，具有了艺术的气质，成为中华优秀传统文化中别具特色的文化种类。近年来，《舌尖上的中国》系列纪录片产生巨大反响，使人们充分认识到了传统饮食的博大精深和巨大魅力。

3. 传统服饰

服饰是最直观地反映民族特征的文化形式。孔子说："微管仲，吾其被发左衽矣。"（《论语·宪问》）孔子把民族服饰的不同视为民族文化的不同，进而视为民族的不同。中国古代服饰文化有两大特点：一是历史悠久，变动不居。中国早在旧石器时代就产生了服饰文化，随着社会的进步而不断发展。在二十五史中，有十部正史编有《舆服志》一章，详细记载了历代车旗服饰制度，充分呈现了古代服饰的多姿多彩，是研究中国古代服饰的重要资料。另外在《西京杂记》《拾遗记》《酉阳杂俎》《事物纪原》《清异录》等书中，也有许多关于中国古代服饰的记录。20世纪，著名作家沈从文著有《中国古代服饰研究》一书，研究了从旧石器时代到清末的古代服饰，并配有图像700幅，从中可以看到中国古代服饰的总体风貌。二是多姿多彩，富有特色。中国是一个统一多民族大国，因地域、气候和习俗的不同，服饰文化多姿多彩。但与世界其他民族的服饰相比，中华民族的服饰总体风格与民族气质、审美品格一致，表现出含蓄雅致、美观大方、内涵丰富的特点。虽然今天中国人的服饰文化已经发生了翻天覆地的变化，但以汉服、唐装、旗袍等代表的传统服饰文化是一个巨大的文化宝藏，仍有着永恒的魅力。

二、中华优秀传统文化的主要特征

由于所处地理条件、经济土壤和政治环境等历史条件不同，不同民族创造出了不同文化。考察中华优秀传统文化的发展历程，透视中华优秀传统文化的内部构成，进行文化上的古今对比和中外对比，我们会发现中华优秀传统文化具有与其他文化不同的一些特征。这些特征既决定了它历史上的形态和命运，也关系着它在当代能否实现价值、实现什么价值以及怎样实现价值的重要问题。

（一）系统性

系统是由若干要素组成的具有一定结构和功能的有机整体。从系统的观点看，世界万物无不是由若干要素组成的一个系统，无不是组成其他系统的一个要素。不同种类的文化都是一个独特的文化系统，表现出独特的系统性。中华优秀传统文化作为一个文化系统，也表现出自己的系统性特点。

第一，文化要素完备。国学大师钱穆认为，一种文化必定由七个要素构成，称为"文化七要素"，并指出："古今中外各地区、各民族一切文化内容，将逃不出这七个要素之配合。"这七个要素是："一、经济。二、政治。三、科学。四、宗教。五、道德。六、文学。七、艺术。"正是这七个文化要素有机组合构成了一个完整的文化系统。以这个标准评价，中国自从有文字记载以来，中华优秀传统文化的这七个要素都已具备。在这七个要素中，中国古代尤其在政治、道德、文学、艺术等方面水平极高、成就极大，从而大幅提升了整个文化系统的品质。

第二，文化结构稳定。中华优秀传统文化这一文化系统，由比较完备而优良的文化要素有机构成，其系统结构从一开始就表现出较强的稳定性。第一，系统中起决定作用的经济土壤比较稳定。从"新石器时期"开始，中国就进入了农耕时代，虽经以后各代生产力不断发展，但这种以农耕经济为主的生产方式直到近代才开始逐步瓦解。第二，系统中起主导作用的思想比较稳定。先秦时期，儒家是周代宗法制度、礼乐文化的提倡者和支持者，成为首屈一指思想流派。汉朝武帝年间实行"罢黜百家，独尊儒术"政策，儒家思想开始成为中国的主导思想，这一地位直到近代才受到较大冲击。第三，系统中起关键作用的政治制度比较稳定。晚清谭嗣同说："二千年来之政，秦政也。"毛泽东也说过："百代都行秦政法。"。

第三，文化功能强大。恩格斯说："许多人协作，许多力量结合为一个总的力量，用马克思的话来说，就造成'新的力量'，这种力量和它的一个个力量的总和有本质的差别。"中华优秀传统文化作为一个文化系统，其整体功能不是各种文化要素功能的简单相加，而是产生了巨大的"整体效应"在中华民族的发展壮大过程中，中华优秀传统文化是增强中华儿女民族身份认同的文化标识，是抵抗外敌入侵的精神支柱，是维护民族团结统一的坚强纽带，是推进国家治理的思想源泉，是促进社会稳定有序的道德基础，是滋润人民心灵世界的精神食粮。这种强大的文化功能，直到今天还在发挥着不可替代的作用。

（二）连续性

中华优秀传统文化作为一个文化系统，呈现出连续性的特征。文化史家柳诒徵说："实则吾民族创造之文化，富于弹性，自古迄今，缅缅相属，虽间有盛衰之判，固未尝有中绝之时。"文化系统的连续性并非普遍现象，柳诒徵指出："世界开化最早之国，古巴比伦，古埃及，古印度，中国。比而观之，中国独寿。"实际上，人类历史上曾出现的古老优秀文明最终整体中断的，除了古巴比伦文明、古埃及文明、古印度文明外，还有玛雅文明、提奥提华坎文明、印加文明、阿兹特克文明等，古希腊罗马文明在欧洲中世纪曾一度湮灭无闻，直到文艺复兴才又重现辉煌。与这些中断的古文明比起来，中华文明表现出来的连续性确乎非常独特。

第一，源远流长，记录详细。考古学发现表明，中华文化早在距今数万年前的旧石器时代就出现了萌芽，到距今五六千年的新石器时代就已先后出现了仰韶文化、大汶口文化、红山文化、良渚文化等文化类型，可以说是世界上产生最早的文化之一。文字的发明是文化史的标志性事件。马克思认为，人类社会是"由于文字的发明及其应用于文献记录而过渡到文明时代"。在我国，很早就有"仓颉造字"的传说，而中国已知最早的成熟文字是甲骨文。自从中国文字产生之后，我们民族的历史就有了文献记载，民族的文化就被生动详细地记录在各种文献之中，它们与流传下来的各种文物共同见证了中华文化源远流长、绵延不绝的历史。

第二，历经曲折，坚韧顽强。中华文化源远流长、绵延不绝的历史并非总是高歌猛进、一帆风顺的，而是经历过许多曲折，甚至一度有中断的危险。第一种危险是来自内部的文化劫难。秦汉之际，中华文化经历了一场大的劫难。先是秦朝政府"焚书坑儒"，"及至秦之季世，焚诗书，坑术士，六艺从此缺焉"（《史记·儒林列传》）；其后秦末汉初连年战争，造成了大量文献资料、建筑、器物等的毁灭。秦汉之后的历次国内战争，无不造成文化上的劫难。第二种危险来自少数民族入侵。西晋之后的五胡乱华，宋朝之后的元军南下，明朝之后的清军入关，由于他们来自文化较为落后的北方草原，入主中原之后对中华文化产生了不可避免的重大冲击。

第三，不断发展，高峰迭出。中华文化的连续不是僵化平庸的连续，而是在漫长的历史中不断发展，高峰迭出。以儒学为例，中国古代儒学由先秦孔子、孟子创立之后，虽遭秦朝的打击和汉初的冷落，其后就进入了不断发展、高峰迭出的历程，先后出现了两汉经学、宋明理学、清代朴学等发展高峰。再以文学为例，从《诗经》《楚辞》开始，中国古代文学不断发展进步、开拓创新，创造出了汉赋、六朝骈文、唐诗、宋词、元曲、明清小说等一系列文学高峰，出现了屈原、司马迁、李白、杜甫、韩愈、苏轼、曹雪芹等一批又一批伟大文学家。这种不断发展、高峰迭出的连续性，表现出中华文化巨大的生命活力。

（三）包容性

中华优秀传统文化能够发展不断、连绵不绝，表现出巨大生命力和创造力，与其内在的包容性密不可分。"和实生物，同则不继。"（《国语·郑语》）文化上的包容性，催生文化的生命力和创新力。中华文化的包容性，使中华文化能够在很长时间内不断发展而又高峰迭出，在世界文明体系中处于领先地位。

第一，对内的包容性。考古学发现，中国境内很多地方都有早期文化遗迹，这说明中华文化是多元发生的，是在融合多种不同文化的基础上形成的，中华文化从一开始就具有很强的包容性。先秦时期，中国出现了诸子百家争鸣的生动局面，儒、墨、道、法、名、阴阳、杂、农、兵等思想流派竞相争鸣，产生了如孔子、孟子、老子、庄子、韩非子、荀子等一批思想文化巨人。先秦诸子百家的思想争鸣，为中华文化的包容发展打下了坚实基础。汉代以来，虽然推行"罢黜百家、独尊儒术"政策。与思想上的包容性一样，中华文化在艺术上也表现出极大包容性。以文学为例，《诗经》开启了文学的现实主义，《楚辞》开启了文学的浪漫主义，这两种风格在文学史上相互激荡，碰撞出无数耀眼的火花。没有这种艺术风格的包容性，就难以出现如李白、杜甫、白居易、苏轼、曹雪芹等风格各异的文学巨匠。

第二，对外的包容性。自古以来，中华文化对外来文化都有一种兼容并蓄的包容精神。对外的包容性首先表现在对周边少数民族文化的吸纳融合上。梁启超说："华夏民族，非一族所成。太古以来，诸族错居，接触交通，各去小异而大同，渐化合以成一族之形，后世所谓诸夏是也。"中华民族的疆域由小而大、人数由少而多，这个过程就是中原"诸夏"在文化上不断融合吸纳周边"蛮夷"文化，化"外"为"内"的过程。这种情况最典型的是东晋和南北朝时期的文化融合。西晋末年，北方少数民族大举入主中原，胡汉文化激荡融合，中原汉文化包容吸纳了来自北方草原的胡文化。"野蛮但充满生气的北族精神，给高雅温文却因束缚于严格传统而冷淡僵化的中国文化带来了新鲜的空气。"魏晋南北朝时期对外来文化的吸纳融合，为璀璨繁荣的盛唐文化打下基础。对外的包容性还表现在中华文化对佛学的吸纳创新上。

（四）民族性

文化是民族的主要标识，不同民族拥有不同文化。张岱年认为："文化的民族差异可以从人与自然的关系、民族关系、家庭关系等方面来分析。"中华优秀传统文化在处理人与自然关系、人与人关系和民族与民族关系等方面，表现出下面几个显著特点：

第一，崇尚自然。在处理人与自然关系问题上，"中国文化比较重视人与自然的和谐，而西方文化则强调征服自然、战胜自然。"这种崇尚自然，首先表现为热爱自然。孔子说："知者乐水，仁者乐山。"（《论语·雍也》）陶渊明说："少无适俗韵，性本爱丘山。"（《归园田居》）李白说："五岳寻仙不辞远，一生好入名山游（《庐山谣寄卢侍御虚舟》）都表现出对自然的热爱。崇尚自然，还表现为保护自然。孟子说："不违农时，谷不可胜食也；数罟不入洿池，鱼鳖不可胜食也；斧斤以时入山林，材木不可胜用也。"（《孟子·梁惠王上》）荀子也说："草木荣华滋硕之时，则斧斤不入山林，不夭其生，不绝其长也。"（《荀子·王制》）。

第二，注重道义。在处理人与人的关系上，中华优秀传统文化表现出注重道义的特点。中国人常说"见义勇为""仗义执言""义不容辞""舍生取义"等，都表现出对道义的重视。注重道义，首先是在与"利"的对比中做出的选择。"天下熙熙，皆为利来；天下攘攘，皆为利往。"（《史记·货殖列传》）但取利要有道，所以孔子说："不义而富且贵，于我如浮云。"（《论语·述而》）清代颜元批评"义"与"利"的分裂，主张"正其谊以谋其利，明其道而计其功"（《四书正误》卷一），但也是把道义放在很重要的位置。注重道义，还是在与"力"的对比中做出的选择。孟子说："以力服人者，非心服也，力不赡也；以德服人者，中心悦而诚服也。"（《孟子·公孙丑上》）所以他赞赏"居仁由义"而能"威武不能屈"的大丈夫。当然，中华优秀传统文化也不反对使用"力"，但也要师出有名、道义为先。

第三，追求和谐。"礼之用，和为贵。"（《论语·学而》）中华民族自古以来是一个爱好和平的民族，追求"百姓昭明，协和万邦"（《尚书·尧典》）的理想。"和"可以说是中华民族在处理民族与民族、国与国关系时的一种高尚的追求。春秋战国时期，各诸侯国"争地以战，杀人盈野；争城以战，杀人盈城"（《孟子·离娄上》），给国家和百姓造成深重灾难，因此许多思想家极力反对战争、呼吁和平。提倡"远人不服，则修文德以来之"（《论语·季氏》）。主张"非攻"，反对一切侵略战争。不崇尚武力，老子说："夫兵者，不祥之器，物或恶之，故有道者不处。"（《道德经》第三十一章）这种追求民族间、国家间和谐的思想，也充分体现在了实际中。汉唐通过"和亲"加强与邻邦的友好关系，明代郑和七下西洋对沿途国家秋毫无犯，就是这种思想的生动反映。

（五）时代性

文化不仅有中外之别，而且有古今之别。毛泽东指出："一定的文化（当作观念形态的文化）是一定社会的政治和经济的反映，又给予伟大影响和作用于一定社会的政治和经济。"不同的文化产生于不同的时代，因而表现出不同的时代性。中华优秀传统文化产生、形成、繁荣、发展于中国古代，从经济土壤上说，主要是一种农耕文化。

黄河、长江流域优越的自然地理条件，孕育了中华民族以农耕经济为主、游牧经济为辅的经济形态，中华文化可以说是一种典型的农耕文化。相比而言，西方文化主要是一种海洋商业文化。长期的农业生产，使中华文化具备一些有别于海洋商业文明的特征。一是重农轻商。先秦诸子乃至后来的诸多思想家，包括孟子、韩非子、贾谊、晁错、范仲淹等在内，都有重农轻商的治国理念。士、农、工、商四个阶层，"农"在"商"之前，更受人们尊重。秦汉以来，历朝历代几乎都出台了重农轻商的国家政策。二是勤俭务实。农业生产只有勤劳才能收获，因为艰辛所以节俭。"锄禾日当午，汗滴禾下土。谁知盘中餐，粒粒皆辛苦。"（李绅《悯农》）这一千古传诵的诗篇，生动而深刻地反映了农业生产中的艰辛不易，以及对勤劳节俭的赞扬。三是安土重迁。人们的衣食住行都寄托在土地上，自然而然地产生安土重迁的倾向。《汉书》上说："安土重迁，黎民之性。"（《汉书·元帝纪》）实际上，只有农耕文化下的民族才安土重迁，海洋商业文化下的民族则易于、乐于迁徙。上述农耕文化的几个特征，既是一种优点，同时也带来一些弊端。重农轻商，造成中国经济长期局限于农业经济，阻碍了工商业的发展；安土重迁，不利于人口流动，造成了一定程度上的经济封闭和思想僵化。

农业文明时代的大刀长矛抵挡不了工业文明时代的坚船利炮，"宗法"和"专制"也比不上资本主义时代的"民主"和"科学"。因此，中华优秀传统文化由于时代性局限，受到了近代其他文化的猛烈冲击。但是，中华优秀传统文化的这种时代性的局限，掩盖不了其系统性、连续性、包容性、民族性等优秀品质，因此不能否认它的重要历史作用，更不能否认它的巨大当代价值。恰恰相反，中华优秀传统文化所包含的精神、制度、物质三个层面的基本内容，所具有的系统性、连续性、包容性、民族性、时代性的主要特征，使它内在地具有巨大的当代价值，对于当代中国乃至世界都具有重要意义。

第二节 中华优秀传统文化的基本精神

一、中国传统文化基本精神解读

从文化的基本精神入手，有助于科学地把握博大精深、源远流长的中国传统文化的整体和全貌。对中国传统文化基本精神的解读，要从其内涵、特点以及它与中华民族精神、文化传统的关系等角度，进行全方位的把握。

（一）中国传统文化基本精神的内涵

1. 文化精神

在中国古代文献中，"精"是精妙、精粹、精华、精微的意思；"神"的主要含义是指玄妙、微妙、奇妙的变化。"精神"，指天地万物的精气、活力，事物运动发展的精微的内在动力。

文化精神是指为本民族大多数成员所认同，贯穿于民族历史全过程的，引导和推动民族文化不断向前发展的基本思想和基本观念。

文化精神是相对于文化的具体表现而言的，具有广泛性、普遍性的精神。文化的具体表现，包括思想意识、社会制度、习惯、器物等层面，无不和内在的文化精神相联系。

2. 文化精神与文化的关系

文化精神是在文化中起主导作用，处于核心地位的基本思想和观念，是被民族成员熟悉的，而不是莫测高深的玄思妙想。

作为文化发展的内在动力和思想基础的文化精神，它本身也是文化发展的产物。文化精神，随着文化的发展演变而发展变化，不断丰富自己的思想内涵。

3. 中国传统文化的基本精神

中国传统文化的基本精神是指中国传统文化中的一些思想观念或固有传统，它们长期受到尊崇，成为指导人们行动的最好原则，成为推动社会历史发展的思想源泉。也可以说，中国传统文化的基本精神体现中华民族蓬勃向上的思想精神，代表中国文化发展的正确方向，是民族延续发展的精神动力，或者说是中华民族生存发展的精神支柱。

中国传统文化基本精神是凝聚在文化现象中，并通过文化现象体现出来的思想基础，指导和推动中国文化不断前进的思想源泉。中国传统文化是历史上积淀下来的有稳定形态的中国文化，包括价值取向、思想观念、思维方式、宗教信仰、道德情操、文学艺术、礼仪制度、风俗习惯、科学技术等不同层面的丰富内容。由于中国传统文化的博大精深和丰富多彩，中国传统文化基本精神的思想也不是单纯的，而是一个包含着诸多要素的思想体系。

（二）中国传统文化精神的特点

作为中国传统文化基本精神的思想观念或文化传统，具有以下特点：①具有广泛的影响。为大多数中华民族同胞所接受和认同，成为他们基本的人生信念和自觉的价值追求。②具有维系中华民族生存和发展，促进中国社会进步的积极作用。必须具有以上两个方面的特点，才可以称为民族文化的基本精神。这是中国传统文化基本精神和其他文化精神共有的特点。③与异文化相比，中国传统文化精神闪烁着独特的人文主义思想光辉。

与西方的人文主义相比，中国传统文化精神的人文主义又有很大的不同。西方的人文主义认为，每个人都是他自己内在因素的创造物，是自己命运的主宰，是具有理智、情感和意志的独立个体。中国传统文化的人文主义认为，人是具有群体生存需要，有伦理道德、自觉互动的社会成员，每个个体都是他所属关系的派生物，其命运跟群体息息相关。也就是说，中国传统文化把人看成是群体的一分子，是集体中的一个角色而不是个体。

由以上可知，西方文化的人文主义所强调的是自由、平等、权利，中国文化的人文主义所强调的是和谐、义务、贡献，这正是我们论述中国传统文化基本精神的出发点。

（三）中国传统文化精神和中华民族精神的关系

文化精神与民族精神具有相通性。在解读中国传统文化精神时，必须明确它与中华民族精神的关系。

所谓民族精神，就是民族文化心理结构中长期积淀而形成的整体国民性格，是民族文化传统的相互凝聚和整合。有学者这样论述，在一个民族的精神发展中，有一些思想观念受到人们的尊崇，成为生活行动的最高指导原则。这些最高指导原则是多数人所信奉的，能够激励人心，在民族的精神发展中起着主导作用。这可以称为民族文化的主导思想，亦可简称为民族精神。民族精神必须具备两个条件，一是有比较广泛的影响，二是能激励人们前进，有促进社会发展的作用。因此，广义地讲，民族精神就是指导民族延续发展、不断前进的精粹思想，是民族文化的主导思想。就其性质而言，民族精神是一种伟大、卓越的精神；就其表现形式而言，民族精神是民族文化的优秀传统。从本质上讲，传统文化精神也就是民族精神。

由以上可知，中华民族精神就是中华传统文化思想观念精华的总结与提升。中国传统文化的基本精神，也就是中华民族的民族精神，是中华民族特定的价值取向、思维方式、社会心理以及审美情趣等内在特质的基本风貌。

（四）中国传统文化精神与文化传统的关系

中国传统文化精神属于观念形态的范畴，凝聚于文化传统之中。所谓传统，是历史上形成的，具有稳定的组织结构和思想要素的，至今仍影响着人们的价值观念、思维方式、道德风尚和审美情趣等深层文化的社会心理和行为习惯。

传统的两个基本特征是历史的沿传性和现实的影响性。也就是说，传统是历史和现实的结合体，是历史对现实影响的集中表现。传统并不是一成不变的，而是随着历史的发展而不断完善、更新。

而所谓文化传统，就是受特定文化类型的价值取向影响，经过长期历史积淀而逐渐形成的，为该民族大多数人所接受和认同，在思想和行为上难以改变的心理和行为习惯。

"传统"和"文化传统"两个概念是中性词，属于事实判断的范畴，本无所谓褒贬；但是，当两个概念与民族文化的"基本精神""民族精神"相联系，在价值取向上就与"优秀""进步"密不可分。因为只有优秀的文化传统，才能成为民族文化发展进步的内在动力。

因此，作为中国文化基本精神的具体表现，作为中华民族精神生动反映的那些文化传统，也必然表现为民族文化的优秀传统。

二、中国传统文化基本精神的内容

中国传统文化的丰富多彩，决定了中国传统文化基本精神是包含了诸多要素的思想体系。中国传统文化基本精神的内容，主要包括天人合一与以人为本，刚健有为与自强不息，厚德载物与中庸尚和。

（一）天人合一与以人为本

1. 人与自然和谐共生

在人与自然的关系问题上，中西文化存在很大的差异。中国文化重视人与自然的和谐统一，即"天人合一"；西方文化则推崇人通过征服自然、改造自然，求得人的生存和发展。中国的先哲们认为，自然发展与人类发展是互相影响的，人应根据自然变化来调整、规范自己的言行，这样就可以达到天人和谐统一境界。

古代中国各学派都从不同角度探讨过"天人"关系，即所谓的人与自然的关系。因为中国文化是农耕文化，古代物质文化、制度文化和精神文化的创造都离不开农耕的物质基础。

以农耕为主要生计方式，需要研究人与自然的关系，中国很早就有了天文历算。延伸到社会生活中，就有了对"天时""地利""人和"的相辅相成关系的探讨，由此引发了中国文化对"天人之学"持之以恒的艰苦探索。

中国传统文化的"天人合一"精神源远流长。新石器时期，人们的生存、发展主要依赖外界的自然环境，两者之间有着密切的关系。该时期的原始氏族体制下的经济政治结构和血缘宗法制度，使氏族、部落内部维持着自然和谐的关系。以上两方面是产生"天人合一"（人与自然，个体对群体的顺从、适应的协调关系）观念的现实基础。例如，河南半坡仰韶文化遗址出土的太阳人面图像，说明当时的人们已经把人和太阳等不同的事物联系起来思考，可看作天人合一思想的萌芽。

"天人合一"精神成熟于先秦。在古典文献五经中，具体地记载了古代人们对人与自然关系的认识。例如，《诗经》中的天人观念是相当丰富的。其中的比、兴手法，将自然物、自然现象和人类社会生活相联系，用情感拥抱自然，使自然人化了。该时期，理性主义兴起，宗教信仰衰颓。"天人合一"打上了时代的烙印，去掉了原有的神秘、迷狂等非理性内容，强调了"人"与"天"相认同、一致、协调。

春秋到西汉初期，人们开始挣脱血缘氏族的原始礼教，认真探索自然和人类社会，认识到人类在自然界中的独立存在。在《淮南子》中，人与自然的关系被强化了，表现在把人体的部位和宇宙天象一一对应的比照。如下：

头之圆也象天，足之方也象地。天有四时、五行、九解、三百六十六日，人亦有四肢、五脏、九窍、三百六十六节。天有风雨寒暑，人亦有取与喜怒。故胆为云，肺为气，肝为风，肾为雨，脾为雷，以与天地相参也，而心为之主。

西汉初年之后，以董仲舒的《春秋繁露》为代表，构建了一个从自然到人类，从人类社会组织到人体构造，从人的有形之躯到无形思想观念的"天人感应"思想体系。该思想体系的特征，是具有反馈功能的天人相通"感应"的有机整体的宇宙图式。人只有顺应———既认识又遵循———这个图式，才能获得自由，使个体和社会得以生存和发展。该时期的"天人合一"重视国家和个体在外在活动行为中与自然、社会相适应和协调。魏晋玄学时期的"天人合一"精神，提高到道德本体上来，追求更高的境界。由以上可知，"天人合一"是古代思想文化精神的一个重要组成部分，在古代社会生活中发挥着重要作用。

从传统思想与古代中国国家机构运行及政治、道德实践的关系来看，天人合一具有世界观和方法论的意义。天是万物的起源，生出万物，包括人类社会。天地万物像人类社会一样运转着，自然发展变化体现、制约着人类社会的发展变化。日月正常运行时，说明人世间一切正常———君明，臣贤，百姓勤耕和睦；而当人事出了问题———君昏，臣奸，百姓反对，日月也会用反常予以警告。即所谓的，人之善将得到天之更大的善，人之恶将得到天之更大的恶。基于此，天人合一思想成为人们行为的准则。

此外，天人合一思想把人作为宇宙中心，强调人是自然系统中不可缺少的有机部分，主张道德原则与自然规律相一致，追求的人生理想是天人和谐。天人合一精神具有一定的唯物主义色彩，助力人们研究自然，推动了古代中国科学技术的发展。

"天人合一"作为中国主流文化精神的一部分，延续并影响中国数千年之久，有着丰富的内涵和价值。尽管也存在一定的局限性，但在历史上发挥了积极的作用，至今仍然有不可磨灭的积极意义。

2. 独具特色的以人为本

中国传统文化所具有的"天人合一"精神，是以"人本主义"追求为前提的。"以人为本"的人文精神贯穿于中国传统文化之中，把人作为核心来探讨人与自然的关系，还表现为追求和谐社会的理想主义倾向。

中国传统文化的"人本主义"精神独具特色，既不同于古代西方文化"以神为本"的精神追求，也不同于近代西方文化追求自由、民主的"人本主义"精神。中国传统文化话语中的"人本主义"，强调在天地人之间以人为尊，在人与神之间以人为本。中国传统文化的主体内容、价值取向和基本精神的嬗变，是以人生价值目标和意义的阐明及其实践为核心的。

中国传统文化的发展始终以"人"为中心和根本，侧重人与社会、人与人的关系以及个体的心性修养问题，是一种道德伦理本位的人本主义。中国传统文化的"人本主义"精神，具体表现为以下三个层面：

层面一，中国传统的"人本主义"坚持"民为贵"的民本主义精神。

儒家学说中民为邦本的思想更为集中和突出。孔子历来主张重民、富民、教民，在"民、食、丧、祭"这些世间大事中，将民列为首位。孟子从为政之道出发，强调政治统治一定要得民心，合民意，提出了"民为贵，社稷次之，君为轻"的著名观点，成为历代统治者维护统治的座右铭。荀子的君舟民水的著名比喻，是历代为政者必修的一课。《荀子·王霸》"用国者，得百姓之力者富，得百姓之死者强，得百姓之誉者荣。三得者具而天下归之，三得者亡而天下去之。"

不仅儒家主张民为邦本，道、墨、法诸家都有以民为贵的重民思想。在漫长的封建社会中，重民贵民的精神不断得到丰富和强化。汉代的贾谊《新书·大政上》"闻之于政也，民无不为本也。"唐朝君主李世民深谙民贵君轻之道，《资治通鉴》"君依于国，国依于民"。宋代朱熹《宋史·朱熹传》"天下之务莫大于恤民"。以上先哲们的重民思想，反映了中国传统文化中民为邦本思想的发展与演进，折射了中国传统人本主义传统的根本所在。在该思想熏陶下，历代开明的统治者都把重生重德，谋求百姓生活安定，作为其基本的统治思想。"民为贵，君为轻"的政治理想，虽然没有否定君主专制，还不是民主思想，只是君主专制的补充，但其进步意义和价值是显而易见的。

层面二，中国传统的"人本主义"是具有道德伦理特征的人本关怀。

与西方近代人文主义追求个体权利、自由、民主的人生价值不同，中国传统的"人本主义"更重视个体对于群体的义务责任，目的是维系社会生活正常的运转。相反，不十分重视个体精神的自由与独立，也不十分重视个体自身的权利。

中国传统文化环境下的个体价值，不在于个体物质欲望的满足，也不是个体精神的愉悦，而是从个体与家庭、宗族和国家的关系上来肯定个体心性的完善。也就是说，中国传统文化所认可的是作为"道德主体"的人。

中国传统的人本主义把人放在伦理关系中来定位。每一个体从诞生便进入了五伦社会关系网络———政治上的君臣关系，社会上的朋友关系，家庭中的父子、夫妇、兄弟关系。该种人与人之间的关系各有其行为规范和道德模式，即君仁臣忠，父慈子孝，夫教妇从，兄友弟恭，朋亲友信。整个文化所关注的是《毛诗序》中"经夫妇，成孝敬，厚人伦，美教化，移风俗"。而每个个体则在该种人伦关系中寻找自己的位置，履行自己的责任。

中国传统的"人本"是"道德主体的人本"。一方面，个体担负对社会应尽的责任；另一方面，个体又要追求一种主体道德心性的完善。这种完善既是社会的要求，也是个体的自觉。注重个体修养，肯定个体心性完善，是中国传统文化人本主义精神不同于西方的表现。中国传统文化所重视的人，虽然是现世存在的人，但却是处于"伦理"关系中的人，体现道德原则的人。

（二）刚健有为与自强不息

刚健有为与自强不息是中国文化的主导精神。中华文明延续了几千年从未中断过，中华民族延续几千年屡遭异族入侵而不被征服，靠的就是刚健有为与自强不息精神。中华民族唯有不断地自强，才能永远自立。

1. 刚健有为与自强不息精神解说

刚健有为与自强不息不仅是中国传统文化的主导精神，也是中华民族最重要的民族精神。与刚健有为、自强不息的积极进取精神相对，中国传统文化也早就存在主静尚柔、涵虚无为的精神，主要以先秦道家学派和宋明理学为代表，但这不是中国传统文化的主导精神。正是这种刚健有为、自强不息的民族精神，推动了中国社会和中国文化的发展。

刚健有为与自强不息精神，可以追溯到中国古代的《尚书》和《诗经》中，这两部典籍蕴含着勤勉稳健、勇猛深沉的奋进气息。例如，对先王"克明峻德，以亲九族"，"历象日月星辰，敬授人时"功业的颂扬；《诗经》中的"公刘""生民"篇中，描述了周部族诞生之初的创业艰难和不断壮大等。

《周易》对刚健有为与自强不息精神进行了集中概括，不仅明确提出了"刚健"的观念，而且赞扬了刚健精神。例如，"刚健而文明"，"刚健，笃实，辉光"，"刚健中正，纯粹精也"等。同时，也明确了"自强不息"精神，例如，"天行健，君子以自强不息"。

孔子是刚健有为与自强不息精神的提倡者和实践者。体现在他的生活态度上是"为之不厌"，"知其不可为而为之"，结果是"发愤忘食，乐以忘忧，不知老之将至"。孔子还特别强调，"士不可以不弘毅，任重而道远。仁以为己任，不亦重乎？死而后已，不亦远乎？"

儒家学派的后继者们都对刚健有为与自强不息精神做了进一步发展。孟子从人格修养的角度表明，"天将降大任于斯人也，必先苦其心志，劳其筋骨，饿其体肤，空乏其身。"荀子则从天人关系的角度提出"制天命而用之"的著名论断。这种不畏困苦，坚持不懈，努力进取的毅力，就是自强不息的精神。

2. 刚健有为与自强不息精神的具体表现

刚健有为与自强不息作为中国传统文化的主导精神，一直是中华民族奋发向上、蓬勃发展的动力，对国君、人臣、封建士大夫阶层以及一般民众，都起到了激励作用。该精神已经浸透在国民的肌体和血液中，化为中国人的思想意识和行为规范，体现在社会生活的方方面面。

在中华民族历史创造活动中，刚健有为与自强不息精神发挥着潜在的支配作用，展示了不同社会群体的风采。上古时期，盘古开天辟地、女娲补天造人、后羿射日、精卫填海、愚公移山和大禹治水等神话传说，都塑造了不怕牺牲的开拓者形象，正是该精神的体现。

先秦时期的知识分子身上，同样能看到这种精神。西伯拘而演《周易》，仲尼厄而作《春秋》；屈原放逐，乃赋《离骚》；左丘失明，厥有《国语》；孙子膑脚，《兵法》修列；不韦迁蜀，世传《吕览》；韩非囚秦，《说难》《孤愤》；《诗》三百篇，大抵圣贤发愤之所为作也。

在中国历代有作为的封建帝王身上，也体现了刚健有为与自强不息的精神。例如，秦始皇"奋六世之余烈，振长策而御宇内，吞二周而亡诸侯，履至尊而制六合，执敲扑而鞭笞天下，威振四海"；汉高祖刘邦"大风起兮云飞扬，威加海内兮归故乡，安得猛士兮守四方"。

在民族兴旺发达、繁荣昌盛时期，士子情怀中总是洋溢着一股建功立业的壮志豪情。汉唐将士描述戍边的诗文中，俯拾皆是"匈奴未灭，何以家为"的英雄气概和"请君暂上凌烟阁，若个书生万户侯"的豪迈气势，都表现了该精神。

在民族危亡、外族入侵以及政权更迭的危机时期，中华民族以不屈不挠的精神，进行了顽强英勇的反侵略、反压迫斗争。中国历史上有过无数可歌可泣的民族英雄，如岳飞、文天祥、郑成功、戚继光、史可法等，还有流传千载的"十年生聚，十年报仇""卧薪尝胆"等格言成语。

刚健有为与自强不息精神还有一个重要的表现，那就是积极否定、革故鼎新的改革精神。《礼记·大学》中称赞，"苟日新，日日新，又日新。"《易传》也肯定了"天地革而四时成，汤武革命，顺乎天而应乎人。革之时大矣哉"。中国历史上为清除积弊而进行了多次著名的变法，例如，先秦时的商鞅变法，北宋的王安石变法，清末的康梁维新等，都是这种革新精神的体现。近代中国的革命先驱者们，更是在该精神的激励下进行改革创新，探求救国救民的真理。

刚健有为与自强不息精神还体现在日常生活的各方面。例如，"人穷志不短""刀子不磨要生锈，人不学习要落后"等民间谚语，不少人以"志刚""志强""自强""健"等作为名字，古今骚人墨客所描绘吟咏的青松、翠竹、红梅、菊花、奔马、苍鹰、猛虎、雄狮、高山和大河等形象，都反映了该精神深入人心的社会化、普遍化程度。

（三）厚德载物与中庸尚和

中国传统文化追求的最高境界是"和谐"，即重视人与自然、人与社会、人与人以及人身心等的和谐。在中国文化中的儒道互补，儒法结合，儒佛相融，佛道相通，援阴阳五行入儒，儒佛道三教合一，以至对基督教、伊斯兰教等外来宗教的包容和吸纳，都是世人皆知的历史事实。在各种不同价值系统的区域文化和民族文化的冲击碰撞下，中国文化逐步走向融合统一，表现了"有容乃大"的宏伟气魄。

1.厚德载物与中庸尚和精神的阐释

《周易·乾卦》中有"地势坤，君子以厚德载物。"这里的"厚德载物"，即以宽厚之道德胸怀，包容万物，对待事物要兼容并蓄的意思。"君子以厚德载物"是说有道德修养的人能宽容不同意见的人。《论语·子路》中有"君子和而不同，小人同而不和。"这里的"和""同"与"和谐"有异曲同工之妙。"同"是不讲原则地随声附和；"和"是指容纳不同意见，包容差异性。提倡"君子厚德载物"也具有"君子和而不同"的意思。

中国古代早就有"和而不同"的思想文化传统。西周末年的史伯和春秋末年的晏婴，是较早对和谐进行理论探讨的人。只有不同元素相互配合，才能使矛盾均衡统一，达到和谐的效果。五味相和，食物才能美味可口；六律相和，乐曲才能悦耳动听；君主善于倾听正反之言，"和乐如一"的局面才能出现。和实生物，同则不继。以他平他谓之和，故能丰长而物归之。若以同裨同，尽乃弃矣。也就是说，不同事物之间彼此为"他"，"以他平他"，即把不同事物融合在一起；不同事物相配合而达到平衡，就实现了"和"，"和"才能产生新事物；如果相同的事物放在一起，只有量的增加而不会发生质的变化，就不可能产生新事物，事物的发展就停止了。

春秋末年的晏婴，用"相济""相成"思想丰富了"和"的内涵。他将其运用于君臣关系上，强调君在处理政务上意见"可否相济"的重要性。《左传·昭公十年》中有"君所谓可，而有否焉，臣献其否，以成其可；君所谓否，而有可焉，臣献其可，以去其否。"这里的"可否相济"便是"和"，通过"济其不及，以泄其过"的综合平衡，使君臣之间保持"政平而不干"的和谐统一。重和去同的思想，肯定事物是多样性的统一，主张以广阔的胸怀，容纳不同意见，以促进民族文化的发展。"天下同归而殊途，一致而百虑"的观点，便是重和去同思想的体现。

厚德载物与中庸尚和的精神，还体现在中国社会生活的各个方面。在民族关系方面，中国传统文化以礼仪道德平等待人，接纳、吸收异民族的优秀文化。汉代司马相如"通西南夷"，以"兼容并包""遐迩一体"为指导思想，招抚周边各少数民族。正是该思想，使汉王朝将不同的民族———"东夷""南蛮""西戎""北狄"等融合为统一的中华民族。在治国之道方面，兼容天下的胸怀表现为"以君子长者之道待天下"；还有"兼听则明，偏听则暗"的著名成语等都是中国古代重"和"去"同"文化精神的具体体现。

事实证明，"和而不同"的文化精神观，对于中国文化的发展，发挥了十分重要的积极作用。

2. 厚德载物与中庸尚和精神的实现

既然和谐是最好的秩序和状态，是理想的追求，那么怎样才能达到"和"的理想呢？

儒家认为，根本的途径在于保持"中"道，并以此规定和谐的标准。"中"指事物的"度"，即不偏不倚，既不要不及，也不过度。孔子用"持中"作为实现并保持和谐的手段。凡事叩其两端而取其中，便是"和"的保证，也是实现"和"的途径。以"中"为"度"，"中"即是"和"；"和"包含着"中"，"持中"就能"和"。

孔子进一步提出"中庸"的概念，使中和观念哲理化。《论语·雍也》中有"中庸之为德也，其至矣乎！"强调了中庸是一种最高的道德，是要不偏不倚地把握"中"这个事物运动的总准则。办任何事情都有个标准，不能超过这个标准，也不能达不到这个标准，而应该是完全合乎标准的中正不偏，准确适度，无过无不及。所以"中庸"包含了"和而不同"和"过犹不及"两个方面的内涵。

任何事物的最佳状态，都是多种事物的对立统一而构成的和谐。事物对立的两端是客观存在的，叩其两端而用之，在对立的两极之中把握一个最适当的度，正确的态度是"允执其中"。

之后的儒家学者对中庸和谐、贵和持中思想，又不断地进行诠释和发挥。例如，《中庸》将孔子的持中原则从"至德"提高到"天下之大本""天下之达道"的哲理高度，强调通过体认和践履，去实现人与人之间、人道与天道之间的和谐。《易传》将和谐思想具体化为阴阳相分，柔刚定位的观点，推演出社会政治关系中的君臣、君民以及家庭关系中的父子、夫妇之间的尊卑、贵贱，严格规定了阳尊阴卑、刚上柔下的等级秩序。朱熹《中庸集注》中有"不偏谓之中，不易谓之庸"。

从总体上看，儒家的中和理论是以中庸观为理论基础，以中、和为范畴，以礼为标准，以对统一体的保持以及对竞争、冲突的抑制消除为特征的封闭和谐体系。因此，该理论成为儒者认识世界的基本方法和待人接物的基本原则，并且渗透到整个社会心理之中。

从"和而不同"原则出发，孔子主张做事恰到好处，为人坚持原则而又能团结和谐，这的确是一种很高的修养境界。在《论语》中，孔子提出了达到中庸之至德的修养方法。例如，他强调自我修养，自我克制，严以律己，宽以待人，推己及人，行忠恕之道，将心比心，理解别人，用"礼"节制自己的社会行为等等。《礼记·中庸》把中庸之道作为做人必须达到的一种境界，称之为"极高明而道中庸"。如何达到这一境界？《中庸》认为有五个步骤，"博学之，审问之，慎思之，明辨之，笃行之。"

贵和持中思想作为中国伦理政治型文化的基本精神，适应了封建社会大一统的政治要求，又迎合了宗法社会温情脉脉的伦理情感的需要，成为民族的情感心理原则，培育了中华民族的群体心态，体现在中国文化的各个领域。

和谐精神经过长期的历史积淀，逐渐泛化为中华民族普遍的社会心理，例如，政治上的"大一统"观念，经济上"不患贫而患不均"的平均思想，文化上的天下一家情怀，文学上的"大团圆"结局，艺术上的"物我通情相忘"的意境，美学上"以和为美"的审美情趣等等。

贵和持中思想是中国传统文化的精髓，全民族都认同中和观念。人们普遍认识到自己的行为态度要适度，要重视和谐局面的实现和保持，这使得中国社会有某种特殊的凝聚和扩展，产生了积极的影响和作用。客观地说，这抑制了竞争性观念的生长，也为折中主义、明哲保身的处世哲学提供了理论土壤，并成为统治者维护专制主义等级秩序的工具。

三、中国传统文化基本精神的功能

中国传统文化的基本精神作为中华民族精神的具体表现，在中国古代社会的长期发展中发挥了重要的功能，产生了深远的影响。全面了解中国传统文化基本精神的功能，有助于我们更好地把握传统文化的当代价值，促进中国传统文化的传承和发展。

（一）维系民族团结、国家统一的凝聚功能

中国传统文化基本精神的一个重要功能，是维系民族团结、国家统一的凝聚功能。中国传统文化基本精神具有全民性，体现了中华民族的共同心理素质，是整个民族精神面貌的体现。中国传统文化不仅具有坚韧的"内聚性"，还对外来的文化具有"拒异性"；这有力地维系着中华民族的存在，使中华民族免受异民族心理、精神的影响。

中国传统文化的"内聚性"和"拒异性"相结合，产生了对外来文化的强大消化力。例如，在外国，佛教的宗教势力超出政治势力；但在中国，不论帝王如何尊信佛教，帝王终究要依靠儒家的礼法来统治人民。如果佛教徒不适应中国社会的传统惯例，使佛教汉化，在不抵触儒家伦理道德的情况下进行宗教活动，而企图传播完全外国面貌的佛教，也是不能立足的。

中国传统文化中庸尚和的精神，孕育了中华民族崇尚和谐统一的博大胸怀，坚持统一，反对分裂，把国家统一看作天经地义的事。该文化传统对中华一体、国家统一民族文化心理的形成，对国家、社会的长治久安，曾经发挥了十分重要的聚合作用。

中华民族共同心理因素———浑厚、淳朴、崇尚气节和坚忍不拔的特征，是在漫长的历史发展过程中形成的。自古以来，中华民族是由国内各民族祖先共同缔造的。在历史上，虽然各民族之间的关系和战交替、有好有坏，但由于各族之间通过贸易、

结盟、通婚以及"大杂居、小聚居"的居住格局等多种方式接触，逐渐成为不可分割的整体。

西周初期，便称中国为"华夏"。之后，历史的潮流便朝向"华夏一体"的方向发展。例如，古书上云"此皆生一父母而阅一和也……是故自其异者视之，肝胆胡越，自其同者视之，万物一圈也"，表达了汉代人渴望民族团结的美好愿望，把中国所有的民族看成是骨肉兄弟。因此，外国人"自其同者视之"，就称所有的中国人为"汉人"了。

中国传统文化基本精神具有维系民族团结、国家统一的凝聚功能，在民族处于危难时刻愈加明显。在中华民族长达数千年的成长历程中，虽然经历过无数次各民族间的斗争，但是每当外敌入侵之时，各民族立刻团结一致，同仇敌忾，奋起反抗。例如，在明代抗倭斗争中，湖广的土家族与苗族官兵建立了"东南战功第一"的伟绩；郑成功驱逐荷兰殖民者，收复台湾，得到了台湾各族人民的热烈响应与支持；明清之际，沙俄殖民者入侵黑龙江流域，当地达斡尔、鄂伦春、鄂温克等民族坚持战斗，并在雅克萨自卫反击战中配合满汉官兵，取得了反击战的胜利。正是因为中国文化精神有如此深厚的凝聚功能，在19世纪40年代以后的百年中，虽然西方列强使用各种卑劣的手段，仍未能实现瓜分中国的目的。

中华民族要求民族之间团结友好的愿望与爱国思想是一致的。自古以来，中国就享有"礼仪之邦"的美誉。《诗经》中的《鹿鸣》《木瓜》等诗篇，都反映了中华民族与境外民族礼尚往来的美德。西汉以后，历代王朝政府都派使节出使周边国家，从事外交、文化交流和互利互惠的贸易活动，使节大都"入境随俗"而不是"君临异国"。为中外文化交流做出过突出贡献的人物有很多，如张骞、鉴真、郑和等都被载入史册而受到景仰。

（二）培养中华民族健康品格、推动社会进步的激励功能

中国传统文化的基本精神，是民族优秀文化传统的集中体现，对中华民族的每一个成员都有着强烈的激励功能，促进了社会的进步发展。

中国传统文化基本精神反映了中国文化的发展方向，具有激发民族自尊心、自信心和民族自豪感的巨大作用，能够鼓舞人们前行。中国传统文化基本精神是维系中华民族共同心理和价值追求的思想纽带，是唤醒人们为民族统一、社会进步而英勇奋斗，鞠躬尽瘁，死而后已的精神源泉。

在漫长的历史发展过程中，中国传统文化的刚健自强精神，一直激励着中华民族每一个成员奋发向上、不断前进，与内部的恶劣势力和外来侵略者做不屈不挠的斗争。

在孔子时代，刚健自强精神就已经出现。孔子十分重视"刚"的品德。《论语·子路》中有"刚、毅、木、讷，近仁。"在孔子看来，刚毅和道义是不可分割的，有志有德之人，既要刚毅，也要有历史责任感和时代使命感，《论语·尧曰》中有"不知命，无以为君子也。"

知识分子要"弘毅"。《论语·泰伯》中有"士不可以不弘毅，任重而道远，仁以为己任，不亦重乎？死而后已，不亦远乎？"强调人要有担当道义、不屈不挠的奋斗精神。《中庸》中提倡博学、审问、慎思、明辨、笃行的治学之道，主张刻苦学习，不甘人后。"人一能之，己百之；人十能之，己千之。果能此道矣，虽愚必明，虽柔必强"。这不仅体现了儒家对事物、对学问所采取的"刚毅"进取态度，也体现了中国传统文化"自强不息"的精神。

《周易集解》引干宝对"自强不息"的解释说，"凡勉强以进德，不必须在位也。故尧舜一日万机，文王日昃不暇食，仲尼终夜不寝，颜子欲罢不能，自此以下莫敢淫心舍力，故曰自强不息矣。"在中华文化的发展进程中，这种自强精神一直激励着中华儿女积极进取，不断向前，坚持同内部的恶势力和外来的侵略者做不屈不挠的斗争，具体的例子不胜枚举。

近代中国人民为了救亡图存和民族自强，进行了艰苦卓绝的斗争。19 世纪 40 年代后，林则徐的学生冯佳芬提出了"若要雪耻，莫如自强"的口号。洋务运动正是打着"自强"的旗号兴起的。在著名的"公车上书"中，康有为以《易传》的刚健、有为、尚动、通变原则作为"变法"的理论根据。孙中山领导的资产阶级民主革命，把"革命"看成"世界之公理""天演之公例"。他们都受到了中国传统文化刚健自强精神的激励和影响。

中国传统文化的人本主义精神，激励人们尊重个体的尊严和价值，努力在现实社会中去实现个体价值。孔子就努力践行为崇高理想而不懈奋斗、自强不息的人生态度。他在继续学习的过程中完善自己的人格。《论语·述而》中有"学而不厌，诲人不倦""发愤忘食，乐以忘忧，不知老之将至"就是很好的明证。孔子到 70 岁时达到所谓"从心所欲不逾矩"的境界，究竟在达到这个境界后还有没有可学的？绝大多数儒者认为，即使孔子再多活一个月，多活一天，他还是要继续学习的。基于儒学的立场看，可以说孔子是一个相当平凡的人，如果再活下去，他还要继续学习下去。这种精神就是中国传统文化中的自强不息精神。同时，在实现个体价值的过程中人格发展是全面的，不是片面的，个体的身心灵魂（包括智力、德育、体力等）各个层面都有所发展。该发展的另一特色是辩证的，是一个动力很大，生命力很强的发展，而不是一个逐渐堕落，自我中心逐渐强化的过程。

中国传统哲学的各学派，虽然价值取向不同，但都重视道德修养。中国历代都有重修养、重气节、重独立人格的志士仁人，这是与中国传统文化精神的熏陶和激励分不开的。儒家学说特别强调主体自我修养和道德实践的重要性，鼓励人们通过道德修养来实现高尚情操，成就完善人格。儒家先义后利、重义轻利的价值观，虽然有忽视物质利益和现实功利的弊端，但在提高人的精神境界，把人培养成为有道德、有精神追求的人方面，有着不可否认的积极作用。

（三）整合不同价值、开拓创新的功能

整合不同的价值取向，熔铸成一个有机的统一体，使其在中华一体的文化格局中有所开拓创新，是中国传统文化基本精神的又一重要功能。中国传统文化的基本精神，是整个中华版图意义上的民族精神。中华民族的家园坐落在亚洲东部，西起帕米尔高原，东到太平洋西岸诸岛，北有广漠，东南是海，西南是山的这一片广阔的大陆上。这片大陆四周有自然屏障，内部有结构完整的体系，形成一个地理单元。这个地区在古代居民的概念里是人类得以生息的、唯一的一块土地，因而称之为天下。这种概念固然已经过时，但是不会过时的却是这片地理上自成单元的土地一直是中华民族的生存空间。

而中华民族多元一体格局的形成和发展，是一个漫长的过程。完整意义上的中国文化不仅是中原之国文化的成熟、定型，也是一个长期发展的过程。中华民族的多元一体格局决定了中国传统文化也是在多元一体的格局下发展起来的。作为中国传统文化基本精神的诸多主体内容，在不同时期、不同地域发挥了不同的作用，对原有的诸多地域文化和不同阶层的文化，发挥了重要的整合创新功能。如，齐鲁文化、燕赵文化、巴蜀文化、荆楚文化、吴越文化、秦陇文化和岭南文化等，都是古代中国人在特定的地域里，经过长期艰苦卓绝的努力创造的，反映该地域社会发展程度的文化。

中华版图内的各地域文化，折射了不同的价值取向，各具有独特的自然环境和社会人文特色。各具特色的地域文化，都有中华一体的文化认同意识。正是在这种共同文化精神、民族精神的烛照下，多元发展的地域文化逐渐走向融合，汇聚成中国传统文化的大家庭。汇聚完成后，不同地域文化中的"基因"（价值取向）继续存在，有的被发掘、提升为全民族共同的精神财富。

在中国漫长的历史发展过程中，每一次大分裂后的统一都伴随着文化思想观念上的整合创新。秦朝的统一，使"车同轨，书同文，行同伦"（《礼记·中庸》），还立郡县和确立度量衡的标准，在经济、政治和文化上为统一体立下制度化的规范。尔后从隋唐到宋之间的五百多年时间里，是中国文化发展的高峰期，呈现出盛大恢宏的气象，蕴含着深刻的整合创新精神。该时期文化所具有的开放性和开拓性，与民族成分的大混杂和大融合是高度相关的。

中国传统文化基本精神的整合创新功能，植根于中国古代哲学思想之中，"贵和"

思想便是突出一例。在我们的先哲看来，"和实生物，同则不继。""和"是创新的源泉，万物的生生日新是统一体中"不同"、对立方面整合的结果。正如《易传》中所言，"日新之谓盛德，生生之谓易。"

中国传统文化基本精神，作为中华民族共同的精神成果，在演进的历程中逐渐形成了文化大传统。天人合一与以人为本，刚健有为与自强不息，厚德载物与中庸尚和成为中华民族广泛认同的文化精神，超越了地域和阶层，成为稳固的民族文化心理。

中国传统文化基本精神有趋善求治的价值取向，不论在精神层面和行为方式层面，还是在社会心理和潜意识层面，都对全民族产生了任何其他因素所不能取代的影响。例如，天人合一精神，激发出"究天人之际"的思想、治学传统，并成为不同时期各思想流派共同的思维方式和价值追求；贵和尚中精神，培育了中华民族反对分裂，追求和谐的整体观念，养成了崇尚中道，不走极端的平和心境。经过长期实践，这些思想观念相互整合，逐步深入人心，并演化为深厚的民族共同心理，以至成为集体的"文化无意识"，塑造了中国传统文化博大、精进、宽厚、务实的精神风貌。

第四章　文化自信的理论内涵与本质特征

第一节　中华文化自信的基础

一、中华文化自信概述

文化自信，离不开宝贵的丰厚的文化资源支撑。中华优秀传统文化、红色革命文化和社会主义先进文化是文化自信重要基础，其中，中华优秀传统文化是文化自信之根，红色革命文化是文化自信之魂，社会主义先进文化是文化自信之本。中华优秀传统文化、红色革命文化、社会主义先进文化凝聚了中华文化自信的价值和独特标识。坚持文化自信，就是要始终强调马克思主义的指导作用并从中国的实际国情出发，突出"文化的人"概念、强调文化的民族性与时代性的统一、重视文化产业对文化社会功能的发挥，创新发展马克思主义文化观。新时代的文化自信理论，从重视意识形态工作、制度文化建设、廉政文化建设三个方面丰富和发展了党的建设理论。文化自信理论，坚持马克思主义的指导、坚持民族本位的文化立场、坚持以人民为中心的导向、坚持弘扬社会主义核心价值观，凸显了中国特色社会主义文化的本质。文化自信的实践最终是要发展新时代具有中国特色的社会主义先进文化，用兼具民族性和时代特征的先进文化推动社会主义经济建设、政治改革和文明进步，用先进文化满足人民日益增长的精神文化需要，发挥价值引领、梦想激励的功能，用先进文化彰显中国精神、中国气派，发挥世界影响力。

在5000多年文明发展中孕育的中华优秀传统文化，在党和人民伟大斗争中孕育的革命文化和社会主义先进文化，积淀着中华民族最深层的精神追求，代表着中华民族独特的精神标识。中华优秀传统文化、红色革命文化和社会主义先进文化，是中华民族在不同历史时期所创造的典型文化形态，体现着中国智慧和中国特质，是我们文化自信的宝贵资源，也承载着中华民族的民族精神和价值追求，成为中华民族独特的精神标识。

二、中华文化自信的宝贵资源

（一）中华优秀传统文化是文化自信之根

中国传统文化历史悠久，冯友兰在其两卷本《中国哲学史》中，将中国传统的思想文化以董仲舒"罢黜百家独尊儒术"的实现为界，划分为"子学时代"和"经学时代"，这一划分的依据是封建社会大一统的意识形态的确立，融合了墨、道、法、阴阳各家的儒家学说。具体来看，传统文化在思想学术方面表现出特色鲜明的时代特征：先秦诸子百家、秦汉黄老之学、两汉经学、魏晋玄学和佛教学派、道教宗派、隋唐宗派佛学、宋明理学、清代朴学，自董仲舒之后，先秦儒家学说在后世儒者的继承和发展基础上，成为传统社会中的主流意识形态，对于维护大一统的政治局面，对于个人的道德修养，对于改善社会的治理和维护社会的和谐，起到了非常积极的作用。习近平总书记充分肯定了儒家思想在当代社会的价值："孔子创立的儒家学说以及在此基础上发展起来的儒家思想，对中华文明产生了深刻影响，是中国传统文化的重要组成部分。儒家思想同中华民族形成和发展过程中所产生的其他思想文化一道，记载了中华民族自古以来在建设家园的奋斗中开展的精神活动、进行的理性思维、创造的文化成果，反映了中华民族的精神追求，是中华民族生生不息、发展壮大的重要滋养。中华文明，不仅对中国发展产生了深刻影响，而且对人类文明进步作出了重大贡献。"

具体而言，儒家思想在基本价值观上始终关注现实人生和社会，表现出一种理性主义的精神。孔子主张"未知生焉知死"并且不语"怪力乱神"，表明儒家思想自孔子开始，就将眼光放在现实的人生方面，既以现实的社会人生为研究对象，又以改善现实的社会人生为归宿。现实社会人生的价值取向，使得儒家特别关注两个向度，一是个人的伦理道德修养，即"修身"，另一个是天下太平的理想，即"治世"，这两个向度基本上囊括了儒家的学术宗旨。在此基础上，儒家又发展出一套个人道德修养的具体方法和社会伦理道德规范，虽然在传统社会中儒家思想所维护的是统治阶级专制统治和意识形态，但是儒家所提出的修身和治世的具体方法在当今社会仍然具有启示意义。具体而言，"自省"、"慎独"、"乐天知命"、"变化气质"等修养方法有助于涵养个体的道德人格，"富之、安之、教之"、"礼教"、"乐教"等治世方法有助于维护社会的和谐安定。在儒家思想体系中，还提出了许多具有现代价值的思想，如"自强不息厚德载物"的理念、"制天命而用之"的能动改造自然的思想、"民胞物与"中天人和谐的观念、天下为公的"大同社会"理想等等。这些思想和理念可以为人们认识和改造世界提供有益启迪，可以为治国理政提供有益启示，也可以为道德建设提供有益启发。对传统文化中适合于调理社会关系和鼓励人们向善的内容，我们要结合时代条件加以继承和发扬，赋予其新的涵义。除了儒家思想，道家道教中恬淡寡欲的生活追求、"我命在我不在天"的积极人生态度、天地人"三合相通"的治国思想，佛教中"众生平等"的平等观念和"慈悲为怀"的道德品格等等，都可赋予新的内涵，发挥出在当代社会的特有价值。

中华优秀传统文化不仅塑造着中华民族的精神、推动着中华文明的发展，也为世界文明的发展产生过积极作用。中国古代的"四大发明"对世界文明的推动作用众所周知，马克思曾对中国的三大发明作出过高度评价："火药，指南针，印刷术——这是预告资产阶级社会到来的三大发明。火药把骑士阶层炸得粉碎，指南针打开世界市场并建立殖民地，而印刷术变成新教的工具。总的来说，变成科学复兴的手段，变成对精神发展创造必要前提的最强大的杠杆。"明清以来，许多来华的传教士带着使命来到中国，为了更好地了解中华民族的信仰和风俗等状况，他们也将中国的传统学术如儒家、道家的经典译介到西方，16世纪以来东西方文化的交流，是近代世界文明史上的大事。朱谦之对中国物质和精神文明给西方社会带来的变革有过概括："13世纪至16世纪中国的重要发明，实予欧洲文艺复兴之物质基础创造了条件。而16世纪以来耶稣会士来华传教，其所传播之中国文化，则实予17、18世纪欧洲启明运动创造了思想革命的有利条件。"不论16世纪之后西方的思想界对于中国儒家思想的理解是否允当，总体上看，西方的思想界将儒家思想视为除古希腊传统理性来源之外的又一理性主义来源，中国的儒家思想对于西方近代社会的启蒙乃至资产阶级革命，都起到过理论上的先导作用。在现代社会，儒家思想依然有其强大的生命力和积极意义，儒家所提出的伦理道德观念、以人为本的管理思想、"亲仁善邻"的和平愿望等，对于解决一些全球性问题、对于防止资本主导的社会中人的异化现象，都有十分重要的启发作用。

（二）红色革命文化是文化自信之魂

红色革命文化，是"五四"运动以来中国人民在中国共产党的领导下同西方列强及国内各种反动势力作斗争过程中所创造的文化，它以马克思主义为指导，以争取民族独立和人民解放为主题，是极具中国革命特色的先进文化，其中蕴含着丰富的革命精神和优良的革命传统。红色文化，作为中国共产党领导广大人民群众在革命实践和建设中所形成的先进文化，从形态上来看，是以革命精神为核心的物质文化、精神文化和制度文化的统一体。物质形态的红色文化主要指红色文化教育以及传承红色文化的物质媒介和载体，主要包括有历史价值的博物馆、纪念馆、展览馆、烈士陵园和文献资料等。精神形态的红色文化主要指中国共产党在带领全体人民进行社会主义革命和建设过程中所形成的崇高精神、优良作风、革命传统、革命精神等，包括井冈山精神、长征精神、抗战精神、抗美援朝精神等。这些革命精神是红色文化的内核和核心。制度形态的红色文化主要指党在革命和建设过程中所形成的理论、路线、方针、政策等。红色文化的形成，根源于中国共产党带领中国人民在革命和建设实践中所进行的探索，也离不开马克思主义的指导和对传统文化的创造性转化。

红色革命文化的形成，是将马克思主义与中国革命实践相结合的过程。中国共产党人准确地把握了马克思主义的实践品格，在深刻分析中国国情的基础上，得出了中国是半封建半殖民地社会的论断，在这样的社会条件下，中国革命的任务在于推翻"三座大山"即帝国主义、封建主义和官僚资本主义的压迫。1948年，毛泽东《在晋绥干部会议上的讲话》中第一次全面、系统地提出了新民主主义革命的总路线和总政策，革命的目标在于改变封建的生产关系及其腐朽的上层建筑，革命的对象是帝国主义、封建主义和官僚资本主义，革命的动力包括工人、农民、小资产阶级和民族资产阶级，革命的领导力量是中国共产党，革命的具体步骤是"两步走"的战略。中国共产党领导人的科学决策，指导中国革命取得了胜利，改变了半殖民地半封建的社会性质，最终建立了社会主义社会。马克思主义对红色革命文化形成的影响，还决定了革命文化的无产阶级性质。无产阶级文化的基本立场，就是作为无产阶级的广大人民群众，因此，革命文化最终的服务对象是无产阶级革命，同时也是无产阶级革命的一部分。文艺很好地成为整个革命机器的一个组成部分，作为团结人民、教育人民、打击敌人、消灭敌人的有力的武器，帮助人民同心同德地和敌人作斗争。

红色革命文化的形成，也是继承和发扬优秀传统文化的过程。中国共产党人在带领中国人民进行革命和建设的过程中，也自觉继承和发扬了优秀的传统文化，比如"自强不息、厚德载物"的奋斗精神、"天下兴亡、匹夫有责"的担当意识、"杀身成仁、舍生取义"的牺牲精神、"鞠躬尽瘁、死而后已"的奉献精神、"国而忘家、公而忘私"的无私精神等等。这些优秀传统文化中的精华，在中国人民的革命实践中，铸就了井冈山精神、长征精神、延安精神、西柏坡精神等具有时代特征和民族特色的革命文化精神，成为指引中国革命走向胜利的精神财富中的一部分。

红色革命文化对于指明中国革命的奋斗方向，对于制定中国革命的纲领和方针，对于激励中国共产党人和革命群众等方面起到了积极的作用。中国共产党在领导中国革命的过程中以马克思主义为指导、结合中国革命实践、继承优秀传统文化而形成的红色革命文化，不仅对于中国新民主主义革命和社会主义革命的成功起到了积极推动作用，同时也是一笔宝贵的精神财富，在社会主义建设事业中也必然具有积极意义。习近平总书记在谈到革命文化中的抗战精神时说："在中国人民抗日战争的壮阔进程中，形成了伟大的抗战精神，中国人民向世界展示了天下兴亡、匹夫有责的爱国情怀，视死如归、宁死不屈的民族气节，不畏强暴、血战到底的英雄气概，百折不挠、坚忍不拔的必胜信念"。在谈到长征精神时习近平总书记说道："伟大的长征精神，就是把全国人民和中华民族的根本利益看得高于一切，坚定革命的理想和信念，坚定正义事业必然胜利的精神。就是为了救国救民，不怕任何艰难险阻，不惜付出一切牺牲的精神。就是坚持独立自主、实事求是，一切从实际出发的精神。就是顾全大局、严守纪律、紧密团结的精神。就是紧紧依靠人民群众，同人民群众生死相依、患难与共、艰苦奋斗的精神。伟大的长征精神，是中国共产党人及其领导的人民军队革命风范的生动反映，是中华民族自强不息的民族品格的集中展示，是以爱国主义为核心的民族精神的最高体现。"在今天社会主义建设事业进入新阶段的新时代，传承和弘扬红色革命文化，必然会获取社会主义建设事业不竭的精神动力。

（三）社会主义先进文化是文化自信之本

中国特色的社会主义先进文化，是以马克思主义为指导，以中国改革开放的实际为依据，包括社会主义核心价值观和价值体系等内容，以面向现代化、面向世界、面向未来，民族的、科学的、大众的为特点的社会主义文化。中国特色的社会主义先进文化，首先是对中华优秀传统文化以及红色革命文化的继承和超越。在 5000 多年文明发展进程中，中华民族创造了博大精深的灿烂文化，要使中华民族最基本的文化基因与当代文化相适应、与现代社会相协调，从人们喜闻乐见、具有广泛参与性的方式推广开来，把跨越时空、超越国度、富有永恒魅力、具有当代价值的文化精神、立足本国又面向世界的当代中国文化创新成果传播出去。中国特色的社会主义文化，要与传统文化、革命文化有一脉相承的继承性，同时还要具有时代的超越性，是历史性和现实性的统一。要有中国特色、体现中国国情，还要有世界性，是民族性与世界性的统一。

社会主义核心价值观是社会主义先进文化的核心内容。党的十八大从三个层面提出了社会主义核心价值观——富强、民主、文明、和谐，从国家层面提出了建设中国特色社会主义的理想和目标——自由、平等、公正、法制，从社会层面提出了实现社会主义现代化的理念和途径——爱国、敬业、诚信、友善，从个人层面提出了社会主义现代化国家个人的价值追求和品质。一个国家、民族的核心价值观和价值体系对于社会的发展意义重大，核心价值观，承载着一个民族、一个国家的精神追求，体现着一个社会评判是非曲直的价值标准。如果一个民族、一个国家没有共同的核心价值观，莫衷一是，行无依归，那这个民族、这个国家就无法前进。社会主义核心价值观的提出，使中国特色社会主义建设的目标和方向更加清晰，方法和途径更加明确，它不仅增强了中华民族的凝聚力，也提高了中国人民建设中国特色社会主义的信心和底气。从世界范围内看，社会主义核心价值观既是中国特色社会主义的核心内容，又是中国特色社会主义的价值体系，体现了中国特色和中国气魄。建设中国特色的社会主义文化，就是要"努力传播当代中国价值观念"，"努力展示中华文化独特魅力"，"努力提高国际话语权"，充分揭示了中国特色社会主义文化自信的途径和意义。

中华优秀传统文化、红色革命文化、社会主义先进文化是"文化自信"的三大基础，是中华儿女在不同历史时期的智慧结晶。三大文化虽然是不同历史时期的智慧创造，但它们都深深植根于人民之中，同时也为最广大的人民服务。中华优秀传统文化立足于人的修养，旨在提高全体民众的道德水平和素养。红色革命文化则立足于人的解放，旨在改变人民受剥削受压迫的地位。社会主义先进文化则立足于人的幸福，旨在满足人民日益增长的物质文化需要，为社会主义现代化建设提供精神动力和智力支持。三大文化的人民向度，是它们成为文化自信基础的灵魂与核心。

二、中华文化自信的价值和独特标识

中国是四大文明古国之一，中华文化起源甚早。在中华文明起源的问题上，曾经有各种形形色色的"西来说"，随着考古学的最新发现和考古学家的努力，形形色色的"西来说"被推翻，新的考古发现雄辩地说明，中华文明并非由外来文明植入，而是一种自生的文明。中华民族是个古老的民族。在中华民族形成和发展的历史上，既有民族融合时的阵痛，又有外来民族欺凌时的生存危机，但中华民族总是以其顽强的精神和不竭的创造力屹立在世界的东方。文化没有断流过，始终传承下来的只有中国。世界文化在发展过程中，之所以筛选、保存了中国文化，是由中国文化的包容性、融摄性所决定的。这种融摄性体现在两个方面，其一是中华民族内部的中原文化和少数民族的文化相互融摄，发展出具有包容性开创性的中华文化。其二是中华文化对外来文化的融摄，是将外来文化不断"中国化"的过程。在几千年的历史流变中，中华民族从来不是一帆风顺的，但我们都挺过来、走过来了，其中一个很重要的原因就是世世代代的中华儿女培育和发展了独具特色、博大精深的中华文化。中华文化在曲折发展、兼容并蓄的过程中，发展出了自己的独特价值和独特标识。

（一）天下情怀的博大胸襟

儒家是中国传统社会的主流意识形态。《礼记》提出了"天下为公"的"大同世界"的理想。近代康有为也在《大同书》中提出"人人相亲、人人平等、天下为公"的理想世界。"大同世界"的理想既表现为"大一统"的观念，又表现为"协和万邦"的理念。尽管中国封建社会的历史分分合合，但"大一统"的观念随着儒家主流意识形态的确立逐渐深入人心，中国人民要求和谐与统一的愿望越来越强烈。因此，即使在近代中华民族遭遇了前所未有的民族危机，中国人民依然能够不屈不挠，在中国共产党的带领下进行了艰苦的革命斗争，避免了亡国灭种的危机，也维护了国家主权与领土的完整，并且在社会主义先进文化的指导下努力为全面实现小康社会而奋斗。大一统的观念发展到今天，表现为中国人民强烈的爱国主义精神。"大同世界"的理想运用到国际关系上，就是要使各个国家之间和平相处、互惠互利。中国自古以来就是爱好和平的民族，中国古代的丝绸之路，就是为了促进和少数民族以及其他国家的经济、文化交流，中国在明代进行的海上活动，其目的不在于对其它民族和国家的征服，因此，中国的发展，是和平的发展，是以天下太平为目的的发展。今天的中国特色社会主义建设，不仅是为了中华民族的伟大复兴，同时也是为了世界的和平与发展。不论是"一带一路"战略，还是"人类命运同体"概念的提出，除了强调中国的发展与世界的发展的统一性，更加强调中国的发展对于世界和平与繁荣的重大意义。

（二）经世致用的理性精神

儒学自孔子开始，就非常关注现实世界，对于人类经验之外的世界持"存而不论"的态度，儒学最注重的，就是活生生的现实世界，因此，改造现实世界、实现天下太平、天下大治是儒家的理想。对于传统的知识阶层来说，明德修身、经邦济世是最高的追求。自先秦开始，儒家文化就表现出一种理性主义的倾向。在儒释道三家合流的过程中，道家道教和佛教文化都体现出一种重视世间、重视现实人生的特征。道家所追求的真人、神人、至人，都是在现实世界中可以实现的理想人生，道教同时也非常重视人与自然的和谐，不管是洞天福地说，还是神山仙岛说，在道教看来，人间就可以实现理想的人格。佛教原作为出世的宗教，开始对现实世界持根本否定的态度。在中国化的过程中，佛教也越来越重视现实世界，近代佛教界提出"人间佛教"的概念，强化佛教的入世精神。近代以来，面对半殖民地半封建的社会状况，中国人民在中国共产党的领导下进行了艰苦卓绝的斗争，终于实现了民族的独立、维护了国家的主权。社会主义三大改造之后，党带领全国人民进行了不断地探索，目的就是要将中国建设成为发达的社会主义国家，从而促进社会的和谐与人的全面发展。不管是构建社会主义和谐社会，还是全面建设小康社会，都表明我们党要建设一个美丽中国、满足人民不断提高的生活需要，这也正是我们的文化重视现实人生和社会的表现。

（三）兼容并蓄的和合精神

中华文化的和合精神表现在强大的包容性，中华文化曾经有"夷夏之防"、"夷夏之辨"的文化优越主义倾向，这种倾向来自精耕农业基础上产生的农耕文明。从历史发展的角度看，农耕文明确实在很长的历史时期居于领先的地位。文化优越的心态，并未造成中华文化固步自封，中华文化之所以辉煌灿烂，就在于其博大的胸怀和很强的融摄性。中华民族发展的历史，就是一部民族大融合的历史，民族融合的过程中，既有汉民族的"胡化"，也有少数民族的"汉化"，从经济到政治再到文化、习俗各个方面，中华民族逐渐融合成统一的多民族国家。明清时代，由于统治者的闭关锁国和天朝心态，中华民族遭遇了空前的民族危机，但是中华文化的包容性，促使中国人民积极地反思传统、学习西方，最终在中国共产党的领导下找到了马克思主义这一真理性认识，马克思主义和中国具体国情的结合，诞生了毛泽东思想、邓小平理论等指引中国革命和建设的指导思想。在全面建设小康社会的今天，习近平总书记提出了新时代建设中国特色社会主义的思想，这一思想不仅提出要吸收人类社会一切文明成果，还提出了坚持全面开放的政策，体现了新时代中华文化的胸襟和气度。习近平总书记指出："只有不断发掘和利用人类创造的一切优秀思想文化和丰富知识，我们才能更好认识世界、认识社会、认识自己，才能更好开创人类社会的未来。"在新的历史时期，这一融通的主要内容和宗旨是，"要善于融通马克思主义的资源、国外哲学社会科学的资源，坚持不忘本来、吸收外来、面向未来"。

（四）与时俱进的革新精神

中华文化之所以历久弥新、充满活力，在于中华文化追求与时俱进、具有自我革新的生命力。中华传统文化强调"天地之大德曰生"、"生生之谓易"（《周易·系辞》），重视"革故鼎新"、"与时偕行"，中华文化骨子里就流淌着变革的基因。哲学社会科学代表了一个时代精神的精华，从这个角度看，中华文化在不同历史时期发展出了不同的思想和理论成果。传统社会中，先秦时期是第一个思想解放的时期，出现了诸子百家，其中以儒墨二家为主流。秦汉流行黄老之学，重视理身和治国。两汉"独尊儒术"，经学形成发展。魏晋社会动荡，玄学讨论有无本末，将名教与自然的讨论推向深入。隋唐佛学兴盛，八大宗派各领风骚。宋明理学借鉴佛教和道教哲学，从形而上层面明天理人欲之辨。清代朴学重视考据，思想趋向保守封闭。近代以来，中华文化进行了深入而痛苦的自我反省，中国共产党人在扬弃传统文化的基础上，以马克思主义为指导，诞生了指导中国新民主主义革命走向胜利的毛泽东思想。在社会主义建设阶段，中国共产党人坚持理论结合实际，发展出了一系列马克思主义中国化的理论成果。在新的历史时期，习近平总书记新时代中国特色社会主义思想是马克思主义中国化的最新成果，也充分体现了中华文化与时俱进的理论品质。

（五）以民为本的人民向度

中华文化特别重视"以民为本"，早在西周时期就发展出重视民心和民意的"民本"思想，西周的统治者有鉴于殷商的灭亡，提出了"敬德保民"的口号。此后，"民本"思想在儒学中得到继承和发展。孟子特别强调以民为本，将君和民视为相互有道德义务的两个主体，甚至将无道的君主视为"独夫"和"民贼"。张载更提出了"民胞物与"的命题，将民众视为自己的同胞，将天地万物视为与自己同体的存在。以民为本的思想为中国共产党所继承和光大，并在新时代赋予了新的内涵。中国共产党人将人民的利益作为自己最高的追求，将"全心全意为人民服务"作为自己的宗旨。新民主主义阶段，中国共产党的奋斗目标是为了人民的自由和解放，同时将人民看作实现革命胜利的可靠保证，"群众路线"就是我党不断实现奋斗目标的三大法宝之一。社会主义建设时期，中国共产党的目标是为了保证人民当家作主的权力和实现人民生活的改善。习近平总书记新时代中国特色社会主义思想特别强调以人民为中心，人民是历史的创造者，是决定党和国家前途命运的根本力量。必须坚持人民主体地位，坚持立党为公、执政为民，践行全心全意为人民服务的根本宗旨，把党的群众路线贯彻到治国理政全部活动之中，把人民对美好生活的向往作为奋斗目标，依靠人民创造历史伟业。进入新时代，人民群众的美好生活是中国共产党的奋斗目标，人民群众又是实现这一目标的根本力量，这是习近平总书记对传统"以民为本"思想和党的"群众路线"在新的历史阶段新的表述。

第二节　文化自信创新发展马克思主义文化理论

一、马克思主义文化观的历史轨迹

马克思主义文化观，是在辩证唯物主义和历史唯物主义两大理论基础上形成的一种崭新文化观，它的形成与发展，是随着德国资产阶级革命以及欧洲资本主义发展的一种理论反映。从其理论自身来看，也存在着内在的发展逻辑，有一个从发生、发展到成熟完善的历史过程。

马克思的博士论文承袭了古希腊以来的理性主义传统，是对当时德国封建统治危机和即将爆发资产阶级革命的理论反映。《莱茵报》时期马克思的理性主义文化观开始松动，"物质利益的支配作用使马克思同自己曾经信奉过的黑格尔的理性决定论发生了尖锐的冲突，促使和推动马克思将其视阈由政治、法的观念转向物质利益、经济利益，从而逐渐转向对文化问题的唯物主义的理解。"在《黑格尔法哲学批判》中，马克思对唯物主义文化观进行了初步表达。这是马克思主义文化观的早期形态，即在理论研究和实践中逐步由理性主义转向唯物主义立场。

　　从《1844 年经济学哲学手稿》到《德意志意识形态》，是马克思主义文化观的发展和成熟阶段。《1844 年经济学哲学手稿》实现了马克思主义理论上的重大突破：即从人的劳动实践本质的视阈，阐发了文化的本质及其发生过程，以劳动作为人的本质。"人的本质是人的真正的社会联系，所以人在积极实现自己本质的过程中创造、生产人的社会联系、社会本质。"这是历史唯物主义在理论上的重大突破，否定了以往的哲学家所提出的形形色色的抽象人性论，把人作为一种社会性的存在即各种社会关系尤其是产生关系的存在来进行考察，颠覆了唯心主义的历史观，也使马克思对文化的阐释获得了历史唯物主义的方法论工具。在《德意志意识形态》中，马克思和以往的唯心主义文化史观划清了界限，清算了自己以前的哲学信仰，包括两个方面：其一是强调自我意识的理性决定论和强调抽象人性的人本主义，其二是阐发了历史唯物主义的文化观。首先，现实的、社会的人，是马克思主义文化观的前提。其次，马克思在社会存在与社会意识的辩证关系上确立了历史唯物主义文化观的基本诠释原则，强调精神文化对社会生活存在依赖关系，并且随着社会生产和生活方式的发展而发展，当阶级社会出现后就出现了阶级的意识，不同的物质生活条件决定了人们具有不同的思想文化。再次，精神文化最初是与人类的物质生活交织在一起的，其与物质生活的分离，是随着社会分工尤其是随着物质生产和精神生产的分工而发生的，"从这个时候起，意识才能摆脱世界去构造纯粹的理论、神学、哲学、道德等"。最后，马克思对社会历史形态发展的分析主要在于人类物质生产方式的考察，在人与自然、人与人的关系两个层面分别表现为生产力和生产关系，生产力的总和决定了人与人之间的社会关系，特定的社会关系又影响到社会生产力的发展。两者的对立统一构成一定社会阶段的生产方式，社会生产方式的变革带来社会组成各阶层的变化，从而带来社会形态的变化及意识形态的发展。

　　《共产党宣言》是无产阶级的行动纲领，是马克思主义诞生的标志。《宣言》言简意赅地阐明了历史唯物主义基础上的社会政治、经济、文化的一般原则，进一步重申唯物主义文化观的一般原理。《宣言》批判了超阶级的观点和永恒真理的说教，具体考察了意识形态的阶级实质和发展变化的历史规律。在阶级社会里，占统治地位的意识形态是统治阶级的生产关系及生产所有制关系所决定的，当社会的物质生产方式发生变革时，所有制关系也会发生相应的变革，从而引起社会意识形态的变革。在《资本论》中，马克思、恩格斯系统阐述了社会有机体理论，论述了文化以及社会各组成要素相互影响和辩证运动的规律。马克思、恩格斯从社会生活的实践本质出发,论述了社会有机体中人的生产及交往活动、社会的政治结构、经济结构和精神结构的相互关系,论述了三大生产及物质生产、精神生产和人类自身的生产的关系,丰富了马克思主义文化观。

为避免形形色色的"经济决定论"即把人类的物质生产看作社会发展唯一的决定性的因素的倾向,恩格斯晚年对唯物史观的一些重要问题进行了理论上的澄清,阐发了经济基础和上层建筑的辩证关系、社会意识的相对独立性及历史发展合力论等思想,继续完善了马克思主义文化观。恩格斯强调了人是社会历史活动的主体,作为社会主体的人不仅是实践的主体,同时还具有意识能动性,人的思想意识既受到历史传统的影响,又和特定历史条件下的文化因素相关,政治、哲学、法律、宗教等意识形态,对历史斗争的进程发生影响并且在许多情况下主要是决定着这一斗争的形式。经济的因素不能自动发挥其决定作用,要借助文化和政治等意识形态的作用来实现自己的必然性。基于此,恩格斯晚年把加强理论斗争和道德宣传教育以达到文化自觉作为一项重要的工作。

二、马克思主义文化观的内容和特征

马克思、恩格斯实现了文化观上的重要变革,其基本内容首先在于文化作为人类历史活动的产物,离不开人类社会生活的具体实践,尤其是人类的物质生产实践及其在这个基础上产生的社会关系。其次,在阶级社会中,主流意识形态必然是统治阶级意志的体现,它决定于这个社会的物质生产方式以及人们在生产中形成的人与人之间的社会关系。此外,马克思、恩格斯还强调了文化的相对独立性,从文化的历史继承性和文化与社会其他构成要素的相互影响关系等方面,强调了先进的文化或者体现先进阶级意志的意识形态在推动社会历史发展中的作用。

马克思主义文化观坚持了唯物主义的基本立场,其根本特征在于它是从人类生存的前提,即从人的生存方式出发来阐发自己的文化观的。在辩证唯物主义和历史唯物主义的理论基础上,马克思主义文化观呈现出以下特点:一是贯彻了文化观上的唯物主义原则,将文化和社会的意识形态看成是一定社会阶段社会存在发展变化的产物。二是将现实的人作为社会历史中的主体,将人的物质生产方式及在生产中形成的社会关系看作人类文化产生和发展的决定因素。在人的生产实践过程中,马克思恩格斯确证了人的本质,与动物的活动相比,人类的实践活动具有主观能动性、社会历史性等特征。三是马克思主义文化观是一个辩证的发展过程,经历了发生、发展、成熟、完善几大历史阶段,是在"扬弃"旧有的唯心主义文化观以及对自身理论不断革新的过程中实现的。四是马克思主义文化观的无产阶级立场。无产阶级是代表了先进生产力的阶级,马克思主义是无产阶级的革命理论,它也必然会随着无产阶级革命的胜利成为社会的主流意识形态。五是马克思主义文化观体现出整体

观的特点。马克思、恩格斯指出，精神生产在社会不同发展阶段，其所发挥的作用是不同的，随着社会历史的变迁，人类社会生活不断发展变化，社会结构及物质生产的结构也在不断发生变化，精神生产的地位和作用在社会发展的过程中愈来愈得到凸显。一方面，从社会发展的整体性上观察，人类的物质生产、精神生产以及人类自身的生产及其相互作用，共同构成人类社会赖以生存的基础。另一方面，精神文化生产又和其他社会构成要素相互作用，共同推动着社会历史的发展。马克思、恩格斯非常重视精神文化生产的理论指导作用，在推动社会历史发展的过程中，不仅要重视"武器的批判"即先进的无产阶级，也要重视"批判的武器"即先进理论的指导。随着人类社会历史的发展，"批判的武器"即先进的理论和意识形态将越来越发挥出重要的作用。

三、马克思主义文化观的发展

作为习近平总书记新时代中国特色社会主义思想重要组成部分，习近平总书记建构的文化自信理论，在贯彻马克思主义辩证唯物主义和历史唯物主义的基础上，将马克思主义与中国的社会主义建设实践相结合，通过继承和发展中华优秀传统文化、中国新民主主义革命文化、党的建设文化以及老一辈革命家和领导人对于马克思主义中国化的研究和探索，形成了与中国特色社会主义建设的时代特征相结合的文化观，继承和发展了马克思主义文化观，是马克思主义中国化的又一次新的理论飞跃。习近平总书记关于文化自信的重要论述有其自身的发生、发展和完善的逻辑过程。早在浙江任职之时，习近平总书记就意识到了人的本质中的文化向度，也意识到了提升文化软实力对于社会经济、政治等发展的推动作用，而文化这一社会功能的体现，主要是通过发展文化产业，推出优秀的文化作品，这一时期可视为文化自信理论的酝酿时期。在担任总书记之后的一系列重要讲话中，习近平总书记更加重视文化的社会功能，并且始终以人的自由全面发展为中心。2016 年 7 月 1 日，习近平总书记《在庆祝中国共产党成立 95 周年大会上的讲话》中，正式系统提出"文化自信"。在其后的一系列讲话中，习近平总书记不断完善着文化自信理论，始终强调文化发展的民族本位，始终强调中华文化走向世界的格局，始终强调文化对于社会经济、政治的功能，始终强调文化建设以人民为中心的向度。党的十九大报告中，习近平总书记对于文化自信有了更加全面和完善的表述。在马克思主义基本原理和方法的指导下，在中国特色社会主义实践不断发展的过程中，关于文化自信的理论一定会随着实践的发展而不断发展，继续发展和完善马克思主义的文化观。

（一）提出"文化的人"概念

习近平总书记在《文化育和谐》中提出："人，本质上就是文化的人，而不是'物化'

的人；是能动的、全面的人，而不是僵化的、'单向度'的人。"马克思主义认为，人的本质是一切社会关系的总和，这里的"一切社会关系"，主要指在物质生产中形成的人与人之间的关系。而习近平总书记在此基础上，突出强调人的文化向度，人虽然是以从事物质生产为最主要的任务，但物质生产包括社会的发展最终的目的指向人，是为了人的全面和自由的发展。社会的发展，不能一味单纯地以经济发展为目的，而要时刻不忘人的幸福，人与自然、人与人之间以及人与社会之间关系的和谐。

（二）高度重视文化的作用

习近平总书记非常重视文化在当前历史条件下对于国家、民族发展的重要意义："文化是一个国家、一个民族的灵魂。历史和现实都表明，一个抛弃了或者背叛了自己历史文化的民族，不仅不可能发展起来，而且很可能上演一幕幕历史悲剧。文化自信，是更基础、更广泛、更深厚的自信，是事关国运兴衰，事关文化安全、事关民族精神独立性的大问题。"习近平总书记很早就认识到文化作为软实力的重要意义，在《文化是灵魂》一文中，文化的力量，或者我们称之为构成综合竞争力的文化软实力，总是"润物细无声"地融入经济力量、政治力量、社会力量之中，成为经济发展的"助推器"、政治文明的导航灯、社会和谐的"黏合剂"，在承认经济对文化决定作用的前提下，高度重视文化的作用，认为文化对经济的发展是一种渗透性的力量和因素，能够极大地推动社会经济的发展。同时，文化力量对政治制度、政治体制的导向和引领作用十分明显。

习近平总书记对于文化在当今历史条件下的重视，正是基于当今世界的历史图景发生的变化，从而继承和发展了马克思恩格斯的文化观。对此，任平在《论历史唯物主义的当代形态》中指出，与马克思的时代相比，当代历史唯物主义视阈中的历史图景发生了一系列深刻的变化，其中重要的两条就是"文化因素成为渗透一切的主导因素"，文化不再成为线性决定论的末端现象或者副现象，文化产业成为时代的主导地位的产业，从而使历史观以往的整个线性决定论图式变成了当代的相互作用的扁平化图式。与马克思恩格斯的时代相比，当今时代已经发生了深刻的历史变革，从物质的生产与人类的生活方式来看，已经从生产社会过渡到消费社会，消费社会结构的普遍化，使消费对于物质生产起到了举足轻重的决定作用。

（三）文化民族性与时代性的统一

习近平总书记关于文化自信的重要论述首先体现在坚持文化的民族性、坚持文化的民族本位。民族性的表现之一就是提倡要继承和发扬中华优秀传统文化、继承和发扬老一辈革命家在革命和建设中所积累的经验和智慧。马克思主义文化观是对黑格尔和费尔巴哈代表的德国古典哲学的扬弃，习近平总书记关于文化自信的论述来自对中华优秀传统文化的"创造性转化"。比如传统的"和合"文化。"和"指的是和谐、和平、中和等，"合"指的是汇合、融合、联合等。这种"贵和尚中，善解能容，厚德载物，和而不同"的宽容品格，是我们民族所追求的一种文化理念。中国传统的"和合"文化，既追求自然与社会的和谐，也追求个体与群体的和谐，这不仅是我们民族的理想，也是我们民族的凝聚力、创造力所在。民族性的第二个表现是要坚持民族本位的文化立场。在倡导虚心学习和借鉴人类一切文明成果的同时，强调不能数典忘祖，不能照抄照搬别国的发展模式，也绝不会接受任何外国颐指气使的说教。实现传统文化的"创造性转化"、坚持民族本位的文化立场、体现中国的民族特色和民族气魄，才是中华文化体现时代性和"走出去"的根本保证。

（四）大力发展文化产业

在先进文化推动社会发展的实现路径上，习近平总书记提倡大力发展文化产业，强调文化产品的重要性。习近平总书记在《文化产品也要讲"票房价值"》中指出：文化产品只有成为广大群众的自觉消费，才能最大限度地实现文化的宣传教育功能，达到以优秀作品鼓舞人的目的，这就是大力发展文化产业的意义所在。只有生产优秀的文化产品，才能真正实现文化的意识形态教育功能，才能将优秀的文化转化成推动社会进步的力量。在《"文化经济"点亮浙江经济》中，习近平总书记肯定了文化经济化和经济文化化的做法，并强调"文化经济"的本质在于文化和经济的融合发展，说到底要突出一个"人"字。"文化经济"的概念，不仅要求文化和经济的协调发展、互相促进，更加强调发展的目的在于人这一根本宗旨。满足人民过上美好生活的新期待，必须提供丰富的精神食粮。精神食粮是人民美好生活的一部分，只有同时满足人民物质生活和精神生活的需求，才是中国特色社会主义现代化建设的根本目的。

第三节　文化自信丰富和发展了党的建设理论

一、文化自信助力党的建设工作

中国共产党是中国革命和建设事业的领导力量，中国共产党之所以能带领中国人民在革命和建设事业中取得一个又一个胜利，离不开马克思主义的指导作用，离不开广大人民群众对党的信赖与支持，更离不开中国共产党的自身建设。党的建设工作，是我们党保持先进性和纯洁性的重要保证，也是我们党作为执政党的必然要求。建党九十多年来，中国共产党历届领导人坚持一切从实际出发，不断丰富和发展党的建设理论，使我们党时刻保持先进性和清醒的头脑，不断提高纯洁性和战斗力，带领中国人民取得革命和建设事业的胜利。党的建设，是习近平总书记新时代中国特色社会主义建设的重要内容。在党的十九大报告中，习近平总书记特别强调了以党的政治建设为统领，强调政治建设是党的根本性建设，决定了党的建设方向和效果。党的政治建设，从文化的角度来看，就是要建设党内先进、纯洁的政治文化，严格执法守法、落实民主集中的制度文化，公道正派、清正廉洁的廉政文化，反对个人主义、分散主义、自由主义、本位主义、好人主义以及宗派主义、圈子文化、码头文化等腐朽落后的倾向。总的来说，政治建设的目标，一是思想文化的建设，二是制度文化的建设。思想文化包括党的领导核心意识、全心全意为人民服务意识、不断增强和提高执政水平意识等。制度文化建设包括完善党内各项规章制度、切实执行各项制度，用完善的制度来克服党内腐败的现象，为提高党的先进性、纯洁性构筑坚实的屏障。

二、文化自信理论丰富发展了党的建设理论

习近平总书记关于文化自信的重要论述，涵盖了党的建设理论内容。习近平总书记多次强调党的领导对于中国特色社会主义建设、对中华民族前途命运的重大意义："中国特色社会主义最本质的特征是中国共产党领导，中国特色社会主义制度的最大优势是中国共产党领导。坚持和完善党的领导，是党和国家的根本所在、命脉所在，是全国各族人民的利益所在、幸福所在。"在十九大报告中，习近平总书记指出："伟大斗争，伟大工程，伟大事业，伟大梦想，紧密联系、相互贯通、相互作用，其中起决定作用的是党的建设新的伟大工程。党要团结带领人民进行伟大斗争、推进伟大事业、实现伟大梦想，必须毫不动摇坚持和完善党的领导，毫不动摇把党建设得更加坚强有力。"党的建设对于维护党的先进性与纯洁性、对于保障全国人民最根本的利益、对于社会主义建设事业的成败都有至关重要的作用。

文化自信理论包含了党的历史地位和党在革命和建设过程中所形成的优良传统和文化的自信。其内涵首先表现在对党的领导核心地位的自信，党的领导地位的形成，是历史选择的结果，是人民意志的体现，因此在新时代必须坚持党的领导核心地位，坚持党对一切事业的领导，这也是党的政治建设的首要内容。其次在于对党的优良传统的自信，党在领导革命和建设事业的过程中，形成了诸如一切从实际出发、批评与自我批评、从群众中来到群众中去等优良传统和宝贵经验，这些优良传统和宝贵经验是党应当继承和发扬的宝贵财富。再次是对党的执政能力的自信。党在领导革命和建设事业的过程中，遭遇过许多挫折，也走过许多弯路，但是党从未失去自信，从未停止探索，最终带领中国人民取得革命和建设事业的胜利；最后，是对党领导

的中国特色社会主义建设事业的自信。党是实事求是、与时俱进的政党，党不仅追求理论的创新、追求将马克思主义与中国具体实践相结合、用马克思主义中国化的最新成果武装思想，而且追求研究新情况、新问题，一切从具体的、活生生的实践出发，在一切为人民服务宗旨的指引下，在人的自由全面发展目标的推动下，一定可以领导中国特色社会主义伟大事业夺取胜利。

党是有着光荣历史的政党，在社会主义革命和建设事业中业已取得了前无古人的丰功伟绩。党保持着优良的传统，始终秉持全心全意为人民服务的宗旨。从历史的功绩和优良传统来看，党有着最为自信的底气。然而从社会主义建设事业的长期性和复杂性来看，习近平总书记号召我们不应该躺在功劳簿上，而应该"不忘初心、继续前进"，为全面建设小康社会和实现共产主义理想而继续奋斗。具体而言，文化自信理论对党的建设理论的丰富表现在以下几个方面：

（一）强化党对意识形态工作的领导

习近平总书记关于文化自信的重要论述非常强调意识形态的重要作用，在党建工作中，始终主张要强化党对意识形态工作的领导，突出意识形态工作的重要性。对党的建设工作来说，具体表现在党的政治建设和思想建设两个方面。习近平总书记在十九大报告中，高度强调党的政治建设的重要性："党的政治建设是党的根本性建设，决定党的建设方向和效果。"从政治建设、思想建设角度具体来说，主要有四个方面的要求：

首先是坚定理想信念。习近平总书记在建党95周年纪念大会上强调要"不忘初心、继续前进"，所谓"不忘初心"，就是不能忘了我们党的根本任务和根本宗旨，在不同历史阶段，我们党的具体历史任务有所区别，但是不能忘了我们党的初心。习近平总书记强调："我们党是否坚强有力，既要看全党在理想信念上是否坚定不移，更要看每一位党员在理想信念上是否坚定不移。"理想信念是我们党永葆先进性和纯洁性的前提，也是我们党具有强大战斗力的保证。

其次，要坚持理想信念不动摇，就要坚持马克思主义作为指导思想不动摇。习近平总书记强调："理论上清醒，政治上才能坚定。坚定的理想信念，必须建立在对马克思主义的深刻理解之上，建立在对历史规律的深刻把握之上。""指导思想是一个政党的精神旗帜"，提出"要坚持马克思主义的指导地位，坚持把马克思主义基本原理同当代中国实际和时代特点紧密结合起来，推进理论创新、实践创新，不断把马克思主义中国化推向前进。"中国共产党是马克思主义理论武装起来的政党，马克思主义为党的建设提供了世界观和方法论的指导，我们党只有坚持马克思主义的指导地位，将马克思主义同中国的具体生动实践相结合，才能取得社会主义建设事业的胜利。在坚持马克思主义作为党的指导思想的同时，也要坚持将马克思主义中国化的理论成果毛泽东思想、邓小平理论、"三个代表"重要思想、科学发展观以及习近平总书记新时代中国特色社会主义思想作为党的指导思想，用马克思主义中国化的最新理论成果指导社会主义建设事业。

最后，要将增强党员党性修养和规范党员行为相结合。习近平总书记将党员的理想信念比喻成"精神之钙"，是共产党人的政治灵魂。要规范党员行为，就要严肃党的政治生活，增强党的凝聚力、创造力和战斗力。习近平总书记指出："党内政治生活是党组织教育管理党员和党员进行党性锻炼的主要平台，从严治党必须从党内政治生活严起……要使全党各级组织和全体党员、干部都按照党内政治生活准则和党的各项规定办事。"党内政治生活的规范化，对增强党员的党性修养、规范党员行为意义重大。十八大以来，我们党在围绕增强"四个意识"即政治意识、大局意识、核心意识、看齐意识，开展党的群众路线教育实践活动和"三严三实"专题教育，推进"两学一做"学习教育常态化制度化，提高了党员的党性，坚定了党员的理想信念。

习近平总书记还提出了思想建党和制度建党相结合的要求。要使加强制度治党的过程成为加强思想建党的过程，也要使加强思想建党的过程成为加强制度建党的过程。思想建党离不开制度建党，党的各项制度更加完备、规章更加完善，有利于规范党员行为，顺利开展党员的思想教育。党内各项规章制度完善本身，也有助于党员培养法治意识，增强法治观念。制度建党也离不开思想建党，党员思想政治素质的提高，有助于党内规章制度的执行与完善。习近平总书记提出党内规章制度的完善要与国家法治建设相衔接，党员思想政治素质和法治观念的增强，有助于推动这一衔接的顺利进行。

（二）加强制度文化建设

党的十八大重申了全面从严治党的科学性与必要性，习近平总书记强调全面从严治党与依法治国紧密结合的重要性，认为全面从严治党必须建立在制度治党的基础上，不断完善党内的各项法规和制度，推进党依法执政的规范化、制度化和科学化。制度建设的重点在于建立严密的权力运行制约和监督体系，权力必须在制度的规范和约束下展开，"把权力关进制度的笼子"。十八大以来，出台了一系列党内制度和法规：《中国共产党党内法规制定条例》《中国共产党党内法规和规范性文件备案规定》《中国共产党问责条例》《中国共产党巡视工作条例》等。这些法规和条例的出台，为加强对权力的监管提供了制度保障，打造了一个坚固的监管权力的笼子。制度建设的内涵还包括从严治吏，严格执行干部管理各项规定，讲原则不讲关系，坚持以严的标准要求干部，以严的措施管理干部，以严的纪律约束干部。《中国共产党廉洁自律准则》《中国共产党纪律处分条例》的颁布，从制度层面约束了党员干部的行为，强化了对党员作风建设的制度管理，为党风廉政建设提供了制度保障。

加强党的制度建设，习近平总书记首先提出了完善党内法规制度体系的要求："要完善党内法规制定体制机制，注重党内法规同国家法律的衔接和协调，构建以党章为根本、若干配套党内法规为支撑的党内法规制度体系，提高党内法规执行力。"这一要求不仅着眼于党内法规和制度本身，同时强调了党内制度建设与国家法治建设的一致性，将党的制度建设和国家法治建设统一起来，在国家的法律框架内不断完善党的规章和制度。在完善制度的同时，习近平总书记强调要提高党员的法律意识："要强化法规制度意识，在全党开展法规制度宣传教育，引导广大党员、干部牢固树立法制意识、制度意识、纪律意识。"其次，习近平总书记提出了提高党的制度执行力的要求。党内制度的落实与否，关键在于执行力，只有切实提高党内各项制度的执行力度，做好制度监管工作，才能有效发挥党内规章制度的有效性。最后，培育党内制度执行文化，营造提高制度执行力的文化氛围也非常重要。习近平总书记指出："国家治理体系是在党领导下管理国家的制度体系，包括经济、制度、文化、社会、生态文明和党的建设等各领域体制机制、法律法规安排，也就是一整套紧密相连、相互协调的国家制度。"完备的治理体系和管理体系是培育制度文化等基础，合理、完备的制度体系有助于制度文化的培育，好的制度文化为培育党员干部以及群众的法律意识提供了良好的外部环境。

制度文化建设大大丰富了党的建设的内涵，党的十七大以来，党的建设内涵主要包括思想建设、组织建设、作风建设、制度建设和反腐倡廉建设。十九大报告则提出"六大建设"：政治建设、思想建设、组织建设、作风建设、纪律建设、制度建设。其中，政治建设是根本，制度建设贯穿五大建设之中，表明习近平总书记在党的建设工作上，把营造良好的政治生态放在首位，并主要依靠良好的制度文化作为党建工作的主要途径。

（三）重申党的作风建设

作风建设是党建工作的重要内容。我们党自建党之日起，在革命和建设实践中形成了优良作风的传统。习近平总书记非常强调培养党的优良作风的重要性："党的作风是党的形象，是观察党群干群关系、人心向背的晴雨表。"党的作风建设，关系到党群关系，关系到党的形象与威望，关系到党的前途和发展。

党的作风建设首先在于提高党员干部的自我修养。党员干部的自身修养有三方面主要内容。其一是党员干部的理论素养。党员干部要坚持理论学习，在实践中加深对党的指导思想以及党的最新理论成果的学习，用先进的理论把自己武装起来。其二在于培养对人民群众的深厚情感。在《一切为民者，则民向往之》中，习近平总书记从分析"郑九万现象"得出结论，"作为执政党，党员干部与人民群众的关系就是公仆与主人的关系。离开了人民，我们将一无所有、一事无成；背离了人民的利益，我们这些公仆就会被历史所淘汰"。一切依靠人民、一切为了人民，是习近平总书记在党的作风建设中突出强调的内容。其三是提高党员的道德修养。道德修养方面，习近平总书记一方面注重利用传统文化中的修身资源，另一方面号召要继承和发扬党的优良传统。习近平总书记强调："以德修身、以德立威、以德服众，是干部成长成才的重要因素。"党员干部必须德才兼备。习近平总书记非常重视发掘传统优秀文化资源来提高党员干部修养，"党员干部特别是领导干部手中往往掌握一定的权力，不仅要主动接受组织、制度的监督，而且还要不断加强自律"。此外，党的优良作风传统也是提高德性的重要资源。批评与自我批评是党内思想斗争的锐利武器，也是领导干部管好自己的有效方法。

党的作风建设还在于惩治党内腐败现象。反对任何形式的腐败行为，是党风廉政建设的核心内容。习近平总书记总结了十八大以来党在反腐败斗争方面的成果："党的十八大以来，我们党坚持'老虎'、'苍蝇'一起打，使不敢腐的震慑作用得到发挥，不能腐、不想腐的效应初步显现，反腐败斗争压倒性态势正在形成。"十八大以来，我们党始终保持对腐败现象的高压态势，不仅从制度的制定、执行层面严厉打击各种腐败行为，对腐败行为采取零容忍的态度，还在继续完善党的各项规章制度如科学的官员选拔和考核制度、严肃规范的政治组织生活、党员自身的理论道德素养等方面继续加强，使党内形成廉政勤政的良好风气。

第四节　文化自信凸显中国特色社会主义的文化本质

一、中国特色社会主义文化本质的意义

习近平总书记关于文化自信的重要论述在建设中国特色社会主义文化中发挥文化的价值引领、经济建设、社会变革等方面的功能。习近平总书记在十九大报告中对"中国特色社会主义文化"有全面、完整的定义："中国特色社会主义文化，源自中华民族五千多年文明历史所孕育的中华优秀传统文化，熔铸于党领导人民在革命、建设、改革中创造的革命文化和社会主义先进文化，植根于中国特色社会主义伟大实践。发展中国特色社会主义文化，就是以马克思主义为指导，坚守中华文化立场，立足当代中国现实，结合当今时代条件，发展面向现代化、面向世界、面向未来的，民族的科学的大众的社会主义文化，推动社会主义精神文明和物质文明协调发展。要坚持为人民服务、为社会主义服务，坚持百花齐放、百家争鸣，坚持创造性转化、创新性发展，不断铸就中华文化新辉煌。"这一定义，指出了中国特色

社会主义文化的历史渊源、中国特色社会主义文化的建设目标和方向、中国特色社会主义文化的内容和本质特征。习近平总书记还强调："中国特色社会主义文化是激励全党全国各族人民奋勇前进的强大精神力量。"中国特色社会主义建设不仅要增强经济、军事等硬实力，更要凸显文化软实力。

二、中国特色社会主义文化的形成和发展

毛泽东在新民主主义革命时期，提出了民族的科学的大众的文化发展方向，为新民主主义革命时期文化的发展指明了方向，也指引了中国特色社会主义文化的发展道路；新中国成立之后，毛泽东提出了"百花齐放"、"百家争鸣"的"双百"方针以及"古为今用"、"洋为中用"的原则，是新民主主义时期文化发展方向在社会主义建设时期的发展和深化。社会主义精神文明建设的问题，将文化与提高全民族的思想道德素质、科学文化素质相结合，是社会主义建设时期文化思想的新探索。"三个代表"重要思想，明确提出中国共产党人要代表先进文化的前进方向，这个方向就是"面向现代化、面向世界、面向未来"，切合改革开放和"四个现代化"的发展战略。"科学发展观"，从构建和谐社会的角度，提出文化强国的战略，以推动社会主义文化的大发展和大繁荣为目标。

中国共产党的领导人都非常重视中国特色社会主义文化建设，在不同时期提出了不同的要求，不断丰富和发展了中国特色社会主义文化理论。中国特色社会主义文化，是为中国特色社会主义建设服务的文化，首先要坚持马克思主义的指导地位。其次要坚持民族本位的文化立场，同时具有鲜明的时代特征。再次是以人民为中心的导向。最后是对社会主义核心价值观的凸显。这些是中国特色社会主义文化的本质特征。习近平总书记关于文化自信的重要论述凸显了中国特色社会主义文化的本质特征。

三、中国特色社会主义文化本质

（一）坚持马克思主义的指导

中国特色社会主义文化的产生和发展，始终离不开马克思主义的指导，始终坚持马克思主义的立场和方法。习近平总书记关于文化自信的重要论述始终强调马克思主义的指导地位。习近平总书记强调，中国特色社会主义文化的三大历史资源中，中华优秀传统文化需要用马克思主义的观点和方法进行"创造性转化"。红色革命文化和社会主义先进文化都是马克思主义和中国的具体革命与建设实践相结合的产物。中国特色社会主义的建设过程，是马克思主义同中国的具体国情相结合的过程，在这一理论与实际相结合的过程中，又产生了马克思主义中国化的理论新成果，理

论成果的诞生，又继续推动社会主义建设事业不断进步。文化自信理论本身贯彻了历史唯物主义原则，也生动诠释了辩证法中的发展的观点，是马克思主义文化观在中国的继承和发展，是辩证唯物主义和历史唯物主义在新的历史时期获得的新的理论形态。

（二）坚持民族本位的文化立场

中国特色社会主义文化，是以民族文化为本位的文化，在文化问题上持民族本位的立场。民族本位是一种文化自觉，首先是在对待传统文化的问题上，要反对文化虚无主义，要珍视中华民族传统文化这一珍贵的历史遗产，在马克思主义指导下，结合中国特色社会主义建设的实践，对中华优秀传统文化进行创造性转化，培育独特的民族精神和中国价值。同时要反对各种形式的文化中心论、文化霸权主义，拒绝带有西方资本主义意识形态的价值观念、文化产品的输入，民族本位的立场并不表示盲目排外，并不代表狭隘的民族主义。相反，习近平总书记强调要吸收一切外来文化中的有益成果。坚持民族本位的文化立场的同时，还需要用开放的胸襟和态度吸收一切人类文明成果，将世界文明的成果中国化，形成中华文化为主体、多元文化兼容并蓄的文化格局。

坚持民族本位的文化立场，要做到文化的民族性和时代性的统一。文化的时代性主要表现为文化的社会制约性和历史性，指特定时代的经济生产方式及在此基础上形成的社会结构决定了这个时代的文化内涵和特征。中国特色社会主义文化，应当是反映中国特色社会主义建设实践的文化，是基于中国在新时代社会基本矛盾发生转变的这一基本国情之上的文化，是基于社会主义初级阶段的文化，不仅要体现中国特色，也要体现时代特征，这样才能更好地为时代主题服务，反映出当代中国的时代精神。习近平总书记强调："要使中华民族最基本的文化基因与当代文化相适应……以人们喜闻乐见、具有广泛参与性的方式推广开来。"

（三）坚持以人民为中心导向

中国特色社会主义文化是"以人为本"的文化，"以人为本"就是首先坚持人民群众是文化的创造者，人民群众不仅创造了社会的物质文明，也创造了社会的精神文明。其次，"以人为本"还体现在社会主义的精神文化是体现人民需要的文化，中国特色的社会主义文化发展繁荣的根本目的，是为了满足人民日益增长的精神需要。文化的发展与繁荣，不仅是为了推动社会的物质生产的发展和制度的变革，其根本目的是为了人民的福祉。最后，坚持"以人为本"的导向，还要努力发展文化产业，创造出优秀的文化产品，以人民喜闻乐见的形式促进先进文化的传播。

习近平总书记关于文化自信的重要论述首先明确文化的创造来自人民："要虚

心向人民学习、向生活学习，从人民的伟大实践和丰富多彩的生活中汲取营养，不断进行生活和艺术的积累，不断进行美的发现和美的创造。要始终把人民的冷暖、人民的幸福放在心中，把人民的喜怒哀乐倾注于自己的笔端，讴歌奋斗人生，刻画最美人物，坚定人们对美好生活的憧憬和信心。"人民的丰富实践是文化创造永远不竭之源，文化自信必须有反映时代特征的创新文化的支撑，创新文化不仅有历史继承性，更重要的是在于植根于人民群众的多种形式的实践。

其次，建设中国特色社会主义文化的目的在于服务人民。中国特色社会主义文化不仅是为了社会主义建设服务，也是为人民提供价值引领和精神动力。中国特色社会主义建设的根本目的，在于服务人民，达到人的自由全面发展的目的。实现这个目的，除了要满足人民日益增长的物质需要，也要满足人民日益增长的精神文化需要。人民群众的需要是建设中国特色社会主义的目的，同时人民群众也是建设中国特色社会主义的主体和依靠力量，中国特色社会主义文化，为人民群众提供了精神动力和智力支持，有助于更好地调动人民群众为社会主义建设事业服务的积极性，有助于凝聚力量、发挥创造力，将社会主义建设事业推向前进。

（四）弘扬社会主义核心价值观

核心价值观是文化软实力的灵魂，一个国家的文化软实力，从根本上说，取决于其核心价值观的生命力、凝聚力、感召力。习近平总书记高度重视核心价值观在文化软实力中的地位和作用，认为核心价值观是文化软实力的"灵魂"。因此，中国特色社会主义文化的灵魂就在于社会主义核心价值观，在十九大报告中，习近平总书记将坚持社会主义核心价值体系作为新时代中国特色社会主义的基本方略之一："必须坚持马克思主义、牢固树立共产主义远大理想和中国特色社会主义共同理想，培育和践行社会主义核心价值观，不断增强意识形态领域主导权和话语权，推动中华优秀传统文化创造性转化、创新性发展，继承革命文化，发展社会主义先进文化，不忘本来、吸收外来、面向未来，更好构筑中国精神、中国价值、中国力量，为人民提供精神指引。"之所以把社会主义核心价值观看作是文化软实力的灵魂，是因为社会主义核心价值观是当代中国精神的集中体现，是凝聚中国力量的思想道德基础。

社会主义核心价值观的弘扬，离不开对意识形态领域主导权和话语权的把握。在全球化、信息化时代，意识形态工作面临着价值、文化领域的多元化挑战，如果在意识形态领域失语，将会带来整个社会思想上的混乱，社会主义建设事业将失去方向。习近平总书记强调要重视意识形态工作，引导人民树立正确的三观。提出改进意识形态工作的要求，在开展思想政治工作时要多使用大众化语言，用通俗易懂的语言、春风化雨的方式牢牢把握意识形态领域的主导权和话语权。

　　培育和弘扬社会主义核心价值观必须立足中华优秀传统文化。社会主义核心价值观植根于中华优秀传统文化，24字社会主义核心价值观中，基本上直接或间接来源于中华优秀传统文化，"富强、文明、和谐"是中华文明一直所追求的目标。"民主"也可以在儒家的"民本"思想中找到共通之处。"自由、平等、公正、法治"在中华优秀传统文化中也可以找到其元素。"爱国、敬业、诚信、友善"更是传统文化中一直提倡的价值追求。社会主义核心价值观在国家、社会、个人层面的表述，都可以在传统文化中寻觅其渊源。加强对中华优秀传统文化的挖掘和阐发，努力实现中华传统美德的创造性转化、创新性发展，把跨越时空、超越国度、富有永恒魅力、具有当代价值的文化精神弘扬起来。中华民族生生不息的力量源泉，就在于中华优秀传统文化，中国特色社会主义文化的繁荣，其实也就是中华优秀传统文化在当今时代博采众长、兼收并蓄而焕发出新的生命。中国特色社会主义建设事业的兴盛，也是中华文化在新时代的繁荣，没有中华文化繁荣兴盛，就没有中华民族伟大复兴。

第五章 文化自信的价值意蕴

第一节 文化自信的价值定位

一、坚守马克思主义文化观的指导地位

马克思主义理论能动地揭示出事物内在的发展规律，是全世界无产阶级认识世界和改造世界的科学理论体系。在马克思主义理论体系中，马克思和恩格斯虽然没有明确使用"文化观"这样的字眼，但他们对于文化的相关论述依然被认为是对文化发展规律的科学阐释，对社会主义文化建设具有鲜明的引领作用。中国共产党作为无产阶级政党，自 1921 年成立以来就始终高举马克思主义的伟大旗帜，以马克思主义指导包括社会主义文化建设在内的各项伟大事业。在中国共产党成立近百年的革命、建设和改革历程中，马克思主义对繁荣复兴中华文化的作用毋庸置疑，其地位不可撼动。

（一）马克思主义文化观的科学性

在马克思主义的经典著作中，马克思、恩格斯虽然没有直接使用"文化观"这样的概念，但这并不妨碍二人关于文化相关论述的科学性。仔细翻阅马克思主义的经典著作，其科学性集中体现在如下四个方面。

首先，从唯物史观出发，明确物质生产决定精神生产，精神生产对物质生产起反作用。马克思从分析资本主义生产方式出发，对资产阶级和阶级矛盾进行了深刻的剖析，辩证地评价了资本主义的发展过程，既肯定了其对人类社会发展所做出的贡献，同时也揭露了资本主义罪恶的剥削本质。在精神文化领域，马克思和恩格斯也主张要一分为二地看待资本主义，一方面肯定其在促进人类思想解放过程中的作用，另一方面，也批判了资本主义产生所带来的思想文化垄断。在此过程中，马克思、恩格斯明确了物质生产对精神生产的决定作用，不是人们的意识决定人们的存在，相反，是人们的社会存在决定人们的意识，物质生活的生产方式制约着整个社会生活、政治生活和精神生活的过程等。与此同时，随着实践的不断深入，马克思和恩格斯还意识到了精神文化有着相对独立性，对物质生产有着强烈的能动作用。政治、法、哲学、宗教、文学、艺术等等的发展是以经济发展为基础的。但是，它们又都互相

作用并对经济基础发生作用。这种能动作用集中表现为，在特定的物质生产条件下，精神文化生产在一定程度上可以推动或阻碍社会生活的发展进程。

其次，科学地对待传统的观念，即传统文化。在对资本主义进行透彻分析和理性批判之后，马克思、恩格斯在《共产党宣言》中提出了消除资本主义文化弊端的有效途径："共产主义革命……它在自己的发展进程中要同传统的观念实行最彻底的决裂。"这里所谓的"传统的观念"，就是指当时与资本主义生产资料私有制相适应的社会意识形态，其中也包括在资本主义意识形态产生之前能够与资本主义生产方式相适应的奴隶社会和封建社会的意识形态。通过共产主义革命来实现"最彻底的决裂"，并不是要对所有的传统观念进行一概否定，而是要通过理性的批判和扬弃加以辩证的认识、分析和继承。发展至今，已经演化为要科学地对待、继承和弘扬那些有利于人的全面发展和社会文明进步的优秀传统观念（即优秀传统文化），而"一刀切"式地否定抛弃所有传统文化将陷入历史虚无主义漩涡之中。

再次，强调文化具有意识形态属性。随着社会的进步和实践的深入，文化被理解为观念上层建筑，在不同的财产形式上，在社会生存条件上，耸立着由各种不同的、表现独特的情感、幻想、思想方式和人生观构成的整个上层建筑。这种观念上层建筑由一定的社会存在、生产关系所决定，那么在实践中就必然受到特定的阶级或生产关系主体的支配和影响。当这种观念上层建筑逐渐成为统治阶级维护自身统治的工具时，文化的意识形态属性也随之凸显出来。当文化作为某一特定阶级社会的现实反映时，其内容、形式、样态是该统治阶级意识的外在体现，而能够维护自身利益的思想、道德、宗教、法治乃至艺术等具有意识形态性的观念和文化必然占据主导地位，决定了文化最终的价值取向。统治阶级的思想在每一时代都是占统治地位的思想，这就是说，一个阶级是社会上占统治地位的物质力量，同时也是社会上占统治地位的精神力量。

最后，从世界历史的角度阐述文化具有开放性。马克思在著作中曾经预测，随着资产阶级在全球范围内的扩张，世界历史的到来成为必然，包括文化在内的全球化成为未来社会发展的大趋势，过去那种地方的自给自足和闭关自守状态，被各民族的各方面的互相往来和各方面的互相依赖所代替了。物质的生产是如此，精神的生产也是如此。各民族的精神产品成了公共的财产。在这一进程中，不仅仅是物质生产开始以世界为背景，精神文化生产也开始具备世界属性，世界文化也在逐步形成，各个民族的文化都成为当中不可或缺的一部分。随着精神产品成为世界的共有物，世界文化促使各民族文化更加具备开放性，能够在文化的交流交锋过程中吸收其他国家和民族的优秀文化成果。但世界文化的形成和发展并不意味着文化差异性的消失，各民族仍然保有自身的文化基因，这也是世界文化多样性的来源所在。

（二）马克思主义文化观的中国化

任何科学的理论只有经过本土化的过程才能发挥出巨大的作用。中国共产党自成立之日起就将马克思主义作为全党各项工作的指导思想，包括文化理论在内的理论体系建设亦是以此为基础不断地丰富和发展，回顾各个历史时期形成的文化理论，处处都彰显着马克思主义文化观的深刻影响，是马克思主义文化观同中国现实国情相结合的本土化成果。

新民主主义革命时期，马克思主义理论作为中国共产党的指导思想，不仅为革命的胜利提供了科学的理论指导，同时深刻影响了中国共产党对文化的认知和态度，为中华民族重新"站起来"提供了强大的精神动力。首先，是在对待中华传统文化的态度上。在深入认识和理解马克思主义的唯物辩证法和历史唯物主义后，中国共产党开始一分为二地看待中国传统文化，对"一刀切"态度的舍弃为优秀传统文化得以保留和延续提供了可能，保住了五千多年历史传承下来的宝贵精神财富。其次，是对于文化作用的认识上。坚定地站在马克思主义立场上，运用唯物史观来分析并指明了文化与政治、经济之间的关系：一定的文化（当作观念形态的文化）是一定社会的政治和经济的反映，又给予伟大影响和作用于一定社会的政治和经济；而经济是基础，政治则是经济的集中的表现。"最后，是对文化内容的丰富上。在这一时期，不仅形成了以"红船精神"长征精神""西柏坡精神"等为主要内容的革命文化，还在马克思主义文化理论的基础上形成了以"百花齐放、百家争鸣""古为今用、洋为中用""为人民服务、为社会主义服务""无产阶级领导的，民族的、科学的、大众的文化"等为主要内容的新民主主义文化理论。

伴随着改革开放伟大实践的逐步深化，中华民族在中国共产党的带领下逐步实现了由"站起来"向"富起来"的历史性转变。在文化建设方面，中国共产党始终坚持以马克思主义及其中国化的理论成果为指导思想，以此来推动中华文化向前发展。在这一时期，中国共产党在秉承马克思主义文化观的基础上，结合中国的现实国情来丰富文化理论、制定文化政策、开展文化实践，形成了中国共产党独特的文化观。首先，在文化理论的丰富上。这一时期，中国共产党积累了一定的执政经验，对于社会主义现代化建设也有了更深刻的认识，新的文化理论随之应运而生。其次，在文化政策的制定改革开放厘清了文化与政治之间的关系，同时开始认识文化与社会主义其他事业之间的关系，并逐渐体现在相应的文化政策上。从"科学技术是第一生产力"的大文化背景，到"深化文化体制改革""发展文化产业和文化事业"的以人为本，再到"提升文化软实力"的国际视野，中国共产党的文化政策不仅坚持马克思主义历史唯物主义的基本观点，同时也符合这一时期的不同阶段中国所面对的具体国情。最后，是在文化实践的开展上。在这一时期，中国共产党执政经验不断丰富，在社会主义现代化建设实践中逐渐深化了对文化地位和作用的认识，将文化视作社会主义现代化建设总体布局的重要组成部分加以推进，其间，中国共产党不仅致力于推动中华优秀传统文化的传承和弘扬，还大力发展社会主义先进文化，同时广泛参与到中西方文化交流之中，提升中华文化的国际影响力。而这些实践经验也为未来中国共产党文化观的进一步发展提供了现实基础。

党的十八大以来，中国特色社会主义进入新时代，预示着中华民族开始走向"强起来"新阶段，中国共产党的文化观也随着世情、国情、党情的变化而有所变化。但作为马克思主义执政党，中国共产党仍然高举马克思主义理论的伟大旗帜，科学地回答新时代的文化建设问题。其中，最为突出的一点就是提出要坚定文化自信，同时将其与道路自信、理论自信和制度自信放在同等高度，并着重强调了文化自信具有更基础、更深沉、更持久的力量，这充分体现了中国共产党对文化战略地位的高度提升。再者就是在对待中华优秀传统文化的态度和做法上，以习近平总书记同志为核心的党中央不只是单纯地进行传承和弘扬，同时还提出要进行创新性发展和创造性转化，将中华优秀传统文化与现代文化产业和公共文化事业相融合，以此来巩固中华民族的灵魂和根脉。此外，中华民族在走向"强起来"新阶段所面对的国内外环境也较之前有了诸多变化，对于中国共产党来说也需要新的文化理论和文化政策加以应对。以习近平总书记同志为核心的党中央开始更加注重掌握意识形态工作的领导权、繁荣发展社会主义文艺、推动文化事业和文化产业协同发展等具体的中国特色社会主义文化建设工作。

二、锚定"自信"的价值指向

党的十八大以来，习近平总书记不止一次对文化自信进行了详细阐述，强调要不断增强文化自信，建设社会主义文化强国，传递出了新时代中国共产党所秉承的文化观，中国特色社会主义的"四个自信"已然明确，而文化自信在其中的重要性也可见一斑。可以说，"四个自信"各具特点、各有侧重，又互相呼应，而文化自信作为精神基底，则是锚定了"四个自信"的价值指向。

（一）道路自信的价值依托

所谓"道路自信"，就是对中国特色社会主义发展道路的充分肯定，是对走中国特色社会主义道路的坚定信心。作为实现社会主义现代化、创造人民美好生活的必由之路，中国特色社会主义道路是中国共产党在革命、建设和改革实践过程中，经过积极探索和反思总结得出的符合中国国情、适应时代需要、满足人民期待的正确道路。这条道路的形成和发展，扎根于中华大地，浸润着中华文化，其所遵循的基本方向、原则标准和路径选择，无不蕴含着中华文化基因。可以说，中华文化的独特底色，就是中国特色社会主义道路的鲜明特色。

纵观中华民族从"站起来"到"富起来"的发展历程，中国之所以能够走出一条适合自己的正确道路，与中华民族传承五千多年的优秀文化基因密切相关。中华文化当中艰苦奋斗、自强不息的拼搏精神，天下兴亡、匹夫有责的家国情怀，兼收并蓄、和而不同的包容理念，空谈误国、实干兴邦的治国思想等都成为中国特色社会主义道路的文化基底，深刻影响着它的开创和拓展。正是依托于中华文化这一精神家园，中国特色社会主义道路才能更加平顺宽广。所以说，相较于道路自信而言，文化自信蕴含的是更为深刻、更加基础的潜藏力量，是道路自信更为深沉、更加持久的价值依托。当中国特色社会主义进入新时代，坚持走中国特色社会主义道路仍然是中华民族走向"强起来"的必然选择。而坚定的道路自信，则是在理性分析国内现状与国际环境、深刻把握历史经验与未来方向、充分考虑民族命运与人民幸福之后，凝聚起来的对中国特色社会主义道路的坚定信心。在这一系列过程中，文化自信持续赋予了道路自信更为长久、更加牢固的价值依托，确保广大人民始终坚信中国特色社会主义道路能够引领国家富强、保障人民幸福、实现民族复兴。

（二）理论自信的力量源泉

所谓"理论自信"，就是对中国特色社会主义理论体系科学性和真理性的坚定信心。中国特色社会主义理论体系与马克思列宁主义、毛泽东思想一脉相承，是在坚持马克思主义基本立场、观点和方法的基础之上，结合改革开放以来的社会主义伟大实践经验得出的具有中国特色的一系列观念原则、价值标准、立场观点、方式方法等理论创新成果。中国特色社会主义理论体系作为马克思主义中国化的理论成果，并不是机械地传承马克思主义，而是还根据国情、社情融入了鲜明的中国特色，彰显出独特的中国气派和中国风格。

以"实事求是"这一思想路线的核心观点为例，它是马克思主义认识论与中国革命实践经验相结合的产物，而这一概念最早则出现在班固所著的《汉书》当中："修学好古，实事求是。"再比如"以人民为中心"这一观点，不仅是马克思主义唯物史观当中"人民群众是历史的创造者"这一观点的直接体现，同时也蕴含着中华优秀传统文化中"民惟邦本，本固邦宁""民为重、社稷次之、君为轻"的思想意涵，是全心全意为人民服务这一党的根本宗旨的时代表达。由此可见，博大精深的中华文化为中国特色社会主义理论体系的形成和发展提供了丰厚的资源和养分，使得中国特色社会主义理论体系能够不断焕发出新的生命力。因此，在走向"强起来"的新时代，中国特色社会主义理论体系的完善依然离不开中国特色社会主义文化这个源头活水。如果说理论是文化的总结和升华，那么理论自信归根到底源于文化自信，是对文化的深厚信心滋养了对理论持续而长久的坚定信念。

（三）制度自信的原则标准

所谓"制度自信"，就是对包括根本政治制度、基本政治制度、基本经济制度以及各类具体体制机制、法律法规在内的中国特色社会主义制度体系的坚定信心。中国特色社会主义制度的建立健全不仅符合马克思主义关于科学社会主义的基本原则，同时符合中华民族自身的历史背景、文化传统和价值准则。中国特色社会主义制度是在中国革命、建设和改革实践过程中逐渐形成、确立和完善起来的，符合不同时期中国共产党和全国各族人民的价值追求，能够为推动国家发展、增进人民福祉和实现民族复兴提供有效的制度保障。

在探索中国特色社会主义制度建设过程中，无论是在基本理念、价值尺度上，还是在框架结构、内容设计上，都体现了中国特色社会主义文化所内含的价值和原则，从而使全国各族人民从文化认同过渡到制度认同。以民族区域自治制度为例，其是我国的基本政治制度之一，是在社会主义伟大实践过程中创建并完善起来的、用以解决民族问题的基本国策。民族区域自治制度的提出，族"大杂居、小聚居"的分布状况，同时也是中华文化"和而不同"原则在治国理政上的具体表现。而"和而不同"的原则在经济制度、分配制度、外交政策等方面也同样适用。此外，传承下来的中华优秀传统文化也会影响到法律法规的内容设计，"百善孝为先"就是其中的典型，在我国的《婚姻法》和《刑法》当中都对子女不履行赡养老人义务的法律责任进行了明确规定。因此可以说，制度自信从根本上必然伴随着文化自信，蕴含在文化深层的价值评价标准是制度得到认同并发挥作用的前提和关键。只有文化自信深沉、持久的力量充分发挥出来，才能赋予制度自信更为长久、更可持续的生命力。

中国特色社会主义，无论是从道路选择、理论建构还是从制度设计来看，都有中华文化内化其中，发挥着价值引领作用。在走向"强起来"的今天，强调要增强文化自信并将"三个自信"拓展为"四个自信"，这是对中国特色社会主义逻辑关系整体性研究的更深层次的把握。而着重强调要发挥文化自信在"四个自信"中的基础性作用，既是对中华文化生命力的坚定信心，同时也肯定了文化自信所蕴含的价值指向作用。

三、文化使命的新时代内涵

中国共产党既传承和弘扬了中华优秀传统文化，同时也积极地引领和实践着中国先进文化。在走向"强起来"的今天，中国共产党的文化使命也被赋予了新的时代内涵，即以满足人民群众更高质量精神文化需要为出发点和落脚点，坚持中国特色社会主义文化建设道路，激发全民族的创新创造活力，推动中国特色社会主义文化繁荣兴盛，建设社会主义文化强国。而文化自信的提出，是中国共产党对文化战略地位的清晰认识、是对文化发展规律的科学把握和对时代环境变迁的理性思考，彰显出中国共产党高度的文化自觉和责任担当，是担负起新的文化使命的必要前提。

（一）文化战略地位的清晰认识

文化，承载着一个国家和民族的灵魂，既是衡量社会进步程度的重要标志，同时也是现代化国家建设的重要组成部分。对于中国共产党和中国人民而言，中华文化不仅仅是社会主义现代化强国建设的有机构成，同时也内化为社会主义现代化建设强大的凝聚力、向心力和驱动力。新时代，中国共产党明确指出"要坚定文化自信"，文化自信是更基础、更广泛、更深厚的自信，是一个国家、一个民族发展中更基本、更深沉、更持久的力量，足见中国共产党对文化战略地位认识的进一步深化。

回首过往，中华民族从"站起来"到"富起来"的过程中，文化始终发挥着重要作用，具有着不可撼动的地位。早在中国共产党成立之初，受到马克思主义唯物辩证法和唯物史观的影响，中国共产党人在寻求救亡之路的同时就开始积极反思对待传统文化的态度，肯定中华优秀传统文化对于民族传承的重要作用。而整个新民主主义革命时期，带领全国人民实现民族独立和人民解放是当时中国共产党的首要任务，在此期间形成的革命文化成为精神武器，为中华民族"站起来"的实现凝魂聚气。革命文化，对于人民大众，是革命的有力武器。革命文化，在革命前，是革命的思想准备；在革命中，是革命总战线中的一条必要和重要的战线。新中国成立后，中国共产党开始带领全国各族人民进行社会主义现代化建设，为实现"富起来"谋求发展之路。在此期间，中国共产党的身份由革命党转变为执政党，执政理念和执政方式都逐渐发生了改变，这一点在对于文化地位和作用的认识上体现得尤为明显。新中国成立初期，由于缺乏执政经验，中国共产党仍然"以阶级斗争为纲"来发展文化，在改革开放之后才明确了文化建设对于经济建设和政治建设的保障作用。从"科学技术是第一生产力"到物质文明和精神文明都搞好，才是有中国特色的社会主义，再到经济体制改革、政治体制改革、精神文明建设"三位一体"总体布局的形成，文化的作用被一再肯定，文化建设的地位也随着中国共产党执政经验的日益丰富而被提升至战略高度。随着改革开放的纵深发展，中国共产党根据世情、国情、党情的变化先后提出"大力发展文化事业和文化产业""深化文化体制改革""建设社会主义和谐文化""提升文化软实力""培育和践行社会主义核心价值观"等一系列具体的文化建设方针政策，以此来增强文化在社会主义现代化建设中的战略地位，使其充分发挥出对其他各个方面建设的助推作用。

党的十八大以来，中国特色社会主义进入新的历史方位，逐渐走向"强起来"的中华民族面临着更多的新问题和新挑战，而中国共产党经过七十多年的执政实践，对于中国特色社会主义文化及其战略地位的认识则更为清晰而深刻。文化是一个国家、一个民族的灵魂。文化兴国运兴，文化强民族强。没有高度的文化自信，没有文化的繁荣兴盛，就没有中华民族伟大复兴。党的十九届四中全会也围绕如何坚持和完善繁荣发展社会主义先进文化制度，高屋建瓴地阐明了坚持中国特色社会主义文化发展道路的重大原则和方向，体现了建设社会主义文化强国的信心和决心。由此可见，中国共产党不仅充分肯定了文化在新时代的战略地位，对文化自信的详细阐述更是揭示了文化的基础性地位。因此，不断增强文化自信成为中国共产党担负起文化使命的前提和准备，是建设社会主义文化强国的必要条件。

（二）文化发展规律的科学把握

党的十八大以来，习近平总书记在众多场合多次强调中国特色社会主义文化的战略地位和重要作用，进一步丰富了文化建设的相关论述。"坚定文化自信"的提出，不仅仅表达了中国共产党在文化建设上自觉的使命担当，同时也体现了中国共产党对文化发展规律的科学把握。

首先，文化即人化，人本规定性是文化的根本价值属性。从某种意义上来说，文化就是人化，是人历史地凝结成的稳定的生存方式。纵观古今中外，众多学科、学派都对文化及其相关内容进行了研究，而这一观点得到了众多学者的普遍认同。从西方人类学家的观点来看，人类既是文化的生产者，同时也是文化的创造物，而文化最根本的作用就是满足人类最基本的需要，以此来补偿人的生物性不足。在马克思主义实践哲学的视阈之下，文化根植于人的类本质活动，即实践之中。无论是人与自然之间、人与人之间还是认识主体与认识客体之间，都在实践之中得以生成，而且人懂得按照任何一个种的尺度来进行生产，并且懂得处处都把固有的尺度运用于对象。换句话说，文化在实践中生成，同时也构成实践活动的内在标尺。在中华优秀传统文化之中，很早就有关于"文化"的概念界定，《周易》中"观乎人文，以化成天下"的论述就充分体现出了"文治教化"的含义，而"人文"则是突出了人的重要作用。追溯至近代，众多学者对文化的研究也包含人的因素其中，比如文化是一种文明所形成的生活的方式，乃是人类生活的样法，等等。正是古今中外各种观点的理性认知，中国共产党才能科学把握住"人本规定性"这一根本价值属性，始终坚持以人为本，坚持"以人民为中心"进行中国特色社会主义文化建设，满足人民群众的精神文化需要。

其次，文化具有群体性，被广大群体认可并遵循且长期存在的行为模式才能被称为文化。单个人的行为或偶然发生的行为，或是某些被个人运用而不被群体所认可的行为并不能被称为文化。这种被群体广泛认可并且长期遵循的行为模式，往往存在于人们的日常生活之中，潜移默化地影响着人们的思维方式、行为习惯、价值选择等，并随着时间和历史的沉淀成为某个社会或某一地区独特的文化产物。在这一点上，传承五千多年未曾中断并在今天仍然熠熠生辉的中华优秀传统文化就是群体性特点的典型表现。当然，文化的群体性特点并不意味着某一区域内只存在单一的文化形式，承认文化的多样性亦是推动文化向前发展的重要因素，这也是主流文化与亚文化得以长期并存的重要原因。正是考虑到文化的普遍性和多样性并存，中国共产党在新时代担负新的文化使命时，既强调要"不忘本来"地发挥中华优秀传统文化作为中华民族"根"和"魂"的基底作用，同时又强调要"面向未来""吸收外来"地发展社会主义先进文化，不断提升中国特色社会主义文化的生命力、凝聚力和影响力。

最后，文化具有相对稳定性和创新性，这是由文化的内在矛盾性和超越性所决定的。如前文所述，文化是被群体广泛接受、认同并加以遵循的行为模式，经过历史积淀形成后就对生活在其中的人们产生一定的制约和强制作用。正因如此，这种内化于人类血脉之中的无形的、深沉的内在规定，经过历史长河的积淀和洗礼具有相对稳定性，能够发挥出独特的深厚力量，自发地影响着一代又一代人的行为和活动。而作为整个社会运行内在机理的文化，同时规定和制约着经济、政治等社会生活其他领域的发展路径。正因如此，中国共产党提出了要坚定文化自信，发挥文化自信更基本、更深沉、更持久的力量，使中国特色社会主义文化能够内化于人心，外化于行动。同时，文化形成和发展的根本作用是为了满足人类的基本需要，以保证人类的生存和发展自由。当人类的需要随着历史发展和时代变迁而发生变化时，文化的超越性和进步性就会发挥作用，通过创新创造来进行自我完善和自我超越。正是基于对文化相对稳定性和创新性的科学把握，中国共产党在担负起新时代的文化使命时，既强调要坚定文化自信，同时又大力支持创新性发展和创造性转化。

（三）大力推动社会主义文化繁荣兴盛

中国特色社会主义进入新时代，这不仅仅标志着中华民族开始走向"强起来"，同时也意味着中国共产党领导的各项伟大事业将在新的时代背景下向前推进。与此同时，逐渐强大的中华民族正在日益走近世界舞台的中央，所面对的国际环境亦发生着诸多变化，这就需要中国共产党以更长远的目光和更广阔的视角来审时度势，顺势而为。中国特色社会主义文化作为伟大事业的有机组成部分，在社会主义现代化强国建设中的地位和作用不言而喻，在不同于以往的时代环境之下必然面临着许多新的困境和难题。故此，中国共产党理性分析当今时代环境，果断提出要"坚定文化自信，推动社会主义文化繁荣兴盛"，这是中国共产党担负起新的文化使命的必要前提。

从国内来看，新的历史发展方位之下，社会主要矛盾发生转化已然成为当今中国最大的现实背景，按照党的十九大报告中的详细阐述，现阶段我国社会主要矛盾已经转化为人民日益增长的美好生活需要和不平衡不充分的发展之间的矛盾，这表明在基本的物质需要得到满足之后，人民群众对美好生活的价值需要正在不断上涨。这种美好生活的价值需要就包括中国特色社会主义文化在内，而文化产品和文化服务作为其物质承担者，所承载的内容、传递的思想、表现的形式和传播的手段都被提出了新的标准和要求。改革开放四十多年来，长期坚持以经济建设为中心的发展理念，的确满足了人民群众的基本物质生活需要，但也在一定程度上造成了物质与文化的发展失衡。加之社会主义市场经济的纵深发展，文化产品和文化服务的经济效益被广泛认可并深入开掘，而其蕴含的社会效益往往被世人忽略。同时，科学技术的发展加速了传播手段和传播方式的迭代更新，为人民群众形成多元、多变、多样的文化需要提供可能，主流文化与亚文化、精英文化与大众文化、传统文化与新兴文化、落后文化与先进文化共存共生的多维文化格局随之强化。因此，中国共产党作为执政党自觉担负起了新的文化使命，在客观理性地思考当今现实文化发展境况和人民群众的文化需要之后，提出要坚定并增强文化自信，为中国特色社会主义文化建设奠定基础、指明方向。

从国际上来看，伴随着世界历史的形成，各个国家在自身发展过程中都无可避免地要受到国际环境的影响，而取得的发展成果也成为促进国际社会向前发展的助推力量。在众多发展要素之中，文化的地位和作用逐渐脱颖而出。纵观世界历史，21 世纪将是文化的世纪，100 年内各个国家之间比拼的就是文化，没有先进的文化作为引领，一个国家、一个民族将无法长久屹立于世界。正因如此，各个国家都高度重视自身的文化建设，在增强世界文化多元多样的同时，也带来了更多的文化交流、碰撞和冲突。正是基于这种国际环境，中国共产党也愈发重视文化建设，不断推出新的文化政策以推动中国特色社会主义文化向前发展，从而提升中国在国际舞台上的影响力和话语权。坚定文化自信的提出，是中国共产党对国际环境的理性把握，不仅展示出中华文化生命力独特的价值和活力，也指明了中华文化得以永续发展并为世界文化体系重构做出贡献的前进方向。

第二节　文化自信的应然功能

一、增强对中华文化的价值认同

一种文化能否永续发展，不仅仅在于文化本身是否具有强大的生命力，更为关键的是文化主体对于文化的认知和态度。就中国特色社会主义文化而言，它源自中华优秀传统文化，熔铸于革命文化和社会主义先进文化之中，是经过中国特色社会主义伟大实践检验的文化，具有强大的生命力。那么，建立在中国特色社会主义文化之上的文化自信，有理由也有资本在中华民族"强起来"的今天发挥出更基础、更深沉、更广泛的作用。对于作为文化主体的中国共产党而言，坚定文化自信能够为增强全党和全国各族人民的文化价值认同提供强大指引。

（一）加强对中华优秀传统文化的价值认同

文化自信是增强文化价值认同的前提和基础，是中华文化得以永续发展的精神基石。中华优秀传统文化，作为中国特色社会主义文化的源头活水，在经历过五千多年的历史积淀之后，俨然成为文化自信最深厚的底气。历史和实践都充分表明，科学理性地认识中华优秀传统文化，增强全国各族人民对中华优秀传统文化的价值认同，是中华民族从"站起来"到"富起来"的过程中，永葆中华文化生命力并实现中华民族伟大复兴的内在动力。

近代中国历史，是一部民族危机与救亡图存的屈辱史和奋斗史。在这一时期，中华民族面临的不仅仅是民族危亡的生存挑战，更陷入严重的精神文化危机之中，中华传统文化在此时受到巨大的冲击。在探索救亡图存的道路上，有识之士开始反思中华民族凄惨失败的原因，从"师夷长技以制夷"到"中学为体、西学为用"，再到"全盘西化"论，这些主张从器物、制度逐渐转向思想观念，最终对中华传统文化不分优劣地进行了全盘否定。这种思想观念的转变，揭示出当时中国人民在存亡危机和精神危机之下产生的强烈的文化自卑感，这差一点就切断了中华优秀传统文化的传承之路。直到十月革命一声炮响，为中华民族送来了马克思主义，在科学理论的指导之下，中华民族开始客观理性地对中华传统文化进行评价，去粗取精、去伪存真地进行扬弃之后重拾了对中华优秀传统文化的坚定信心。在失去文化自信之时，中国人民对于中华民族的未来也失去信心，在盲目探索中寻求复兴之路，而重拾对中华优秀传统文化的价值认同之后，中华民族在探索民族独立和人民解放时，就获得了深厚的底气和力量，不仅使中华优秀传统文化得以传承，还为中华民族实现"站起来"提供了精神支撑。

而在"富起来"的过程中，中国共产党一再强调中华优秀传统文化的地位和作用，为增强全民族对中华优秀传统文化的价值认同提供可能。很好地继承这一珍贵的文化遗产。要全面认识祖国传统文化，取其精华、去其糟粕，使之与当代社会相适应、与现代文明相协调，保持民族性，体现时代性。加强中华优秀文化传统教育，运用现代科技手段开发利用民族文化丰厚资源。加强对各民族文化的挖掘和保护，重视文物和非物质文化遗产保护，做好文化典籍整理工作。

在中华民族走向"强起来"的今天，文化自信的提出进一步增强了对中华优秀传统文化的价值认同，使中华优秀传统文化在当代中国和当今世界再次熠熠生辉。中华优秀传统文化是中华民族的精神命脉和独特基因，"中华优秀传统文化是中华民族的精神命脉，是涵养社会主义核心价值观的重要源泉，也是我们在世界文化激荡中站稳脚跟的坚实根基，创新创造发展是中华优秀传统文化在当今中国新的发展路径，推动中华文明创造性转化和创新性发展，激活其生命力，把跨越时空、超越国度、富有永恒魅力、具有当代价值的文化精神弘扬起来，让收藏在博物馆里的文物、陈列在广阔大地上的遗产、书写在古籍里的文字都活起来。正是因为有着愈加坚定的文化自信，对于中华优秀传统文化的价值认同才能不断增强，在建设社会主义文化强国、实现中华民族伟大复兴的道路上才能蹄疾步稳、底气深厚。

（二）加强对革命文化和社会主义先进文化的价值认同

中华优秀传统文化的确是文化自信最深厚的底气，但是对于日新月异的国内外环境而言，文化自信不单单是对中华优秀传统文化的自信，更不能"颂古非今"。中国共产党提出"坚定文化自信，推动中国特色社会主义文化繁荣兴盛"，就是要在尊重历史的前提之下，以中国特色社会主义文化为基点，着眼于推动当下的文化发展。革命文化和社会主义先进文化作为中国特色社会主义文化的有机组织部分，同样积淀着中华民族的精神追求，需要坚定的文化自信增强价值认同。

革命文化形成于中国共产党领导的新民主主义革命时期，上承中华优秀传统文化，下启社会主义先进文化，是中华民族特有的文化形态。革命文化在战争时期，对于谋求民族独立和人民解放的中国人民来说，有着强大的价值引领作用。革命文化，对于人民大众，是革命的有力武器。革命文化，在革命前，是革命的思想准备；在革命中，是革命总战线中的一条必要和重要的战线。民族独立之后，革命文化中流传下来的那些坚毅顽强、质朴高洁的宝贵精神品质，在社会主义建设时期和改革开放之后始终发挥着积极作用。当中国特色社会主义进入新时代，和平发展的时代背景虽然与革命时期的战火连天、饥寒交迫大相径庭，但脱胎于艰难困境中的革命文化仍然能够为新矛盾、新问题的解决提供精神保障，坚定文化自信的提出，为进一步增强革命文化的价值认同提供契机，为当代中国人民精神状态的进一步升华提供了丰厚滋养。

社会主义先进文化同样在马克思主义理论的指导下形成，与中华优秀传统文化和革命文化既一脉相承又与时俱进。正所谓"文之道，时为大"，社会主义先进文化就是紧扣时代脉搏、紧跟时代步伐、满足时代需要的产物。社会主义先进文化植根于改革开放的伟大实践，与先进生产力发展要求相适应，能够满足人民群众的精神文化需要，对人的全面发展和社会进步具有积极的促进作用。可以说，社会主义先进文化不仅决定着中华文化的前进方向，也为中华民族"富起来"的实现提供了强大的精神动力和价值引领。在中华民族走向"强起来"的今天，中国共产党提出要坚定文化自信，建设社会主义文化强国，而增强对中国特色社会主义先进文化的坚定信心成为新时代坚定文化自信的重要着力点。先进的思想文化一旦被群众掌握，就会转化为强大的物质力量；反之，落后的、错误的观念如果不破除，就会成为社会进步的桎梏。增强人民群众对社会主义先进文化的价值认同，不仅有助于坚定社会主义先进文化自信，助推中华文化的永续发展，同时亦是将精神文化力量转化为物质生产力量，进而助力社会主义现代化强国建设。

二、激发全民族的创新创造活力

说到文化自信不能只谈古而不论今，固守传统和抛弃传统，都是中华文化的断流，增强立足于当代中国现实、符合现实国情需要的文化自信才是走向"强起来"的文化自信的关键所在。中国特色社会主义进入新时代，中国特色社会主义文化的生命力并不能只依赖于传承和弘扬，更为关键的是要有生生不息、源源不断的创新创造活力，使古老悠久的中华文化历久弥新、繁盛依旧。而如何激发出全民族的创新创造活力，需要文化自信在新时代发挥独特的内驱作用。

（一）文化心态的深刻调整

激发全民族的创新创造活力，要客观理性地认识自身文化，最基本的是要对主体的文化心态进行调整。按照文化主体的心态来划分，对于文化的态度大致可以分成三种：文化自卑、文化自负以及文化自信。文化自卑，就是对自身文化的价值和生命力持有怀疑和否定的态度，其表现就是妄自菲薄甚至自暴自弃。文化自负，则是对自身文化价值的过分夸大，其表现为盲目的优越感，以至于故步自封、停滞不前。从本质上来看，二者都是缺乏文化自信的表现，其结果必然会导致文化的衰败、消解甚至灭亡。文化自信，则是文化主体对于自身文化价值的充分肯定，是对自身文化生命力的坚定信念，既不会自轻自蔑也不会妄自尊大，是对自身文化历史、当下和未来发展的科学把握。

对于中华民族而言，文化自信就表现为对于中国特色社会主义文化的清醒认识，其是激发全民族创新创造活力的前提。这是一个浅显易懂的道理，如果文化主体缺乏对自身文化的尊重、肯定和热爱，绝不会对自身文化的未来产生希望、憧憬和期待，更不用说为了建设社会主义文化强国倾注力量。随着马克思主义理论的传入，科学理性的世界观和方法论为中华民族重拾文化自信提供了契机，这种主体心态的转变为之后中华文化得以世代传承、常在常新提供了精神动力。而按照历史唯物主义的观点，文化作为上层建筑是与经济基础相适应的，那么当经济基础发生新的转变，作为上层建筑的文化也会发生创新性发展，从而获得永续发展的生命力，以此增强文化主体的认同与肯定。换句话说，文化自信是激发创新创造活力的内生动力，而文化的创新创造成果也为文化自信的进一步增强提供可能。坚定文化自信与推动文化创新可以说是中国特色社会主义文化永续发展的一体两面，二者相互促进、共生共进。

（二）文化能力的有效激发

文化能力指的就是一个国家、一个民族在推动自身文化繁荣兴盛方面所应具备的素质，这既是文化自信构成的基础，同时也是文化自信在文化建设实践中的现实反映。无论是一个国家自身文化的传承创新还是世界文化格局的变化调整，归根到底都是各个国家、各个民族文化能力兴衰消长的结果。对于中华民族而言，在走向"强起来"的过程中社会主要矛盾发生了相应的转化，人民群众对美好生活的价值需要日益增长，多元、多变、多样的文化需要迫切要求文化能力的相应增长，这也是中国共产党多次强调要坚定文化自信的重要因素。

从不同的角度来看，文化能力大致包括文化生产能力、文化传播能力、文化教育能力、文化供给能力等，而这其中最为核心的当属文化创新创造能力，其对于文化能力能否稳步提升具有决定性意义。原因在于文化作为人类精神活动的产物，创新创造是其本质。创新创造能力作为文化的内生动力，其强弱与否决定了某一特定文化形态能否永续发展、辉煌不断。对于中华民族而言，从传承五千多年的中华优秀传统文化，到奋发向上的革命文化，再到独具特色的社会主义先进文化，中华文化始终一脉相承、生生不息。中国特色社会主义文化之所以具有如此强大的生命力，之所以能够在世界文化激荡之下占有一席之地，就在于始终坚持创新性发展，在文化建设实践过程中不断激发创新创造活力。

要坚持中国特色社会主义文化发展道路，激发全民族文化创新创造活力，建设社会主义文化强国，为中国特色社会主义文化建设指明方向、划定路线、明确目标。在走向"强起来"的过程中明确这样的发展方向和战略目标，不是为了重回历史上的辉煌，而是要基于当下新的时代背景进行创新创造，而这一切都要通过充分发挥文化自信的内在驱动作用来推动文化能力的不断增强。首先，就是要以文化自信涵养文化创新的主体基础，充分发挥全民族，特别是文艺工作者、哲学社会工作者的创新创造能力，提供更多符合时代和人民需要的文化作品。其次，要以激发创新创造活力为基点深化文化体制机制改革，营造宽松良好的创新创造环境，使文化生产力得到进一步的解放和发展。最后，要客观地对待外来文化，从中汲取有利于中国特色社会主义文化繁荣兴盛的有益成果，在传播手段、表现方式、业态形式、产业布局等方面进行理性创新，使中华文化更有信心参与到世界文化的交流互鉴之中。

三、满足人民群众美好生活需要

说起中国特色社会主义，内在地包含着物质领域和精神领域的协调推进、共同发展。而在中华民族走向"强起来"的今天，物质文明上的强大已然得到国内外的广泛认可，这与相对处于弱势地位的精神文明形成鲜明对比。因此，中国特色社会主义进入新时代，中国共产党多次强调要坚定文化自信，推动社会主义文化繁荣兴盛，这既是为了提升中华文化的生命力和影响力，同时也是为了更好地满足人民群众对美好生活的需要。

（一）满足个人精神文化需要

文化作为人类历史积淀下来的存在方式，既有着相对稳定性，独特的超越性和完善性。从历时性上看，文化是历史的总体演进，文化主体在实践过程中始终尊重历史、着眼当下，又时刻展望未来；从共时性上看，每一种文化都是人的世界或人类社会的有机构成，需要文化主体积极应对不同文化之间的交流交锋。按照功能学派大师马林诺夫斯基的观点，文化最为根本的作用就是为了满足人类最基本的需要。殊途同归，作为马克思主义执政党的中国共产党，也始终认为文化对于实现人的全面发展具有至关重要的作用。

中国特色社会主义文化作为历史积淀下形成的、具有独特精神底色的文化形态，必然蕴含着全体中国人民的文化追求。而当中国特色社会主义的发展环境和社会主要矛盾发生转化时，中国特色社会主义文化内含的超越性和完善性也会适时发挥作用，促使其向前发展。中国特色社会主义进入新时代，中华文化面临着更加复杂多变的国内外形势，人民群众的精神文化需要也变得更加多元多样，这是人的全面发展的必然结果，也对中国特色社会主义文化建设提出了新的要求。在此时中国共产党多次强调要坚定文化自信，推动中国特色社会主义文化繁荣兴盛，最根本的就是为了发挥文化对于满足人民群众对美好生活价值需要的根本性作用。

社会主要矛盾发生转化，满足人民群众对美好生活的价值需要成为中国共产党亟待解决的发展问题，这就需要通过坚定文化自信，推动中国特色社会主义文化繁荣兴盛来提供高质量、高标准的精神食粮。首先，坚定文化自信，为文化产品和文化服务提供了丰富的内容来源。中国特色社会主义文化是中华优秀传统文化、革命文化和社会主义先进文化的有机统一体，同时植根于中国特色社会主义的伟大实践，这些都为文学作品、影视作品等文化产品的创新创作提供了灵感源泉。而这些内容丰富、形式多样的文化产品就是满足人民群众更加丰富多样的精神文化需要的物质基础。其次，坚定文化自信，为文化建设提供了更高标准的发展要求。作为文化建设主体，中国共产党既要充分引领践行社会主义先进文化，又要积极传承弘扬中华优秀传统文化。这就要求中国共产党在推动中国特色社会主义文化建设时既尊重历史又放眼未来，使文化产品和文化服务既具有民族特色又不失时代风貌，全方位地满足人民群众更高标准的美好生活需要。最后，坚定文化自信，能够有效激发全民族的创新创造活力。随着社会信息化和文化多样化的高速推进，人民群众精神文化需求的变化速度也随之加快。为了能更加及时有效地满足这种多元、多样、多变的美好生活需要，应充分激发全民族的创新创造活力，在全社会形成良好的创新创造氛围，以便形成内容多样、层次丰富的文化内容。

（二）塑造个人行为价值标准

从哲学角度出发，文化内在地包含着制约性和超越性，是经由历史积淀下来的相对稳定的生存方式，根植于人的实践活动之中，文化是实践的历史积淀和对象化；文化又构成实践活动的内在机理和方式。换言之，文化作为人的类本质的对象化，不仅为人类的实践活动提供了物质形态和精神形态的文明成果，同时内在规定了人的实践活动的价值目标、行为规范以及内在的精神力量，等等。可以说，文化实际上就是价值创造接连升华、价值体系不断丰富的过程。对于走向"强起来"的中华民族而言，社会主义市场经济纵深发展带来的物质生活水平提升令世人为之赞叹，但以经济利益为价值旨归这一市场经济固有缺陷也开始逐渐外化，逐渐模糊了中国人民的是非评判标准。在这样的时代背景之下提出坚定文化自信，将有助于解决中华民族的精神困境和价值危机问题，促进个人行为价值标准的逐步形成。

在不同的时代背景之下，文化的行为规范功能有着不同的作用方式，或是自在自发的行为规范体系，或是自由自觉的文化精神。通常情况下，这两种方式会以并存的方式规定着人的行为模式，而现代化程度越高，后者的影响和制约作用就越明显。对于当下的中国而言，人们的价值标准，越来越受到法律契约、普遍知识、自觉的价值观等自由自觉的文化精神的影响。于是，坚定文化自信作为发展这种自由自觉精神的基础被多次强调。文化自信所蕴含的行为规范功能，往往通过教化得以实现，也就是通常所说的以文育人、以文化人。这种教化功能往往通过家庭启蒙、学校教育、社会示范、新闻舆论等手段系统地融入生活当中，形成全社会成员普遍认可的价值标准，潜移默化地影响着个人的价值选择，从而达到价值观对人自由自觉的规范和约束作用。

坚定文化自信的核心在于坚定价值观自信，这是个人行为价值标准形成的关键所在。一个民族、一个国家的核心价值观必须同这个民族、这个国家的历史文化相契合。我们现在所积极培育和践行的社会主义核心价值观，就是基于中华民族独特的历史背景和现实国情形成的，是符合中国人民理想信念、思想观念和道德规范的价值共识。党的十八大以来，培育和践行社会主义核心价值观成为中国特色社会主义文化建设的战略思想，从国家、社会和个人三个层面构成了符合中国特色的社会主义核心价值观的基本内容。从个人层面来看，"爱国、敬业、诚信、友善"四个方面不仅内含中华优秀传统文化的民族基因和精神底色，还传承了革命文化和社会主义先进文化凝练出的时代精神。

社会主义核心价值观作为中国特色社会主义文化的高度凝练，对于走向"强起来"的中华民族而言有着凝魂聚气、强基固本的基础性作用。在当代，中国共产党多次强调的坚定文化自信和培育践行社会主义核心价值观从本质上来说具有一致性，都是为了增强全国人民的民族自信心和价值认同感，从而在实现中华民族伟大复兴道路上确保目标明确、方向清晰、行动一致。

四、为现代化强国建设凝魂聚力

建设社会主义现代化强国，实现中华民族的伟大复兴是中华民族最根本的利益所在，是中国共产党带领全国各族人民不懈奋斗的目标所在，是当今坚持和发展中国特色社会主义的总任务。有别于其他国家的现代化发展之路，中国的现代化建设是工业化、城镇化、信息化和农业现代化相互叠加的并联式发展过程，是经济建设、政治建设、文化建设、社会建设、生态文明建设和党的建设共同推进的社会主义现代化发展之路。任何一项伟大事业的背后都存在着一种支撑这一事业，并维持这一事业成败的无形的文化精神，他称之为社会精神气质。从这个意义上来讲，建设社会主义现代化强国这一伟大事业的背后同样需要无形的社会精神气质加以支撑，也就是需要中国特色社会主义文化充分发挥精神支撑作用。中国特色社会主义进入新时代，我们党提出文化兴则国运兴、文化强则民族强，这不仅明确了文化繁荣兴盛是建设社会主义现代化强国的重要目标之一，也强调了文化对于社会主义现代化强国建设事业各个方面的凝魂聚力作用。

（一）经济建设的助推力

作为社会主义国家，我们长期致力于现代化强国建设，内在地规定着物质文化和精神文化要齐头并进、协调发展。随着中国跃居世界第二大经济体，物质文化领域所取得的成绩令世人瞩目，在客观分析"中国奇迹"之后，中国共产党充分认识到这一成绩不单单是依靠经济上的长足发展，更为重要的是文化软实力所发挥的助推作用，文化赋予经济发展以更强的竞争力，先进文化与生产力中的最活跃的人的因素一旦结合，劳动力素质会得到极大的提高，劳动对象的广度和深度会得到极大的拓展，人类改造自然、取得财富的能力与数量会成几何级数增加。在中华民族走向"强起来"的今天，社会主义现代化强国建设面对的是更加复杂多变的国内外环境，中国共产党明确提出要坚定文化自信，推动社会主义文化繁荣兴盛，显然已经认识到了文化作为经济建设助推力的重要作用。

首先，助推劳动力素质的整体提升。现代化从本质上来说是要实现以人为本的现代化，一方面是为了实现人的自由而全面的发展，同时也需要人在现代化建设中发挥重要作用。而对于中华民族来说，建设社会主义现代化强国，最基本的原则就是要在中国共产党的领导下坚守"以人民为中心"的根本立场，为了人民群众的利益而奋斗不止。同时，人民群众是历史的创造者，有着无穷无尽的智慧，在社会主义现代化强国建设中占据着主体地位，是现代化建设的力量源泉。中国特色社会主义进入新时代，现代化建设需要更多高素质人才，这就需要通过教育将文化融入劳动力素质的提升之中，先进文化与生产力中最活跃的人的因素一旦结合，劳动力素质会得到极大的提高，进而为社会主义现代化建设献计献策。坚定文化自信，就是坚信中国特色社会主义文化具有强大的生命力、创造力和影响力，能够为劳动力素质的整体提升提供精神动力。

其次，促进文化生产力的稳步提高。文化生产力，顾名思义就是改造自然界和人类社会的精神力量，既包括能够满足人类精神需求的文化产品，也包括文化本身为人类社会发展提供的精神力量。随着经济全球化、社会信息化和文化多样化的急剧推进，各个国家对于文化生产力的重视程度也与日俱增，文化生产力的高低也成为判断一个国家、一个民族文化是否强大的重要因素。对于社会主义现代化强国建设来说，文化能力的高低主要体现在文化产业和文化事业的发展水平上。就目前来看，我国的文化产业虽然起步晚但是发展迅速，在国民经济中所占的比重也越来越大，在产业结构调整、税收增加等方面发挥了重要作用。文化事业作为政府主导的公益性事业，虽然对于国民收入的增加贡献较小，但是在全民族文化水平、审美标准的提升和核心价值观形成方面发挥着不可替代的辅助作用。在文化地位和作用愈加凸显的新时代，坚定文化自信的提出不仅彰显了中国共产党带领全国各族人民推动文化繁荣兴盛的决心和信心，同时也为文化生产力的提升提供了价值引领，是进一步深化文化体制机制改革、协调推进文化事业和文化产业发展等一系列文化发展政策制定的前提和基础。

最后，弥补市场经济固有的内在缺陷。随着改革开放的纵深发展，社会主义市场经济在实现中华民族经济腾飞的同时，也暴露出一些特定的发展难题，这是由市场经济内部所固有的内在缺陷引发的。第一，就是由市场经济逐利性所引发的过分追求利益最大化。受到逐利性这一根本属性的影响，市场经济主体必然以获取利润为出发点，更有甚者不惜违反法律法规，以牺牲社会公众的安全和利益为代价进行生产，这与社会主义本质所追求的共同富裕是极不相符的。第二，就是市场调节作用失灵所带来的盲目、滞后等弊端。在这种盲目与滞后的影响下，经济主体在做出决策时难免会出现错误，从而发生盲目跟风、产能过剩、资源浪费、"劣币驱逐良币"等经济现象。在这种经济环境之下，企业作为最基本的市场经济主体，会以自身的经济利益为中心，以至于忽略了企业所应当承担的社会责任与诚信经营的价值原则。因此，为了充分发挥社会主义国家的制度优势，中国共产党将中国特色社会主义文化融入经济体制改革和制度建设之中，以此来弥补市场经济所固有的内在缺陷。第三，将诚信、公平、德治、人本、创新等中华文化所推崇的理念和原则内化为经济活动的内在准则，有利于经济主体自觉承担起社会责任，促使经济利益与社会效益的稳步实现。对于走向"强起来"的中华民族而言，提出坚定文化自信，进一步巩固中国特色社会主义文化与市场经济的深度融合，能够有效解决新时代经济发展中的诸多弊端，发挥文化对经济建设的助推作用。

（二）政治建设的保障力

从马克思主义文化观角度来看，文化作为观念形态的上层建筑，具有意识形态属性。基于此，每一个国家和民族的文化建设都体现出明确的政治定位。对于走向"强起来"的中华民族而言，坚定文化自信在促进中国特色社会主义文化繁荣兴盛的同时，还能够为国家的政治建设提供强有力的保障，确保中国共产党能够牢牢掌握意识形态的领导权。

文化是一个国家、一个民族兴衰存亡的标志，是这个国家和民族的经济、政治在时代变迁中的真实反映，而文化独特的意识形态属性决定了文化的前进方向和发展路径。随着经济全球化和社会信息化的急速推进，走近世界舞台中央的中华民族与世界上各个国家和民族之间的交往变得空前频繁，这在文化的交流和碰撞上体现得最为显著。在这种世界历史背景之下，文化多样化也成为中华民族在繁荣兴盛中国特色社会主义文化时所要面对的复杂情境。此时，能否做好意识形态工作，能否发挥意识形态工作对政治建设的保障作用就显得尤为重要。能否做好意识形态工作，事关党的前途命运，事关国家长治久安，事关民族凝聚力和向心力，直接反映出意识形态对于政党、国家和民族的重要性，也是针对中国共产党能否牢牢掌握意识形态领导权提出了明确要求。

在科学技术日新月异的今天，各种各样的信息通过互联网涌入中国人民的生活之中。与之相伴而来的，是一些与社会主义核心价值观相悖的、带有明显政治色彩的所谓"普世价值"。就目前来看，有的人奉西方理论、西方话语为金科玉律，不知不觉成了西方资本主义意识形态的吹鼓手，这警醒着中国共产党人要时时刻刻掌握意识形态的主导权。因此，当中华民族越发融入世界交往之中，就越发需要中国共产党不断增强文化自信，不断增强对马克思主义和中国特色社会主义文化的坚定信心，使全体人民在理想信念和价值观念上紧密团结起来。在促进中国特色社会主义文化繁荣兴盛的过程中，中国共产党始终坚持牢牢掌握意识形态领导权，积极建设具有强大凝聚力和引领力的、符合时代特征和人民需要的社会主义意识形态，以此来保障中华民族的文化安全、政治安全。

（三）社会建设的凝聚力

从文化哲学的视角来理解，文化从根本上来说不是与经济、政治、社会等相并列的领域，更不是经济、政治和社会建设的附属品，而是更为深层次的存在，是人的一切活动领域和社会存在领域中内在的、机理性的东西，是从深层制约和影响每一个体和各种社会活动的生存方式。从这个意义上来讲，文化作为生存方式具有社会治理功能，能够化解社会生活中的交往矛盾，最大程度增强民族凝聚力。

中国特色社会主义进入新时代，经济领域的长足发展为人民群众的物质文化生活提供了更加多元多样的选择。随着社会主义市场经济的纵深发展，经济实力稳步提升为全社会带来更多发展机遇的同时，也使得社会阶层固化问题愈加凸显。在社会生活和交往过程中，不同的社会阶层有着不同的利益诉求，在参与社会生活的过程中难免会出现各种各样的矛盾和冲突，而文化为化解这些矛盾和冲突提供了内在的心理准则。从孔子的"己所不欲，勿施于人"，到孟子的"仁者爱人"，再到墨子的"兼爱非攻"，无不展示了中华优秀传统文化对于人际交往行为准则的内在规定，经过数千年的传承和内化，俨然已经成为中华民族独特的精神标识。在经济全球化和社会信息化的大力助推下，西方一些价值观念也逐渐渗透到中国人的观念之中，拜金主义、享乐主义和极端个人主义等错误思想观念开始逐渐影响中国人的价值选择和行为标准。在这种时代背景之下，道德是社会关系的基石，是人际和谐的基础，要始终弘扬中华民族传统美德、加强社会主义思想道德建设作为极为重要的战略任务来抓，为实现中华民族伟大复兴的中国梦提供强大精神力量和有力道德支撑。对于此，在中华民族走向"强起来"的过程中，更加需要通过思想道德建设来塑造人民群众和整个中华民族的精神品格，从而在更加复杂的世情、国情下充分发挥文化在化解社会冲突和矛盾方面的积极作用。

此外，由于文化具有相对稳定性，群体的文化认同一旦形成就很难发生改变，这也是文化能够发挥凝聚作用的内生基础。对于我国这样一个统一的多民族国家而言，各个民族都有自身独特的文化标识，之所以能够以统一的国家形态长期存在，是因为各个民族有着中华优秀传统文化这一共同的文化根脉。作为传承五千多年的文化形态，中华优秀传统文化是中国特色社会主义文化的源头活水，也是整个中华民族文化自信和文化认同的精神源泉。在中华民族走向"强起来"的今天，实现中华民族的伟大复兴需要以高度的文化自信来凝聚人心、汇集民智，而增强文化自信的核心在于增强价值观自信。社会主义核心价值观是对中国特色社会主义文化的高度凝练，是符合中华民族和中国人民价值取向、价值标准的时代表达。社会主义核心价值观的提出，适时地发挥了在国家、社会和个人三个层面的价值引领作用，为实现中华民族伟大复兴和社会主义现代化强国建设提供了强大的精神保证和统一的行动标准。

（四）党的建设的思想力

中国共产党作为中国特色社会主义各项事业的领导核心，在建设社会主义文化强国的过程中也始终担负着领导责任，要时刻担负起繁荣兴盛中国特色社会主义文化的重要使命。同时，对于走向"强起来"的中华民族而言，文化对于社会主义各项事业的价值引领和精神凝聚作用同样反映在党的建设上，也就是要发展积极健康的党内政治文化，为强党和兴国提供思想保障。

党内政治文化是一个政党生命力、凝聚力、创造力和影响力的集中体现，是政党面向全社会所展示出的精神面貌。在近百年的乘风破浪和披荆斩棘之后，中国共产党已经发展成为具有崇高理想信念、丰富执政经验、强大群众基础和严明纪律准则的马克思主义执政党。在中华民族走向"强起来"的今天，世情、国情的变化也带来了党情的深刻转变。在当代，中国共产党在面临着执政考验、改革开放考验、市场经济考验和外部环境考验的同时，还需要应对精神懈怠危险、能力不足危险、脱离群众危险和消极腐败危险。为了应对这些考验和危险，中国共产党开始将党的政治建设放在自身建设的首要位置，并着重强调党内政治文化建设的基础性作用，这是中国共产党对党的建设经验和执政规律的深刻总结。

党内政治文化有着丰富的基本内涵和表现形式，是集理想信念、纪律作风和价值修养于一身的综合体。理想信念是一个政党凝聚力和自信心的精神来源。对实现共产主义远大理想的坚定信心、对马克思主义的坚定信仰，是中国共产党人的毕生追求。纪律作风是政党展现给社会大众的行事风格和精神面貌。中国共产党在革命、建设和改革过程中形成的"三大作风"、为人民服务的根本宗旨、实事求是思想路线，是我们党一以贯之的优秀传统。价值修养是每一个政党成员所具备的政治素养。坚定党的理想信念、严肃党的纪律作风、培育党员价值修养成为增强党内政治文化建设的有机组成部分。

在中华民族走向"强起来"的今天，如何培育良好的党内政治文化成为党的建设的重要课题，是整体提升中国共产党生命力、引领力和执政能力的有效途径。此时所强调的坚定文化自信放在党的建设之中，就是要增强全体党员对党内政治文化的坚定信心。中国共产党作为中国特色社会主义各项事业的领导核心，其党员对党内政治文化的认同和践行，将进一步赢得全国人民对党的政治文化乃至中华文化的认可与信心，从而凝聚起实现中华民族伟大复兴的思想伟力。

第三节　文化自信的时代意义

一、促进马克思主义中国化的创新发展

伴随着马克思主义的广泛传播和中国革命、建设和改革实践的逐步推进，马克思主义的中国化进程也在不断推进。马克思主义中国化的进程实现了一次又一次的历史性飞跃，中国特色社会主义进入新时代，中华民族开始走向"强起来"，马克思主义中国化在新的时代背景之下必然呈现出新的时代特色，文化自信这一概念的提出就是当代马克思主义中国化创新发展的典型。

（一）科学社会主义基本观点的创新

众所周知，马克思主义的基本理论体系是由马克思主义哲学、马克思主义政治经济学和科学社会主义三个部分构成的有机整体，其中科学社会主义是核心所在。与空想社会主义相对而言，科学社会主义是论述无产阶级解放条件的学说，它科学地构筑了关于社会主义的理论体系与实践模型，探索出无产阶级实现彻底解放的规律所在。中国特色社会主义理论体系，就是马克思主义科学社会主义理论与中国具体实践相结合的产物。按照科学社会主义的基本观点，实现社会主义的路径是理论、实践、制度的三者统一。据此，中国共产党作为以马克思主义为指导思想的执政党，在中国特色社会主义理论体系建设和社会主义现代化强国建设的过程中，积极地践行着理论、道路和制度的和谐统一。随着执政经验的积累和对时代变迁的反思，中国共产党开始从系统阐述道路、理论和制度的三者统一，深化为明确提出道路自信、理论自信和制度自信的"三个自信"，这是中国共产党对中国特色社会主义在认知上的重大突破。

而作为与时俱进的科学理论体系，马克思主义理论在中国特色社会主义伟大实践过程中也在不断发展，是中国共产党对中国特色社会主义认识的进一步深化。文化自信和"四个自信"的创造性提法，反映出新一代党中央领导集体在新的时代背景之下对科学社会主义基本理论内涵认识的再次深化。由长期坚持的"三个统一""三个自信"格局，到今天的"四个自信"，这是中国共产党在总结中国特色社会主义实践经验的基础上对马克思主义理论体系的新发展。这一理论创新作为马克思主义中国化的最新理论成果，不仅超越了中国共产党对科学社会主义基本理论的传统认识，还进一步丰富和发展了中国特色社会主义理论体系，为实现中华民族伟大复兴

提供了新的实践思路。

对于走向"强起来"的中华民族而言，社会主义现代化建设实践所面临的内外环境已经发生了重大转变，文化自信的提出既是对科学社会主义基本观点的丰富，同时也是符合时代需要的创新发展。在当代，各个国家之间综合国力的竞争越来越趋向于以文化为核心的软实力竞争，而坚定文化自信就是在指导思想层面开辟了科学社会主义新的实现路径，为共产主义的实现指明了方向。

（二）马克思主义文化观的丰富发展

马克思主义文化观是中国共产党带领全国人民进行中国特色社会主义文化建设的指导思想。马克思主义是与时俱进的科学理论体系，马克思主义文化观作为其构成也在历史推演和时代变迁中不断进行着创新、丰富和发展。在中国特色社会主义文化建设过程中，中国共产党始终辩证地对待和运用马克思主义文化观，既保持坚定的马克思主义信仰，又在实践中理性分析马克思主义文化观在不同时期的内涵和重点，在扬弃和创新中推动马克思主义文化观的丰富发展。于是，坚定文化自信的观点应运而生，这是中华民族在走向"强起来"的过程中进行文化建设所取得的宝贵经验，是对马克思主义文化观的丰富发展。

马克思主义文化观强调精神文化对于物质生产的反作用，肯定文化的意识形态属性，并从世界历史的角度来阐述文化的开放性。在当代，中国共产党提出文化自信，不仅充分肯定了中国特色社会主义文化对于社会主义现代化强国建设所提供的精神保障和智力支持，同时还在实践过程中将文化元素与经济建设、生态文明建设相结合，着重强调其在当代对经济发展的重要作用。同时，中华民族在逐渐走近世界舞台中央的过程中，面临着更多来自外部环境的挑战，这在意识形态领域表现得尤为明显。一些西方国家高举所谓"普世价值"的大旗，通过文化产品和文化服务将与社会主义相悖的价值观念渗透到我国，使得马克思主义的主流地位受到波及和影响。而坚定文化自信的提出，就是在充分肯定文化的意识形态属性基础上，树立起中国人民对于自身文化的坚定信心，维护马克思主义在意识形态领域的主导地位。此外，已然形成的世界历史促使各民族之间的文化交流碰撞更加频繁，文化自信的提出就是促使中华民族在文化交往过程中实现中国特色社会主义文化民族性与世界性的和谐统一。民族的才是世界的，只有让中华民族首先认识到自身文化的独特魅力，才能进一步实现开放包容、交流互鉴，使得中国特色社会主义文化焕发出源源不断的生命力。

二、实现中华民族伟大复兴的精神保障

经过改革开放四十多年的伟大实践，中华民族在经济发展和社会进步方面取得

了令世人瞩目的成绩，为文化的繁荣兴盛提供了宝贵的黄金机遇期。没有高度的文化自信，没有文化的繁荣兴盛，就没有中华民族伟大复兴。在实现了"站起来""富起来"之后，中华民族正走在"强起来"的伟大复兴之路上，中国特色社会主义伟大实践面对的是更加复杂多变的新环境、新矛盾和新问题，而中国特色社会主义文化和文化自信为应对这些新的挑战提供了强大的精神保障。

（一）重拾民族自信心的文化保证

中华民族有着五千多年的悠久历史，作为四大文明古国之一，无论是夏商西周、春秋战国，还是两汉盛唐、南北两宋乃至明朝中期以前，中华文化在人类发展史和世界文化史上都占据着引领地位。彼时卓越的文化成就，为中华民族带来了坚定的文化自信，也积淀了极强的民族自信心。可以说，近代以前的中华民族从来不存在文化自卑问题。中华民族也在顽强抗争和积极进取中逐渐改变着精神面貌和文化心理，在寻求民族独立和人民解放的过程中逐渐重塑对中华文化的信心。在中国共产党的领导之下，从新民主主义革命的胜利到新中国成立，再到改革开放的纵深发展，中国综合国力的整体提升开始受到世界各国的广泛关注，中华文化也随之受到世界各国人民的喜爱。

对于全体中国人民而言，民族自信心的重拾不同于经济发展和制度建设，并非一朝一夕、三五十年即可转变，需要一个漫长的过程。即便发展至今，中国已经是世界第二大经济体，物质领域的长足进步依然没能完全消除中华民族的文化自卑心理。特别是在经济全球化、社会信息化和文化多样化相互交织、高速推进的今天，开放的文化交流心态、多样的文化传播手段在引进西方先进文化成果的同时，必然也会受到所谓"普世价值论""文明冲突论"等西方文化理论的影响，对中华民族的主流价值观造成一定的消极影响，进而影响民族自信心的重拾。中国特色社会主义进入新时代，中华民族在面临更加波谲云诡的国际形势时，坚定文化自信就为维护意识形态安全提供了坚实的心理基础，为民族自信心免受冲击提供文化保证。

（二）坚定应对文化冲击、挑战的信心

"软实力"指的是包括文化吸引力、制度吸引力和掌握国家话语权能力在内的"软实力"，这个概念一经提出即成为冷战之后国际关系领域的一大热词。在我国学术界，知名学者们普遍将文化吸引力、观念影响力、政策感召力等都囊括进"软实力"的概念之中。时至今日，当中华民族从"富起来"走向"强起来"，文化软实力的地位和作用更是不容小觑，提高国家文化软实力，关系"两个一百年"奋斗目标和中华民族伟大复兴中国梦的实现，而充分提升文化软实力的前提就是要以文化自信作为基本信念。

对于走向"强起来"的中国而言，提升文化软实力的基本原则是"形于中而发于外"，要做到这一点首先就是要不断提升中国特色社会主义文化的生命力、感召力、凝聚力和影响力，这些都是以文化自信作为前提和基础。中国特色社会主义文化，是中华优秀传统文化、革命文化和社会主义先进文化的有机统一，既有着深厚的历史底蕴又兼具独特的时代风貌，是经过中国特色社会主义伟大实践检验的文化形态，有理由也有资格构筑起中华民族的文化自信。但是一种文化形态要想在新时代持续焕发新的生命力，就需要不断坚定和增强文化自信，从整体上提升文化软实力。对于中华民族而言，在走向"强起来"的过程中，提升中华文化软实力不仅需要面对不断发生变化的国内外文化环境，其次，需要解决文化需求多样、内容形式多变、传播手段翻新等新的矛盾与问题。因此，这就需要中国共产党和全国各族人民不断增强文化自信，相信中华文化具备充足的供给能力和服务能力，能够满足人民群众高标准、高质量的文化需要；相信中华文化具备灵活的创新创造能力，能够提供形式多变的文化产品和文化服务；相信中华文化具备强大的凝聚力和感召力，能够形成全民族乃至全世界范围内的价值认同。

最后，坚定的文化自信也是基于更加具有生命力的中国特色社会主义文化，这就需要中国共产党对文化建设进行科学定位和战略布局。中国特色社会主义进入新时代，进一步深化文化体制机制改革、推动文化事业和文化产业协同发展、完善健全公共文化服务体系和现代文化产业体系、培育新型文化消费理念和消费模式等方式成为中国共产党提升中华文化软实力、增强文化自信的重要途径，这为走向"强起来"的中华民族提供了应对文化冲击和文化挑战的坚定信心。

三、为推动世界文化进程贡献自身力量

在世界文化发展趋势之下，任何一种文化形态都不可能完全与世隔绝，都或多或少地在从其他文化中汲取养分的同时为推动世界文化进程贡献自身的力量。随着社会信息化和文化多样化的高速推进，世界文化的交流碰撞变得更加频繁而激烈，坚定文化自信成为融入世界文化浪潮的心理基础。

（一）助力文化国际影响力的提升

从"站起来"到"富起来"，再到"强起来"，新中国成立以来的风雨兼程取得了令世人瞩目的伟大成就，特别是在经济建设和社会建设领域的宝贵经验为众多发展中国家提供了有力借鉴。相比较而言，这一阶段我们在文化建设方面的成就则远不如前者。中国特色社会主义文化作为东方文化的独特代表，在以西方价值观念为主导的世界文化结构中，仍然居于边缘地位，在国际上的影响力亟待提升。当中华民族开始走向"强起来"，中国共产党领导的文化建设也更具国际视角，如何提

升中华文化的国际影响力成为新时代文化建设的题中应有之义。因此，坚定文化自信成为提升中华文化国际影响力的助推器。

讲好中国故事是提升文化国际影响力的基本途径。坚定的文化自信，为讲好中国故事、提升中华文化的国际影响力提供了中华优秀传统文化、革命文化和社会主义先进文化，贡献了丰富的文化资源；铸就了深刻的价值认同和理想信念，凝聚了深厚的主体力量；形成了多变多样的传播手段和表现形式，拓展了先进的表达途径。虽然在国际上，对于我国的不断强大仍然存在不同的声音，无论是鼓吹"中国威胁论"还是高歌"中国崩溃论"，都是对中国形象的错误解读。在这种复杂的情况之下，逐渐走近世界舞台中央的中国，尤其需要提升文化的国际影响力，通过讲好中国故事，展示出真实、立体、全面的国家形象。

传播中国智慧是提升文化国际影响力的必然选择。中国智慧涵养于中国特色社会主义文化，是对中国特色社会主义道路、理论、制度和实践经验的深刻总结与高度凝练，是对中国特色社会主义发展优势和综合实力的话语表达。那么，传播中国智慧就成为中国提升国际话语权与影响力的必然选择，这一过程必然要求我们具备高度的文化自信。中国作为世界上为数不多的社会主义国家之一，在革命、建设和发展过程中形成了独特的发展理念，走出了独特的发展道路，取得了有别于其他国家的现代化建设经验。这些中国智慧不仅为其他社会主义国家提供了新的发展方案，也为一些发达国家解决实际问题提供了新的思路。民族的才是世界的，正是因为对自身文化的坚定自信，中华民族才有信心将中国智慧带到世人面前、带到世界舞台之上，才能在国际舆论格局中占有一席之地，真正树立起中华民族的闪亮形象。

（二）促进世界文化新秩序的形成

追本溯源，中华文化"仁爱、和合、大同"的精神底蕴与西方文化"理性、自由、竞争"的本质追求极不相同，经过历史淬炼和自我演进之后，中西方文化均成为世界文化必不可少的组成部分。伴随着人类文明的推进和世界历史的形成，中西方之间的文化交流、交锋、交融变得更加频繁，基于不同文化形态所引发的矛盾和冲突亦频频发生。当中国逐渐走向强大，中国特色社会主义文化作为独特的文化形态在世界舞台上开始受到更多的瞩目，成为助力世界文化新秩序形成的中坚力量。而走向"强起来"的文化自信，既要客观地正视自身文化，还需理性地对待外来文化，这成为助力新秩序形成必备的心理基础。

中国是具有五千多年悠久历史的文明古国，深厚的历史底蕴为中国特色社会主义文化提供了丰富的文化资源和精神养料。中华优秀传统文化作为中国特色社会主义文化的重要组成部分，饱含着中华民族的精神基因，是中华民族最独特的精神标识。"道法自然、天人合一""厚德载物、自强不息""以人为本、仁者爱人，天下兴亡""匹夫有责"等中华优秀传统文化已经深入每一个中国人的精神骨髓之中，成为中华文化的根脉所在。作为中国特色社会主义文化的有机构成之一，以革命、建设和改革伟大实践为基础、秉度中华文化意志、立足中华文化立场形成的革命文化与社会主义先进文化，同样具有中华文化独特的魅力。"艰苦奋斗、舍生取义""独立自主、和衷共济""改革创新、求同存异""家国天下、和谐万邦"等先进的文化思想为当代中国进行社会主义现代化建设提供了强大的凝聚力和向心力。正是基于独特的文化基因和丰厚的文化财富，中国的文化自信变得更加深沉而坚定，与世界各国之间的文化交流也更具竞争力和影响力。

与此同时，走向"强起来"的中华民族越是接近世界舞台的中央，国际交往过程中关于"东方文化优秀论""中华文化入侵论"之类的言辞越是甚嚣尘上。但是我们始终认为，各国各民族都应该虚心学习、积极借鉴别国别民族思想文化的长处和精华，这是增强本国本民族思想文化自尊、自信、自立的重要条件。在这种情况下，中华民族更加需要在坚定文化自信的同时谨防文化自负，在将具有鲜明民族特色、独特中国气派的文化成果和价值观念传播出去的过程中，繁荣兴盛中国特色社会主义文化，并且以积极的心态对待外来文化，时刻秉承海纳百川、兼收并蓄的传统，果断吸收一切人类文明的优秀思想和先进成果为我所用，积极助力构建"各美其美、美人之美、美美与共、天下大同"的世界文化发展新秩序。

第六章　中华优秀传统文化有助于提升文化自信

第一节　中华优秀传统文的治理理念及发展转化

一、对中华优秀传统文化发掘的新认知

中华传统文化以儒家思想文化为基线，涵括道家文化、佛教文化等其他各种思想文化内容，在内容及性质上包含着积极与消极、优秀与劣根、精华与糟粕两种因素。中华优秀传统文化是中华民族的精神命脉，中华优秀传统文化的内涵是指中华民族长期发展过程中形成的、有着积极的历史作用、至今具有重要价值的思想文化。中华优秀传统文化是建设中国特色社会主义文化的根基，具有重要的时代价值。

（一）中华优秀传统文化是民族精神命脉

中华传统文化是我们民族的"根"和"魂"，它积淀着中华民族最深沉的精神追求，包含着中华民族最根本的精神基因，代表着中华民族独特的精神标识，是中华民族生生不息、发展壮大的丰厚滋养，也是我国独特的优势。优秀传统文化是中华民族的精神命脉和涵养社会主义核心价值观的重要源泉。当代中国社会主义文化是由历史的中国文化延续和发展而来的，建设社会主义文化强国离不开中华优秀传统文化血脉的滋养。而牢固的核心价值观，都有其固有的根本。社会主义核心价值观只有汲取我国优秀传统文化的营养，植根中华传统文化沃土，才能根深叶茂、开花结果。优秀传统文化也是中华民族最深厚的文化软实力和立足于世界文化之林的根基，博大精深的中华优秀传统文化是我们最深厚的文化软实力，也是中国特色社会主义植根的文化沃土。我们开辟了中国特色社会主义道路不是偶然的，独特的文化传统、独特的历史命运、独特的基本国情，注定了我们必然要走适合自己特点的发展道路。同时，优秀文化也是我们在世界文化激荡中站稳脚跟的根基。作为中华民族最为鲜明的文化标志，其最深层的精神追求蕴涵于历史悠久的中华优秀传统文化之中，它为中国的发展壮大提供着取之不尽、用之不竭的丰厚滋养。

（二）推进国家治理体系和治理能力现代化进程

一个国家的治理体系和治理能力是与这个国家的历史传承和文化传统密切相关

的。解决中国的问题只能在中国大地上探寻适合自己的道路和办法。我们开辟的中国特色社会主义道路是我国历史传承和文化传统决定的。推进国家治理体系和治理能力现代化，当然要学习和借鉴人类文明的一切优秀成果，但不是照搬其他国家的政治理念和制度模式，而是要从我国的现实条件出发来创造性地前进。对中华优秀传统文化的思想精髓进行深入挖掘和阐发，可以发现其蕴含着国强民富的价值目标，涉及成与败、兴与衰、安与危、正与邪、荣与辱、义与利、廉与贪等诸多经验、教训，将其纳入中国特色社会主义理论体系中去理解，能成为推进改革开放和社会主义现代化建设的强大精神力量。而深刻认识中华传统文化的价值，对其思想精髓和为政之道进行深入挖掘和阐发，在延续中发展，在传承中升华，我们党治国理政的境界就能不断迈向新高度。

（三）筑牢文化自信和价值自信的根基

要讲清楚中华优秀传统文化的历史渊源、发展脉络、基本走向及其独特创造、价值理念、鲜明特色，增强文化自信和价值自信。"文化自信"是一种对民族文化传统优势和社会主义先进文化建设目标的信念和信心。"价值自信"则是指对中华优秀传统文化中的核心价值观念的时代价值之转化与创新，以及积极培育社会主义核心价值观的坚定信念和信心。历史和现实充分证明，对自身民族传统文化失去信心，抛弃或者背离其历史传统文化，这样的民族或国家不可能发展起来，甚至会导致文化断层、文明中断的历史悲剧。与其他世界文明及民族文化相比，具有5000多年历史的中华民族文化的基本特征是源远流长、一脉相承，具有持久性、不间断性和累积性。中国优秀传统文化的很多理念，如孝悌忠信、礼义廉耻、天人合一、自强不息等，至今仍深深影响着中国人的生活。中国人看待世界、看待社会、看待人生，有自己独特的价值体系。中国人独特而悠久的精神世界，让中国人具有很强的民族自信心，也培育了以爱国主义为核心的民族精神。

（四）科学对待中华优秀传统文化

在中华民族形成和发展过程中产生的各种思想文化，记载了中华民族在长期奋斗中开展的精神活动、形成的理性思维、创造的文化成果，反映了中华民族的精神追求，其中最核心的内容已成为中华民族最基本的文化基因。经过几千年的发展演化，中华优秀传统文化的基因，已经深深植根于中国人内心、融入中国人性格，对中国人思想方式和行为方式发挥着潜移默化的影响。所以，要努力从中华民族世世代代形成和积累的优秀传统文化中汲取营养和智慧，延续文化基因，萃取思想精华，展现精神魅力。但是传统文化的精华与糟粕往往是共生、互生、互渗、互动的，古代既有治国理政的成功经验，又有"三从四德"、"三纲五常"等伦理规范。由于传统文化存在意识和价值观念的时代局限性，因此我们要继承优秀传统文化的核心理念，即延续文化基因、世代守护，使之薪火相传，也需要与时俱进、创新发展、科学扬弃，将优秀传统文化成果和价值理念从传统文化中甄别、遴选出来，转换成国家文化软实力和治国理政智慧，进而通过优秀传统文化的创造性转化创新性发展，让优秀传统文化能够适应新形势新要求，更好地为社会主义现代化提供文化支撑，为世界发展贡献精神力量。

二、优秀传统文化的创造性转化、创新性发展

在几千年传承发展的过程中，中华优秀传统文化既坚守本根又能够与时俱进，已经形成一座巨大、富有的思想与精神的矿藏。要坚持古为今用、以古鉴今，坚持有鉴别的对待、有扬弃的继承，而不能搞厚古薄今、以古非今，努力实现传统文化的创造性转化、创新性发展，使之与现代文化相融相通，共同服务以文化人的时代任务。

当下，传统文化创造性转化、创新性发展的目标，就是指向当代中国的先进文化，即中国特色社会主义文化，不仅为我国社会主义文化建设服务，而且对世界文化的发展也有促进。中华优秀传统文化创造性转化、创新性发展的核心是以时代精神激活中华优秀传统文化的生命力。创造性转化与创新性发展是一个整体，却又各有侧重、各有所指。其中创造性转化就是要根据时代发展要求，贴切地改变陈旧的形式，赋予其新的时代内涵和表现形式。创新性发展是指紧随时代的进步与发展，适时对中华优秀传统文化的内涵及表达形式加以拓展、革新和完善，以不断增强其影响力和感召力。

（一）是一种由此及彼、相互衔接的承接关系

是前后相继、互为支撑的两个层次或两个阶段，各有意义、各有作为而又密切相关、不可割裂。创造性转化的基础是批判地继承，创造性转化是创新性发展的前提和基础，创新性发展是创造性转化的飞跃。只有进行创造性转化、创新性发展，中华优秀传统文化才能得到更好地弘扬。

（二）是现实发展的需要

实现优秀传统文化的创造性转化、创新性发展，是文化强国建设的必然步骤。传统文化焕发新时代的风采需要与时俱进。新时代的文化形态必须与当下中国特色社会主义制度相适应，与这种社会下的政治体制和经济形态相辅相成，不可能原封不动地保存、发展，必须进行创造性转化、创新性发展，以创造发展体现当代核心价值观的新型的"中国特色社会主义文化"。传统文化多姿多彩、价值丰厚，随着

历史的发展和社会的变迁，传统文化所产生的时代背景和社会环境已发生变化。要让今天的人们接受传统文化，就需要将优秀传统文化与当下的时代语境对接，让传统产生当代的价值与意义，使"传统适应现代"，赋予传统文化新的内涵。实现优秀传统文化的创造性转化、创新性发展，也是文化自觉和文化自信的体现。中华优秀传统文化拥有深厚牢固的根基——中华文明五千年积淀起来的文化精髓，它是凝聚中华民族的精神纽带。优秀的传统文化是国家和民族发展和延续的精神动力，当代文化的建设、创新和发展离不开传统的根基。而唯有将我们优秀的传统文化充分发挥出来，提升公民的文化自觉、增强民族的文化自信，文化创新最终才能够得以实现。

（三）推进创造性转化创新性发展需遵循的原则

"深入开掘和冶炼"以及时代进步与社会前行之需，是中华优秀传统文化创新性发展的实践性诉求。而形成创造性转化、创新性发展的关键，在于付诸行动和实践。只有在付诸行动与实践的探索中，我们才能够让传统文化不断与时俱进，推陈出新，服务于执政党治国理政实践、助推社会主义核心价值观培育、促进社会主义和谐社会建设、凝聚中华儿女共襄复兴伟业、推动与世界文明交流互鉴等。在付诸行动与实践探索过程中，要处理好各类关系。比如，要处理好传承与创新的关系、传统与现代的关系、实质内容与表现形式的关系、历史作用与现实价值的关系、中国传统文化与马克思主义的关系、传统文化与革命文化和社会主义先进文化的关系等。推进创造性转化创新性发展要遵循的原则有哪些？坚持古为今用，去粗取精，去伪存真，因势利导，深化研究，使其在新的时代条件下发挥积极作用。对历史文化特别是先人传承下来的道德规范，要坚持古为今用、推陈出新，有鉴别地加以对待，有扬弃地予以继承。立足于此，只要我们加大实践行动力度，不断拓宽转化创新路径，积极探索转化创新方式，就一定能迈出新步伐，跃上新台阶，取得新成就。

三、夯实文化自信的深厚底蕴

拥有五千年历史的中华文化传承，孕育了中华文化独特的魅力和精神，为我们树立文化自信奠定了坚实基础。中华文明因文化而灿烂，中华文化因文明而自信，坚定文化自信必须坚持创造性转化、创新性发展，不忘本来、吸收外来、面向未来，不断增强国家文化软实力，为实现中华民族伟大复兴积蓄强大精神动力。

（一）吸取优秀文化营养筑牢文化自信根基

中华优秀传统文化是坚定文化自信的根基，积淀着中华民族最深沉最深厚的精神追求。只有不断挖掘中华文明的内核，从中吸取优秀文化营养，才能打牢文化自信的坚实根基。中华文化在不同时代焕发出不同的光彩，在不同时代所凝练出不同的时代精神，这是中华文化的精髓所在。文化精髓需要用心挖掘、潜心研究、专心探寻，从《礼记》中挖掘出的"小康"，经过提炼升华成为党的奋斗目标、战略布局，从《左传》中挖掘出的"和谐"，经过加工凝练为社会主义核心价值观的重要内容，这些都是传统文化的精髓。从《诗经》、《楚辞》到汉赋、唐诗、宋词、元曲以及明清小说，给我们留下了取之不尽、用之不竭的丰厚宝藏，要不断挖掘、创新发展、科学阐释，使之成为提升文化自信的有力支撑。同时也要加强对优秀传统文化思想价值的挖掘，抓好中华文化经典选编和名家品读，探索用好用活历史文化瑰宝的途径办法，让文物、遗产、古籍里的文字都活起来。

（二）把准时代脉搏增强文化自信活力

随着世界多极化、经济全球化、文化多样化、社会信息化的发展，各种思想文化交流交融交锋更加频繁，需要不断用中华文明奠基、用中华文化滋养，激发中华民族的自信心。传承中华文明，让传统文化焕发活力，要大力实施中华文化精品工程，促进文化产业发展。对待传统文化，坚持有鉴别地对待、有扬弃地继承，善于从中华文化宝库中提炼题材、获取灵感、汲取养分。运用丰富多样的艺术形式进行当代表达，推出底蕴深厚、涵育人心的优秀文艺作品。要注重用社会主义核心价值体系引领社会思潮、凝聚社会共识，积极弘扬民族精神和时代精神，使之内化为人们的精神追求、外化为人们的自觉行动。并通过法律法规、政策措施等，消除低俗、庸俗等不良文化影响，向社会传导正确的价值取向，提振全民族文化自信。积极实施中华文化新媒体传播工程，综合运用报刊、网络等各类载体，融通多媒体资源，探索"互联网＋中华文化"的有效模式，扩大中华文化在网上宣传的覆盖面、影响力，彰显中华文化魅力。

（三）探索文化交流新型模式激发文化自信活力

人类几千年的文明史，因各种文明交流交融、互学互鉴而变得更美好。应坚持求同存异、取长补短，在维护世界文明多样性中增强文化自信。要打造文化交流开放平台，以更加自信的心态、更加开阔的视野，吸纳百家优长、兼集八方精义。要探索文化交流新型模式，构建多主体、多层次、多形式的交流格局，支持社会力量参加，组织新闻发言人、国际新闻评论员、专家学者、出境公民等队伍，共同讲好中华文明史、中国发展史。创新输出方式，发挥企业主体作用，运用市场化运作模式，让优秀影视剧、图书等产品占据国际文化市场，彰显中华文化竞争新优势、中华文明新活力。创新推介方式，注重传统元素与时尚元素、民族特色与世界潮流结合，充分展示中华文化的独特魅力。要完善文化交流体系机制，坚持政府交流和民间交流相结合，充分利用和发挥好现有双边、多边合作机制作用，拓展中国文化年、中国文化节、旅游年等文化品牌活动，支持海外侨胞积极开展中外人文交流，共同推动中华文明走向世界。

第二节　弘扬革命文化传承红色基因

一、加强对革命文化的发掘认知

（一）革命文化是马克思主义与中国实际相结合的成果

马克思主义的思想体系的核心要义就是社会主义和共产主义。党的一大"纲领"明确规定党以马克思主义为指导理论，以社会主义和共产主义为党的奋斗目标。二大、三大制定了严明的纪律：党员要严守党的纪律，接受党组织的监督，保守党的秘密。党的这些理念贯彻在中国革命的全过程中。以马克思主义为革命的指导理论，为共产主义信仰奋斗，是中国革命取得胜利的根本保证，是中国共产党的鲜明政治特色。马克思主义的唯物史观和唯物辩证法主张实事求是，主张客观真理，主张理论和实践一致，中国共产党把马克思主义中国化，形成了　系列理论、路线、方针、政策。如新民主主义理论、具有中国特色的农村包围城市的革命道路、统一战线的方针，解决中国农民问题的土地政策，建设人民民主政权的制度，克敌制胜的人民战争的战略战术，卓有成效的宣传动员和文化艺术工作，等等。这些政治、经济、军事、文化等领域的各种政策举措，是革命文化的重要组成部分。

（二）革命文化是人民大众的文化

新民主主义文化是为全民族中百分之九十以上的工农劳苦民众服务，并逐渐成为他们的文化。在这些思想的指导下，诞生了大批深受广大群众欢迎的小说、诗歌、戏剧、音乐、石刻等优秀文艺作品。比如，在抗日战争和解放战争时期创作的《大刀进行曲》《白毛女》《新儿女英雄传》，解放战争时期的《太阳照在桑干河上》等作品都发挥了鼓舞士气、同仇敌忾、消灭敌人的作用。中华人民共和国成立后创作的《红旗谱》《铁道游击队》《红岩》《青春之歌》《英雄儿女》等作品，成为滋养中华民族的宝贵精神食粮。而长期的革命斗争中，我党创建的许多革命根据地和红色政权，都遗留下来成为革命遗址、遗迹和革命纪念物，如重要事件、重要会议、重要战役战斗及人物活动纪念地，革命领导人故居，革命烈士陵园和烈士墓等各类革命遗址，以及大量的革命遗物等，成为人民大众缅怀先烈的景点。

革命文化是自力更生、艰苦奋斗的文化。中国共产党成立百年来的历史，是一部自力更生、艰苦奋斗的历史，革命文化尽显了这种革命精神。各族人民群众、广大共产党员在异常艰险的情况下，以"革命理想大于天"的无私无畏的精神战胜了各种艰难险阻。革命精神可以简单概括为：披荆斩棘、英勇无畏、自力更生、敢创新路的毅力和勇气以及信念坚定、不畏艰苦、无私奉献、廉洁自律的高尚品格。中华人民共和国成立后，在中国共产党领导下，人民群众满腔热情，以气壮山河的冲天干劲发展生产，各条战线取得了伟大成就。像钱学森、邓稼先、王进喜、焦裕禄、吕玉兰、孔繁森、李素丽等等，都继承了这种革命精神，是我们学习的楷模。

二、对革命文化的继承发展

革命文化是中国共产党和中国人民在革命、建设和改革开放各个历史时期形成的精神追求、精神品格、精神力量，既继承了中华优秀传统文化，又引领和发展了社会主义先进文化，是中华民族最为独特的精神标识。

（一）革命文化是中华优秀传统文化的传承与升华

革命文化继承了中华优秀传统文化的基因，汲取了中华优秀传统文化的营养。在中华传统优秀文化的厚重积淀中，有"自强不息"的奋斗精神、"精忠报国"的爱国情怀、"天下兴亡，匹夫有责"的担当意识、"舍生取义"的牺牲精神、"革故鼎新"的创新精神、"国而忘家，公而忘私"的奉献精神，等等。中国共产党人将优秀传统文化中的家国情怀、奉献牺牲、自强不息等民族精神提升到了一个崭新的高度，革命战争时期产生了红船精神、井冈山精神、长征精神、延安精神、西柏坡精神等，社会主义建设时期形成了铁人精神、北大荒精神、雷锋精神等，改革开放后产生了航天精神、抗震救灾精神等富有时代特征、民族特色的革命文化精神。这些都传承和升华了中华优秀传统文化的内核，成为中国文化自信的优质基因。而中国共产党从幼稚走向成熟的过程，也离不开优秀传统文化的熏陶和滋养。从"民贵君轻"等的传统民本思想到毛泽东的"全心全意为人民服务"的公仆观，也都体现了中国共产党人对优秀传统文化的传承与升华。

（二）革命文化是社会主义先进文化的源头

革命文化展现了马克思主义与时俱进的理论品格，体现了社会主义先进文化中特色鲜明的精神追求，孕育了践行社会主义核心价值观的精神品格。中国共产党把马克思主义与中国社会主义实践相结合，在毛泽东思想的基础上，形成了邓小平理论、"三个代表"重要思想、科学发展观，习近平总书记新时代中国特色社会主义思想等党的指导思想。在长期的建设实践中，中国共产党领导中国人民取得了举世瞩目的成就，这其中孕育的社会主义先进文化体现了人类文明的发展方向，具有强大生命力的革命文化是中华民族精神在战争中的重要表现形式，是社会主义先进文化的重要基因和直接来源。传承红色革命基因，重温共产党人烽火岁月里的革命斗争精神，不仅是社会主义先进文化凝心聚力的精神纽带，而且是社会主义先进文化应对外来文化挑战的有力武器，是激发共产党人内在价值自省的先进文化思想源泉。挖掘和弘扬革命文化的价值功能，传承革命文化基因，有利于巩固党的执政地位，更好地弘扬社会主义核心价值观，弘扬以爱国主义为核心的民族精神和以改革创新为核心的时代精神，不断增强全党全国各族人民的精神力量。

三、革命文化的新时代价值

（一）革命文化是中国特色社会主义文化自信的根基

在 5000 多年文明发展中孕育的中华优秀传统文化，在党和人民伟大斗争中孕育的革命文化和社会主义先进文化，积淀着中华民族最深层的精神追求，代表着中华民族独特的精神标识。由此可见，革命文化作为中国特色社会主义文化的重要组成部分，对坚定中国特色社会主义文化自信、构建和践行社会主义核心价值体系等具有重要作用。革命文化中所蕴含的理想信念、价值追求和道德标准等，为社会主义核心价值体系的构建和践行提供了思想文化资源。革命理论是文化自信当中革命文化的精髓，是被实践证实了的理论，是文化自信的饱满底气。革命理想与信念坚定了国家发展前进的方向，为普通民众树立了良好的榜样，更为文化自信指明了方向，提供了动力。而且，弘扬革命文化有利于加强公民的思想道德建设，提高全体社会成员的自律素质，引领诚实守信、勇于奉献的良好社会风气的树立。弘扬革命文化也是对否定革命文化的历史虚无主义强有力的反驳，在党的领导下坚定中华优秀传统文化的价值，肯定马克思主义科学思想，有利于坚定文化自觉、自信，促进中国特色社会主义文化大繁荣。

（二）革命文化是党建设新的伟大工程的不竭动力

传承革命文化，有利于保证共产党人对马克思主义的信仰不变质、不动摇，激发为党员工作的激情，成为全面推进党的建设新的伟大工程的不竭动力。在革命战争年代，共产党人时刻将党和人民的利益放在首位，为了崇高的革命目标随时准备牺牲自己的生命，彰显了共产党人对党忠诚的优秀品质。旧中国，中国共产党人发起工人运动、农民运动，自觉地担起民族独立的重任，用自己的鲜血完成了民族独立和人民解放的使命，体现共产党人勇于担当的鲜明品格。中国共产党人时刻将人民的利益放在心头，一切为了群众，一切依靠群众，并将全心全意为人民服务作为宗旨，体现了共产党人为人民服务的宗旨意识。革命精神是加强共产党员精神文明建设的优秀资源和基石，是弘扬科学、廉洁自律、防腐拒变的重要教材。革命文化中的英雄人物为党员树立了学习标杆。革命文化中蕴涵的马克思主义原则、立场、方法对提高党的执政能力提供了理论性指导。总之，革命精神、革命传统和作风为新时期的党员提供了现实的实践标准，革命文化为党的建设伟大工程提供了不竭动力。

（三）革命文化是实现中国梦的精神源泉

新时代的革命文化依旧是激励中国人民矢志不渝、开拓进取的强大精神支柱。以马克思主义为指导，以实现社会主义和共产主义为奋斗目标，倡导崇高的思想境界和高尚的道德情操，广泛传播革命文化，有利于革命精神深入人心。在祖国的大江南北，革命文化资源生动丰富，极富感染力，一处处革命旧址、一件件红色文物、一个个革命英雄人物，都折射出崇高理想、坚定信念、爱国情操。革命文化彰显了中国共产党人对理想信念的无比忠诚，凝聚了中国人民深沉的爱国情怀。弘扬革命文化，能够坚定我们的共产主义信念，增强爱国主义热情，为实现伟大复兴的中国梦提供源源不断的精神支撑。相反，否定革命文化传统，割断历史，会使人民思想混乱、丧失前进的动力。要实现中华民族伟大复兴的中国梦，必须传承红色基因，培育一代又一代的革命接班人。

四、奠定革命文化坚强基石

（一）利用红色资源提升文化自信

利用红色文化资源既要注重有形遗产的保护利用，也要注重精神内涵的提炼升华。一是要加快发掘整理与保护。红色资源是不可再生的文化资源，要对具有重大革命历史价值正濒临消亡危险的遗址实施抢救性保护。对红色文化资源进行历史研究和实地调查，充分利用文字、音像制品、图画、电子文本等形式，加强红色资源的数字化保护。要挖掘红色文化价值，在科学梳理、归纳和总结的基础上，对红色文化所承载的政治、经济等多重价值深度挖掘，赋予其时代特征。二是要深入研究阐释。红色文化资源集中承载着革命老区精神，富含着我们党为民宗旨、党性观念和优良作风的正能量。要充分发挥各类学者、协会、学会、研究会等的作用，推出一批高水平的理论研究成果，为全社会提供必要的精神资源。三是用好网络阵地。红色教育基地是传播红色文化的重要阵地。应加紧修建完善反映我们党革命斗争历史的纪念馆、纪念地、烈士陵园等爱国主义教育基地，逐步实现全天候免费开放，并改进陈列方式，利用网络，创新展示手段。丰富展出内容，如安排定时的有关历史的影视、歌舞专场，还原当代革命工作者工作、战斗、生活、劳动的场景，增加红色基地的欣赏性、体验性，提升教育功能。

（二）发扬红色传统提升文化自信

红色传统内容众多，主要有共产主义信仰传统、严明纪律的规矩传统、为民服务的民主传统、实事求是的科学传统。发扬党和人民的革命传统，既首先是对先进分子的要求，同时也是具有普遍意义的要求。发扬红色传统：一是要坚守马克思主义信仰和共产主义信念传统。党的十八大强调，对马克思主义的信仰，对社会主义和共产主义的信念，是共产党人的政治灵魂，是共产党人经受任何考验的精神支柱。只有坚守共产党人的政治灵魂，才能真正理解我们党的优良传统，只有高举社会主义和共产主义旗帜，才能凝聚党心民心，坚持中国特色社会主义文化自信。二是要坚守严明纪律、遵守规矩的传统。中国共产党是一直以来都把铁的纪律、严密的组织作为保持党的团结和战斗力的重要保障。要增强纪律观念，正确地认识党的纪律，严守党的规矩。三是坚守为民服务的民主传统。要全心全意地为人民服务，一切工作必须以最广大人民根本利益为最高标准，永远与人民同呼吸、共命运、心连心。四是要坚持实事求是的科学传统。要坚持理论联系实际的作风，从实际出发、光明磊落、求真务实，力戒心口不一、文过饰非、夸夸其谈、弄虚作假等不老实的态度和行为。要致力于推进马克思主义中国化，力争用符合中国实际的"活的马克思主义"指导中国实践，坚持具体问题具体分析的问题意识和与时俱进的创新传统。

（三）传承红色基因提升文化自信

红色基因是共产党人的信仰根基、精神之源，是文化自信的源头活水，党的事业薪火相传、血脉永续，必须传承红色基因。一是发挥红色基因的教育感染力。以文化人、以文育人，红色基因是鲜活的历史教科书，具有超越时空的特有生命力、吸引力和影响力。新形势下，要充分发挥红色基因在思想政治教育、理想信念教育、道德教育、党性教育以及爱国主义教育等方面无可替代的教育功能。二是要掌握意识形态的主动权和话语权。在经济全球化向纵深发展的时代背景下，各种思潮相互激荡，文化交流交融交锋日益频繁，我们必须保持清醒头脑，牢牢掌控意识形态阵地建设的主动权和话语权，大力彰显红色基因的主流意识形态底蕴、时代价值和文化自信力，从革命历史中汲取智慧和力量。三是要着力激活红色基因的正能量。通过唱响社会主义意识形态主旋律，讲好中华红色文化故事，传播好中国最强音，使红色基因渗进血液、浸入骨髓，引导广大人民群众尤其是青少年树立正确的世界观、人生观、价值观，在浩浩荡荡的时代变迁中，自觉做共产主义远大理想和中国特色社会主义共同理想的坚定信仰者、忠实实践者。

（四）将红色基因植入新时代中国特色社会主义伟大实践

把红色基因植入新时代中国特色社会主义伟大实践，一是要学习重温党的历史，用高度的责任感爱护和珍惜党的历史。牢牢把握党的历史发展的主流和本质，清醒认识和坚决抵制历史虚无主义的侵袭和干扰，坚持党的领导。要清晰认识当今新的历史方位，把握新时代中国特色社会主义新特征，自觉以习近平总书记新时代中国特色社会主义思想武装头脑、指导实践。二是要坚定崇高理想，践行全心全意为人民服务的宗旨。要坚持以人民为中心的发展思想，不断促进人的全面发展、全体人民共同富裕，永远把人民对美好生活的向往作为奋斗目标。要牢记党的宗旨，保持共产党人的先进性和纯洁性，要更加自觉坚定党性原则，坚持"三严三实"，正确处理公与私的关系，把对党忠诚、为党分忧、为党尽职、为民造福作为根本政治担当，永葆共产党人政治本色。三是要学传统、爱传统、讲传统，始终保持艰苦奋斗的作风，涵养良好的精神状态和奋斗姿态。中国特色社会主义进入新时代，要进行伟大斗争、建设伟大工程、推进伟大事业、实现伟大梦想。面对新形势、新任务、新要求，要发扬艰苦奋斗等优良传统，保持良好的精神状态和奋斗姿态，在新时代中国特色社会主义伟大实践中，做坚定者、奋进者、搏击者，为实现新时代党的历史使命不懈奋斗。

第三节　繁荣发展社会主义先进文化

一、社会主义先进文化的丰富内涵

社会主义先进文化是以马克思主义为指导，在新民主主义文化基础上建立，继承和弘扬中华优秀文化传统和五四运动以来形成的革命文化传统、吸收借鉴世界优秀文化成果、集中体现全国各族人民在新的历史条件下的精神追求，始终代表着当代中国发展前进方向的文化。

（一）体现当代中国的社会性质和政治理念

我们党和国家的性质，决定了社会主义先进文化必须坚持马克思主义的指导地位。坚持马克思主义的指导地位，能够在世界思想文化相互激荡和冲击下，在错综复杂的意识形态领域的斗争中，始终保持清醒头脑，抵制非马克思主义、反马克思主义思想文化的侵蚀，巩固和壮大社会主义主流思想文化。能够始终坚持一切从实际出发，紧密结合中国实际，对政治经济社会发展提供精神动力。坚持马克思主义指导地位，是人民群众追求先进文化的自觉行为。马克思主义认为，一切社会发展都是为了人的发展。文化发展也不例外。社会主义先进文化发展的各个环节，本身就是人民群众追求先进文化的自觉行为，是人民群众高度文化自觉的体现。坚持马克思主义指导，是人民群众发展先进文化的自信行为。民族的传统文化是民族之根，应该继承和发扬。结合马克思主义的科学指导，将传统文明与科学理论结合起来，将使中华传统文化更具科学性和实践性。马克思主义中国化是马克思主义在中国特定场景下的继承和发展，中国特色社会主义理论体系是其最新的理论成果。这些理论是经过实践检验了的正确的理论，是人民理性选择的结果。所以，坚持马克思主义、坚持马克思主义与中国传统文化相结合，是人民群众发展先进文化的自信之源。

（二）具有鲜明时代性和发展前瞻性

社会主义先进文化植根于中国的改革建设实践，必定有鲜明的中国时代印记，她坚持与时俱进，不断要求与社会发展相适应，所蕴含的各方面都体现着时代精神、时代要求，为我国的国内发展和国际活动服务。社会主义是一种先进的社会制度，其在当今时代的主要任务之一就是不断扩大其世界影响力和吸引力。社会主义先进文化要面向世界，需要世界范围内兼收并蓄，借鉴、吸收世界各国各民族的优秀文化成果，通过文化的交融整合、吸收创新，不断充实、丰富和发展当代中国的先进文化，并推动中华文化走向世界，产生相应的国际影响力。同时，马克思主义坚持用发展的观点看问题，在实践中进行理论创新。社会主义先进文化站在时代的高度，强调文化与社会各个领域的协调可持续发展，强调文化发展的未来目标，因而其高于现时代的需求，成为未来文化发展的目标和导向。

（三）具有深厚的实践基础和创新活力

社会主义先进文化具有民族性，是继承和发扬中华民族一切优秀文化传统、具有中国风格和中国气派的文化。社会主义先进文化的灵魂是社会主义核心价值观，社会主义核心观以中华传统道德、价值取向和行为准则为基础，甚至还是中华民族传统人格精神的体现。社会主义先进文化必须有强大的民族凝聚力，才能满足现时代复杂国际局势的实际需要，才能够凝聚全国各族人民的意志和力量，充分调动和发挥全国各族人民的主动性，积极参与到社会主义建设事业中。社会主义先进文化的科学性，主要表现为以马克思主义为指导的实践性。社会主义先进文化是在实践的基础上提出的，以人民的利益为根本出发点和归宿，强调以人为本，为民谋利，是人民真正需要的文化，也是符合社会发展需要的文化，能够接受实践的检验，并且也经得起实践的检验。社会主义先进文化具有面向人民大众的基本属性，文化必须面向人民群众，依靠人民群众，服务人民群众，这是社会主义文化的本质要求。人民群众是历史的创造者，同时也是物质财富与精神财富的创造者。全体人民群众要参与先进文化创造过程，也必须要能享受文化成果，只有这样，才能增强社会主义先进文化对人民群众的吸引力和感召力。

二、社会主义先进文化的形成发展

社会主义先进文化形成于中国共产党领导人民革命、建设、改革的长期实践的积累和总结，是中国特色社会主义现代化建设总体布局的重要组成部分，是实现中华民族伟大复兴的显著标志。

（一）社会主义先进文化的创新探索

中国社会主义先进文化的建立，是创新与改革的成果。1940 年，毛泽东提出新中国的文化纲领，即建立中华民族的新文化，也就是民族的、科学的、大众的新民主主义文化。中华人民共和国成立后，随着社会主义制度的建立，新民主主义文化逐步转变为社会主义先进文化。社会主义先进文化的建立，离不开对旧有文化的改革创新，赋予其新的生命活力，使其焕发出新光彩。中华人民共和国成立后，国家大力发展新教育，各类教育迅速发展。特别是经过持续不断的扫盲，整体人口素质得以提高，为社会主义先进文化发展提供了不竭动力。而"双百方针"的提出与确立又进一步推动了社会主义文化建设的高涨。1956 年 4 月中共中央确定"百花齐放、百家争鸣"为科学和文化工作的重要方针，随后党的八大又进一步强调要求予以坚持贯彻。这调动了人们文化建设的积极性，知识分子的科学研究和文艺创作热情高涨，极大推动社会主义文化的繁荣。许多优秀的经典文艺作品诞生，如文学作品《林海雪原》、话剧《茶馆》、电影《五朵金花》、歌剧《江姐》等等。

（二）社会主义先进文化的发展

改革开放以来，我们党以经济建设为中心，坚持走中国特色社会主义文化发展道路，凝聚中国特色社会主义共同理想，建设社会主义核心价值体系，培育和践行社会主义核心价值观，不断推动文化事业和文化产业发展，赋予社会主义先进文化以崭新的时代内涵。

20 世纪 80 年代，社会主义先进文化迎来新的改革创新与繁盛期，各类文化研究机构、刊物、著作等如潮涌现，成为推动社会变革的重要思想文化动力。随后，社会主义精神文明的提出和战略高度的提升，推动了社会主义先进文化建设。随着对社会主义精神文明的认识不断深化，社会主义精神文明成为建设有中国特色社会主义的重要组成部分和本质特征。党的十五大正式提出了建设有中国特色社会主义的文化纲领，即以马克思主义为指导，以培养有理想、有道德、有文化、有纪律的公民为目标，发展面向现代化、面向世界、面向未来的，民族的科学的大众的社会主义文化，标志着社会主义先进文化建设理论上升到了新高度，形成了比较完整而开放的体系。之后，"三个代表"重要思想的提出，促进了文化建设理论的升华。十六届四中全会提出，深化文化体制改革，解放和发展文化生产力。十八届三中全会明确要求以激发全民族文化创造活力为中心环节，进一步深化文化体制改革。"十三五"规划纲要提出，坚持社会主义先进文化前进方向，坚持以人民为中心的工作导向，坚持把社会效益放在首位、社会效益和经济效益相统一。十九大报告提出，要坚持中国特色社会主义文化发展道路，激发全民族文化创新创造活力，建设社会主义文化强国。由此，社会主义先进文化建设的体系不断完善。

三、建设社会主义先进文化的意义

社会主义先进文化是我国经济社会发展的强大精神支撑和民族凝聚力、向心力的重要源泉。作为一种价值理念，它塑造人们的思维方式和行为规范，在全社会形成共同的道德基础。作为一种理想信念，它指明人们为之奋斗的理想和目标。作为一种精神纽带，它统一人们的思想、维系民族团结、维护国家稳定。社会主义先进文化建设的重要意义，主要体现在以下几个方面：

（一）是建设文化强国的先导工程

推动社会主义义化大发展大繁荣、建设社会主义文化强国，对全面建成小康社会、开创中国特色社会主义事业新局面、实现中华民族伟大复兴具有重大而深远的意义。建设社会主义文化强国，必须始终坚持社会主义先进文化前进方向，大力推进社会主义先进文化建设，着力推动社会主义先进文化更加深入人心，不断开创全民族文化创造活力持续迸发、社会文化生活更加丰富多彩、人民基本文化权益得到更好保障、人民思想道德素质和科学文化素质全面提高的新局面，推动社会主义物质文明和精神文明全面发展。

（二）是维护国家文化安全、增强国家文化软实力和提升国际竞争力的战略选择

当今世界正处在大发展大变革大调整时期，各种思想文化交流交融交锋更加频繁，文化在综合国力竞争中的地位和作用更加凸显。只有大力推进社会主义先进文化建设，全体人民才能坚定文化自觉和文化自信，自觉抵御外部腐朽思想文化的侵蚀。社会主义先进文化大发展大繁荣的重要目标是形成与我国国际地位相对称的文化软实力和国际竞争力。社会主义先进文化能通过知识体系、制度形式、价值观念、思想信仰和行为规范，教化和感化生活于其中的成员，起到制度上规范、道德上自律、行为上褒扬贬斥，使社会形成一种普遍地认同从而凝聚其共识，形成全社会发展的精神脊梁和发展动力，促进我国文化软实力和国际竞争力提升。

（三）是保持中国共产党先进性的客观要求

先进文化符合人类社会的发展方向，体现社会生产力发展的要求，代表和反映广大人民的根本利益，顺应和体现时代发展潮流。中国共产党是执政党，肩负着领导中国人民实现现代化和民族复兴的庄严使命。一个政党是否先进，不仅在于它的阶级基础是否先进，而且在于它所赖以存在的文化根基是否先进。先进文化是我们党的文化根基所在。中国共产党的性质使其要始终代表中国先进文化的前进方向。

四、激活丰沛文化源泉

在新的时代条件下，弘扬社会主义先进文化，是坚定文化自信、建设社会主义文化强国的题中之义，是进行伟大斗争、建设伟大工程、推进伟大事业、实现伟大梦想的精神支撑。提升文化自信，就要激活先进文化的丰沛源泉。

（一）优化文化存量

要在已有的社会主义先进文化基础上，支持健康有益文化，改造落后文化，抵制腐朽文化，围绕社会主义核心价值体系，建设中华民族共有精神家园。一是摒弃已有文化的糟粕。传统文化及外来文化中，都存在可借鉴的优秀内容，又存在很多糟粕。比如，以家族为本位的宗法等级观念、封闭保守的生活习性、宿命论思想，西方文化中的拜金主义、享乐主义、极端个人主义等，这些都是与当代科学价值观相背离的，要坚决反对。二是抵制文化领域的低俗之风。加大力度根治报刊出版物、广播电视节目、互联网、手机等媒体和文艺创作、文化活动中的低俗、媚俗之风，加强文化市场管理。三是提升已有优秀文化的渗透力。加强文化与互联网、各产业等等的融合，着力于文化育民、文化励民、文化惠民、文化富民，坚定不移地开展社会主义核心价值观的培育和践行，促进中国特色社会主义文化发展，切实增强发展自信和内生动力。

（二）做大文化增量

历史和实践证明，不创新就要落后，创新慢了也要落后，文化建设也不例外。一是创新文化内容。坚持创造性和创新性发展要求，顺应时代呼唤，研究解决重大而紧迫的问题，把握住历史脉络，探寻发展规律，推动文化理论创新，同时始终牢记为人民服务、为社会主义服务的神圣职责，坚持"百花齐放、百家争鸣"的双百方针，促进文化自身创新。二是创新文化传播方式。扩大"互联网＋"平台，影视、艺术作品等平台的宣传文化的作用，以开放合作的胸襟，创新特色节日、景点开发、街区命名、招商引资等重大活动弘扬文化。三是尊重差异、包容多样。充分发扬学术民主和艺术民主，在文化创作上提倡不同形式和风格的自由发展，在哲学社会科学理论上提倡不同观点和学派的充分讨论，在文化产业发展上提倡不同门类和业态的积极创新。

（三）提升文化质量

社会主义先进文化的自信，来自这种文化对人民群众的感染力，取决于能够创作和积淀多少刻骨铭心的文化精品。一是要坚持马克思主义的指导地位。文化产品的创作生产传播必须坚持正确导向。只有坚持马克思主义的指导地位，才能提高文化产品的思想内涵，增加文化产品的知识含量，充分发挥文化引领风尚、教育人民、服务社会、推动发展的作用。二是要增强社会责任感。文艺工作者要保持对文化的尊崇和敬畏，努力追求德艺双馨，坚决抵制学术不端、情趣低俗等不良风气，使创作、生产和传播的文化产品能够促进国家发展和社会进步，能够反映社会现实和人民意愿，能够给人以教育启发和美感享受，能够鼓舞人们积极向上、奋发进取。三是要深入群众。文化产品唯有反映人民心声，为人民群众所喜闻乐见，才能具有生命力和先进性，也才能产生良好的社会效益。文艺工作者要深入实际、深入生活、深入群众，从社会生活中汲取素材、主题、情节、语言等，创作生产出符合人民需求、时代需要的精品力作。

（四）驾驭文化变量

社会主义先进文化的凝练提升，要把不同形态的社会主义先进文化凝结成新时代中国特色社会主义的文化自信。一是要继续"引进来"。任何一个民族和国家的文化都有其存在的价值和意义，都有值得学习的有益之处。不仅要了解中国的历史文化，还要睁眼看世界，了解世界上不同民族的历史文化，去其糟粕，取其精华，从中获得启发，为我所用。通过吸收外来文化中的精华，使我国文化更加适应瞬息万变的世界需要。二是主动"走出去"。推动中国文化走向世界，综合运用传统媒体和新媒体，提升中国文化的传播力；要用通俗易懂的话语全面透彻阐述中国精神，阐发中国理念，提出中国方案，构筑中国文化影响力。三是克服不良思潮的影响。文化建设是一项系统工程，必须引导人们以全面、辩证、发展的眼光把握文化发展趋势。当前网络文化发展迅速，既要顺应网络化、信息化时代潮流，又要有分析、有比较、有鉴别，做到辩证取舍，推进网络文化发展，助推社会主义先进文化。

第四节　促进文化交流提升文化自信

一、文化自信是开展对外交流的基本前提

近现代以来，中国人在大国心态和弱国心态的双重支配下，文化意识一直存在着两种倾向：一是"文化民族主义"倾向，片面夸大本民族传统文化及其价值，表现为一种"文化自恋"、"文化自大"。二是"文化西化"倾向，对中国传统文化全盘否定，表现为一种"文化自卑"，对西方文化不加反思地接受，甚至把本土资源作为论证西方理论、实现西方社会思想的工具。没有坚定的文化自信，文化走出去就会迷失方向，文化走进来就会侵蚀内力。要以文化自信开展文化交流，以文化交流提升文化自信。

（一）文化自卑自虐，必然导致文化方位的迷失

文化自卑是一种轻视、怀疑甚至否定自身文化价值的态度和心理。文化自虐，是指对本民族的传统文化和伦理道德观进行虐待和发泄，过分指责本民族文化，强调本土文化的落后以及对本土文化进行负面解读。文化自卑自虐的结果会导致历史虚无主义。近代著名思想家龚自珍在研究春秋战国历史时，总结了一条重要经验：欲灭人之国，必先灭其史。所谓"灭其史"就是灭掉它的文化。文化自卑导致的历史虚无主义，实际上就是自己灭掉自己的历史、灭掉自己的文化。文化自卑心理、弱势心理主要有两种表现形式：一是崇洋媚外，外国的月亮比中国的圆，幻想试图通过全盘西化或完全移植西方文化来改造中国。二是封闭保守，死抱传统不放，一味排斥外来文化。文化自信包含许多方面，其中最重要的就是相信自己的文化传统能够为解决当今人类社会存在的最重大问题提供有积极意义的资源，以促进社会健康合理发展。因此，正确认识和反思民族文化自身的优势和缺陷，更加自觉地反省我们的文化理念，从根本上清除19世纪40年代以来留在中华民族心灵深处的文化自卑，才能重新树立文化自信，昂首阔步地建设社会主义新文化。

（二）文化自大自负，必将导致文化活力的衰竭

要树立自己的文化自信，既要破除文化上的数典忘祖和自惭形秽的自卑心理，也不能有唯我独尊和夜郎自大的傲慢态度。文化自负就是一种对待自身文化持盲目乐观和自大自傲的态度。以中国为中心的东方朝贡体系和以儒家文化为中心的东方

文化体系的确立，出现了万邦来朝、四夷宾服的盛况，也造就了中国的"天朝"意识和"中央之国"的情结，确立了华夏文明的中心地位，形成了"华夏为尊，夷狄为卑"的文化等级观念。这实际上就是一种文化自负。文化自负的必然结果就是文化保守主义。文化保守主义极易在文化的自我满足、自我陶醉中排斥外来文化，实施对外的闭关锁国和对内的文化专制，中国文化在近代衰落的根源正在于此。

（三）强化文化自信加强文化交流

中国在和平崛起的过程中，最需要的是对自己文化的自信。如果我们缺乏文化自信，不知道自己的文化财富在哪里、自己的精神支撑是什么，而是一味追捧外国文化，那就支撑不起一个大国的崛起。我们是一个大国，就像习近平总书记同志说的，"大就要有大的样子"。"大"就要对自己的文化高度自信，有了文化自觉自信，我们就是堂堂正正的中国人。我们吃中国的饭、穿中国的衣，用中国的价值观和思维方式来跟世界打交道，不断提升民族自信心。

二、加强文化交流互鉴提升文化自信

我们的文化自信，不但是源于中华民族优秀传统的文化和作为红色底色革命文化和先进文化的自信，而且是建立在积极开展对外文化交流、促进文化互鉴基础上的自信。因为在世界上，任何　种文化的发展都不是独立的，我们只有在世界文化的舞台上与其他文化交流互鉴、创新发展，才能真正实现有中国特色和比较优势的文化自信。

（一）加强文化双向交流

文化自信是相对"他者"而言的，如果没有"参照物"，谈文化自信就如空中楼阁，就是一个虚无缥缈的口号。文化自信不是盲目的自信，是建立在积极对外开展文化交流、充分了解世界文化发展基础之上的有比较、有鉴别、有底气的文化自信。要进一步增强党委政府统筹协调的能力，实行国家与地方两个层面联动，积极培养和引进文化"走出去"的复合型人才，加大文化"走出去"的政策支持力度，特别是深化与"一带一路"沿线国家的文化交流合作，着力构建全方位、多层次、宽领域的文化"走出去"格局。促进文化交流，既要积极主动地走出去，也要大胆自信地引进来，充分吸收外来文化的营养，在交流互鉴中提高中国文化的含金量。世界文化是在多元互动中不断完善和发展的，中国文化在走出去的同时，也将从不同文明中寻求智慧、汲取营养，与其他丰富多彩的文明一道，为人们提供精神动力和心灵慰藉，携手解决人类共同面临的挑战。

（二）加强文化深层对外交流

注重文化交流的内涵建设，丰富文化交流的载体建设，不但要注重文化产业、文化活动的交流，更要注重文化理念层、文化制度层面的交流。当前，世界上越来越多的人开始对当代中国价值观念感兴趣，越来越多的人开始客观看待当代中国价值观念。文化的最高境界是价值观的传递。如何传递中国声音，打造具有中国精神、中国价值、中国力量的话语体系，是当前全球化和数字化背景下摆在我国面前的重要任务。无论是"四个全面"战略布局的铺展，还是"一带一路"、人类命运共同体建设的倡议，中国内政外交中的文化底色越来越凸显，也越来越重要。我们要提高国家文化软实力，就必须使当代中国价值观念走向世界。要讲好中国特色社会主义的故事，讲好中国梦的故事，讲好中国人的故事，讲好中华优秀文化的故事，讲好中国和平发展的故事，把中国道路、中国理论、中国制度、中国精神、中国力量寓于其中。要着力推进国际传播能力建设，创新对外宣传方式，加强对外传播话语体系建设，注重塑造我的国家形象，重视公共外交，着力打造融通中外的新概念新范畴新表述，向世界展现一个真实的中国、立体的中国、全面的中国。

在当今国际形势下，各国之间已然形成了"一荣俱荣，一损俱损"的连带效应。不同历史和国情，不同民族和习俗，孕育了不同文明，使世界更加丰富多彩。文明没有高下、优劣之分，只有特色、地域之别。文明差异不应该成为世界冲突的根源，而应该成为人类文明进步的动力。拓展了发展中国家走向现代化的途径，给世界上那些既希望加快发展又希望保持自身独立性的国家和民族提供了全新选择，为解决人类问题贡献了中国智慧和中国方案，推动世界文化多元融合，促进人类命运共同体的形成。

三、不断完善文化交流的创新举措

（一）推进思想理念创新

把文化交流作为中国连通世界的重要方式和内容。要创新对外文化交流的思路，以自信的心态促进文化交流，下大气力解决"有理说不出、说了也传不开"的问题，着力推进国际传播能力建设，创新对外宣传方式，加强话语体系建设，打造融通中外的新概念新范畴新表述，增强在国际上的话语权和影响力。加强提炼和阐释，拓展对外传播平台载体，把当代中国的价值观念贯穿于国际交流和传播的方方面面。加强政府与民间合作，发挥社会智库和社会民间组织灵活性和专业性的优势，引导其积极参与对外文化交流，形成多维互动、相互支撑的良好局面。"文化之盛衰，民族之兴亡系之"，文化安全是主权国家安全的重要内容和构成部分，必须高度重视，慎重对待。

（二）激励内容质量创新

不断创新文化交流的形式载体，拓展文化交流的内涵，赋予文化交流以新的时代内涵，增强文化自信的思想基础。不但要重视传统文化的交流、文化艺术层面的交流，还要重视现代文化的交流、思想理念层面的交流，把原创的理论和思想传播到世界，产生更深层次的影响，在更大程度、更深层次上增强中国的文化自信。要提高对外文化交流水平，开展深层次、多样化、重实效的思想感情交流，善于用外国民众容易接受的方式，让他们更好地了解和体验中华文化。要编写各种精彩精炼的故事，把中国道路、中国理论、中国制度、中国精神、中国力量寓于其中，使人想听爱听，听有所思，听有所得，听有所信。我们不仅要让世界知道"舌尖上的中国"，还要让世界知道"学术中的中国"、"理论中的中国"、"哲学社会科学中的中国"，让世界知道"发展中的中国"、"开放中的中国"、"为人类文明作贡献的中国"。

（三）探索方法路径创新

要不断扩大文化交流的地域国别，充分借助一带一路倡议的实施和推进，加强与沿线国家的文化交流。从"一带一路"倡议看，既有其物质层面的内容，也包含精神层面的意义。与一般性的国际发展合作构想不同，"一带一路"的建设目标强调"五通"，即政策沟通、道路联通、贸易畅通、货币流通、民心相通。这其中，政策沟通、民心相通可以说与文化问题直接相关，而道路、贸易、货币这些"硬联通"如若缺乏以文化交往、交流、交融为基础的"软联通"，也将陷入行之不稳、行之不远的困境。以往，中国企业走出去碰到的更多是经济、商务、法律方面的风险。如今，由于缺乏对他国国情包括文化习俗的深入了解，中国企业或将面临更为复杂棘手的政治、社会风险。因此，"五通"的建设，不应重硬件、轻软件，而要同步推进，甚至是文化先行，否则中国扩展对外合作势将遭遇更多的软约束、软遏制。

（四）深化机制体制创新

要紧紧围绕建设社会主义核心价值体系、建设社会主义文化强国，完善文化管理体制和文化生产经营机制，建立健全现代公共文化服务体系、现代文化市场体系，为文化交流互鉴创造良好的外部环境。完善对外文化交流的体制机制，创新对外文化交流的举措。完善人文交流机制，创新人文交流方式，发挥各地区各部门各方面的作用，综合运用大众传播、群体传播、人际传播等多种方式，发挥好新兴媒体的作用，全方位展示中华文化魅力。注重塑造我国的国家形象，塑造文明大国、东方大国、负责任大国和社会主义大国形象，大音希声、大象无形，坚持不懈、久久为功，让当代中国形象真正在世界上树立和闪亮起来。

第七章　中华优秀传统文化新媒体传播路径

第一节　中华优秀传统文化传媒策略

一、全球化背景下的跨文化传播基本策略

文化传播要明确传播的目的、传播者、传播接受者、传播媒介、传播内容、传播效果，也要明确如何凭借传播的作用而建立一定的关系。

经济全球化在一定程度上也将引起文化生产和消费的全球化。在此背景下，中国媒体既要固守中国的文化版图，又要吸引外国文化的精华，同时还要进一步向外国受众传播中华文化，面临着前所未有的跨文化传播的挑战。

中国加入 WTO，就意味着正式融入经济全球化的大潮。从民族整体求强的角度出发，全球化不仅有经济含义，也是文化的全球化。在此种背景下，如何固守中国"文化版图"的边界，又以宽广的胸怀、开放的眼光对待世界各国文化对中国文化的影响，吸纳外来文化的精华，充实和丰富中华文化，成了中国传媒面临的重要课题，因为大众传媒是跨文化传播的重要渠道'大量的事实表明，中国的传媒对此问题已经有所重视，并且开始采取一些对策。但是，全社会各界人士对文化传播的重视显然不如对经济拓展关注得多，随着经济增长带来的物质文明，对文化传播的雄心也到了绽放异彩的时候了。

面对着通过商业渠道、媒介渠道和人际渠道源源不断涌入中国的外来文化潮，我国传媒要建立符合时代特点和节奏的文化传播观念，改进跨文化传播对策。

（一）遵循文化传播求真务实的基本准则

真实，是媒体应该普遍奉行的基本准则之一；坦诚，是文化传播者应具备的工作态度。对外宣传与对内宣传并重，是我国政府在改革开放初期就提出的宣传策略。但过去的对外宣传遵循比较刻板的模式，直接的"硬性"宣传多，文化的含量较少，时常引起外国受众尤其是西方受众的反感和心理抵制，因为"宣传"一词在他们的文化语境中有负面含义。中国人懂得"心诚则灵"这一返璞归真的道理，包括"真诚""坦

诚"和"热诚"三个方面。真诚就要求我国的媒介从业人员以人文的眼光和关怀去捕捉跨文化交流过程中不同文化背景的人们表现出来的人类共性，比如同情弱者、助人为乐、追求和平、渴慕公义等情感。"坦诚"很容易理解，主要是指我国传媒在对外宣传中国和中华文化时，不应刻意回避中国作为发展中国家在前进道路上遇到的问题和麻烦，也不应掩盖中国社会的缺点，毕竟，有不足才有发展的余地。一旦更正了观念，我们可以凭"坦诚"深入人心，为进一步的跨文化交流创造条件。

"热诚"就是要以积极的心态和行动参与各种跨文化交流活动，愿意介入我们原本不熟悉的领域。

（二）追求跨文化传播中的"雅俗共赏"

重新界定全球化背景下的"精英文化"与"大众文化"，追求跨文化传播中的"雅俗共赏"。在全球化的大潮中，文化产品的生产和消费日趋商业化，精英文化和大众文化的界限日趋模糊。英国广播公司在为中产阶级受众制作节目时就意识到了这个挑战。传播媒介不能总是守着"精英文化"与"大众文化"这二者的传统分界，而应以平和的心态向国内和国外的受众传播雅俗共赏的各国文化产品，以求引起尽可能多的人的共鸣，既提升国内大众的文化欣赏品位，又用通俗的方式向国外的受众传播博大精深的中华文化。

中央电视台董卿主持的"中国诗词大赛"和"朗读者"都是雅俗共赏的典范，将阳春白雪的文化融入数千万电视观众的精神生活之中。

（三）接受商业理念对文化传播的渗透

现代社会发展相对于人类历史的过去是高速度的。主动适应快速的文化生产节奏，接受商业理念对文化传播的渗透，将是给予传统文化产品以新的生命的重要途径之一。在全球化背景下，文化与经济产品的关系日益密切，文化常常通过经济的、商业的渠道跨越国界传播。中国"快餐文化"的兴起和"麦当劳化"的经济运作模式有着密切的关系。由于全球化的经济运作，加上传播技术的发达，文化产品的生产周期短了，出品速度快了，跨文化传播的速度也加快了，比如美国大片当年就能引进到中国，以韩国电视剧为龙头的"韩流"也席卷中国内地文化市场，速度之快，影响面之广，令人应接不暇；这些商业化运作方式值得我国文化产业借鉴。

（四）建立以文化交流促进文化创新的观念

文化创新也要有开放的心态。古往今来，文化交流都能极大促进文化创新，在不同国家的文化与本土文化的撞击中力求创造出"既是民族的，又是世界的"新文化产品。在开放的世界里，任何文化都免不了要与其他文化进行跨文化交流，在全球化的时代更是如此。交流的结果是文化的互相渗透，我中有你，你中有我，两种文化分别都更新和充实了自身。应该指出的是，在保持开放心态的同时，要摒弃他国的不良文化。在通过媒介引进外来文化时，可以追求多元化引入。所谓多元化，就是不能一味看重市场价值和轰动效应，只引进欧美文化产品，而要广泛兼顾世界其他国家的先进文化，包括亚非拉和东欧前社会主义国家的先进文化。对文化的定义要适当放开，赋予文化相对丰富的内涵，将文化视为体现民族性格、思维方式、价值观念等组成的生活方式总和的精神产品。

二、跨文化传播的具体方式

适应全球文化市场运作规律的跨文化传播具体方式，包括以下几个方面：

（一）充分认识中国文化面临的全球性挑战

应让中国受众充分意识到世界来到中国，中国走向世界的时代大趋势。媒介在制作生产对外宣传中国文化的内容时，要保证让中国受众也听得到、看得到、读得到，培养国内的人用世界的和全球化的眼光重新认识中华文化，去除"井底之蛙"和"夜郎自大"的心态。既强调中华文化历史上的辉煌，又有适度的文化忧患意识，充分认识到中国的文化面临着怎样的全球性的挑战。中央电视台国际频道的中华文化相关栏目是一个对外传播的窗口，其他媒体如报刊广播杂志也不妨多刊登或播出一些从不同角度看中国文化的内容，以求进一步开拓国内受众的视野。应更加主动地在对外宣传战线上全面出击，让外国受众更多地了解和理解中国文化，以便通过传媒在一定程度上消除和改变西方人对中国文化的无知和对中国人的误解与偏见。

这要求传媒与所有文化工作者联合，以全球化为背景看待和认识一切文化，做到对本国文化和外国文化"知己知彼"，增强交流沟通的效果。不能片面注重生产可以在国际艺术节拿奖的影视作品和其他文化作品，甚至为了获奖而在内容上迎合某些外国受众的欣赏口味和猎奇心理，在文化产品中过度突出中国文化传统和民族心理中的某些不健康因素。相反，"全面出击"就是要在对外宣传中大力增强文化传播的成分，用文化产品的生动形象的内容弥补传统的"新闻外宣"的不足。同时，眼界要开阔，要把目标对准国外不同阶层的受众，包括社会上层的政要、社会中层的知识分子、商界人士、白领等等，也不可忽略文化程度较低的阶层。

（二）开展文化产品制作的国际合作

文化的相互认知与交流是增信释疑和加强合作的重要基础，也是区域一体化进程不断发展的内在需要。在文化产品制作中进行国际合作，敞开胸怀引进人类先进文化。除了直接通过现代化的传播手段再次引进，还可以考虑创新，即通过跨国合作，让不同文化背景的传媒工作者和其他文化人走到一起，来共同生产出符合新时代全球化挑战背景的力作。中国一些电视节目通过市场化运作，在东南亚国家受到欢迎。《我是歌手》《金太郎的幸福生活》《甄嬛传》等在越南播放时，都引起收视热潮。这方面，内地和港台传媒的合作为我们提供了经验。

中国与东盟有较大影响的文化产业合作已经开始。以"印象 刘三姐"制作人梅帅元为核心的广西实景演出创意团队，在越南下龙湾海上打造的实景演出《越南越美》等文艺项目都是文化传播的合作作品。

影视合作仅仅是中国东盟文化产业合作的一个缩影。近年来，双方的文化产业合作方兴未艾，以现场表演、电视广播、电影、书籍等为代表，文化贸易正向多元化发展，交流的领域和渠道大为扩展。中国—东盟文化交流与合作成绩斐然，文化产业迅猛发展。但是各国在拓展合作的深度和广度时，仍然有不少"短腿"需要突破，如文化交流难以带动文化贸易"走出去"；"走出去"的产品针对他国特点的创新改造不够等。

（三）加强传媒人才队伍建设

要实现上述对策，改进传播方式，迫切需要培养和造就一支特殊的传媒人才队伍，既通晓中文和外语又理解中外文化之异同的人才。一些在海外留学的中华学子、华人华侨，对中外文化都比较熟悉，应该很好地发挥他们的作用。

这也为我国急速增加的新闻传播院系提供了机会和挑战，并要求我们增加"跨文化传播"等课程设置，以跟上时代的发展，一切落实到人才问题上。

总之，全球化的浪潮已经"入侵"中国的文化海岸，急需中国媒介帮助和引导大众应对。相信跨文化传播迅猛增加的结果是创造出更加富有先进性的中华文化。

三、传统媒体文化传播的转变策略

面对新的传播环境，传统媒体一方面要强化自身文化传播的担当意识，另一方面也要调整自身的媒体角色，在资源整合者的重新定位下，借助微博、微信、互联网络提供的新的发展平台，在以附着的方式实现"微"时段传播的同时，发掘文化资源、调动社会力量、加强官方微博的经营和管理，更好地为文化的传播贡献力量。

（一）传播角色的微调

微环境不仅改变了媒体传播文化的行为方式，也推动着媒体调整自身在文化传播活动中的角色与定位。传统媒体具备可信度高、资源丰富的优势，在新的传播环境下，传统媒体应充分发挥这样的优势，适度"微"调传播角色，改变长期形成的"喉舌"等刻板形象，做大众的"贴心人""小棉袄"，打造出平民化的传播平台。在传播文化方面，传统媒体不仅应坚守传播者的角色地位，同时也应强化资源整合者、产品开发者的角色，主动承担文化资源、社会资源、媒介资源整合的任务。

传统媒体不仅拥有丰富的文化资源，在社会资源的占有和开掘方面也比一般的受众要更强势。传统媒体文化传播策略如何改革？具有官方色彩的传统媒体应以包容的心态，充分与私营媒体公司、各种民间团体开展合作，调动社会知名人士、广大市民群众的参与积极性，形成以传统媒体为龙头的全社会一起传播城市文化的共识。传统媒体应该充分开发这些社会资源的价值，开发与高校、传媒公司、民间艺术团体、知名艺人的多种合作，吸纳更多的普通人参与进来。通过对社会资源的重新整合，传统媒体更好地实现了传播城市文化的职责，也提升了媒体自身的吸引力和知名度。

（二）传播产品的微型

任何文化的传播都是以产品的形式来进行的。大制作意味着长周期、高投入，如电影、电视剧、大型舞台剧、动画剧集等；微型意味着微制作、微投入、微时长，如微剧本、微电影、微视、微雕刻、微语录、微诗歌等。在开发文化传播产品时，应该两者兼顾。以大制作实现大震撼、大影响，形成短期的轰动效应；以微型制作吸引普通人参与进来，形成细水长流、润物无声的效果，从而打造多层次、立体化的传播产品。

传统媒体作为资源整合者、文化传播者，应该有意识地与本地高校、传媒公司、社会团体、居民社区等开展合作，充分开发微电影、微视、微剧本、微小说、微创意、微语录、微雕刻、微书法等相关微型文化产品，产品可以涉及文学、戏剧、舞蹈、绘画、雕刻等各类文艺领域。各类传统媒体可结合自身媒体特性，开展相关的微作品征集、展览、评比等活动，以此来形成人人参与、人人传播的格局。如纸媒可以推出微剧本、微小说、微语录、微书法、微摄影等作品的征集、展览、评比、奖励等活动，电视媒体则可以开展微电影、微视、微创意等相关活动，而广播媒体也可以开展微作品朗诵、微广播剧展听等，各类媒体间又可以互相配合、打通合作，共同为各类活动搭建合理的传播平台。

（三）传播方式的"附着"

电视传播机构可以通过兴办新的电视栏目来传播地方文化。这样的点子是好的，但一档电视栏目的顺利播出是一个复杂的系统过程，如节目创意、市场调查、资金投入、人员配备等，实际操作时会压力极大。这对于资金、人力、物力都有限的市级电视媒体，是一件比较困难的事。与其开办一档前景未知的新栏目，不如充分利用已有的栏目，开发附着化文化传播新路径。

这样的做法是值得推广开来的。诸如微电影、微雕刻、微创意设计等相关活动能够实现，那么这种"附着化"的传播路径，不仅为这些微作品提供了展示的平台，也丰富了传统媒体的传播内容。即使是现有的各类艺术作品，如舞蹈、书法、绘画、诗歌、歌曲、音乐、剧本、电影、动画等，都可以经二次加工为"微型"产品后，"附着"于已有的广播电视知名栏目、报纸的副刊等时段、版面上，发挥名牌带动传播效能，用以传播地方文化。

（四）传播渠道的"微扩"

微环境下的受众还具有阅读渠道网络化的特质。随着 wifi 网络的四处延伸及受众可使用终端的多样化，随身、随时、随地、随意成为受众接受信息的新趋势，微博、微信是受众经常接触的传播载体。传统媒体开办官方微博、微信成为一种潮流，特别是受传播范围限制的地方媒体，借助微博、微信打破地域传播的魔咒，实现"跨界"传播的完美"逆袭"，是传播渠道"微"扩张的典型体现。

很多报刊、电台、杂志在相继开办官方微博后，借助新的传播渠道来提升与受众的接触率。这些官方微博在节目预告、信息收集、意见反馈、吸引关注等方面发挥了一定的作用。但同时我们也应注意到，地方传统媒体开办官方微博热情高，但开办之后对官方微博的建设即管理却稍显滞后：如果没有后续的建设经营精力的投入，要实现跨区域传播的"逆袭"是有很大难度的。地方传统媒体不缺少本地的各类信息，但缺少借助微博来传递信息的意识；不缺少媒体从业者，但缺少管理微博、网站的专门人员。

（五）设置专门的微博管理者

微博管理者负责日常广播的发布和信息反馈的处理，官方微博发布的各类信息应尽量接近百姓的日常生活，这样才能引起围观、转发、评论等行为，形成交流状态，才能真正实现地方传统媒体开办官方微博的最初目的。除发布日常信息外，还可以在形成良好传播局面后增加调查、讨论等内容，通过围绕城市文化，设置相关讨论主题来引发围观者的思考，实现借助官方微博传播城市文化的目的。

现在的媒介资源越来越丰富，广播、电视、报纸、手机、电脑等多种媒介进入人们的日常生活，手机报、微博、网站、电子报纸等实现了人们多终端接收信息的愿望。传统媒体也应整合已有的媒介资源，开发微博、微信、手机报、电子报纸、在线节目等产品，在多个终端上向用户推介内容和形象。各类传统媒体开展的"微"活动、开发的"微"产品，都可以借助微博、微信等进行网络化、病毒式营销传播，扩大活动本身的吸附力，提高活动的被关注度。

第二节　新媒体文化传播策略

一、新媒体概念

新媒体是一个相对的概念，是报刊、广播、电视等传统媒体以后发展起来的新的媒体形态，包括网络媒体、手机媒体、数字电视等。新媒体亦是一个宽泛的概念，利用数字技术、网络技术，通过互联网、宽带局域网、无线通信网、卫星等渠道，以及电脑、手机、数字电视机等终端，向用户提供信息和娱乐服务的传播形态。严格地说，新媒体应该称为数字化新媒体。

新媒体就是能对大众同时提供个性化的内容的媒体，是传播者和接受者融会成对等的交流者，而无数的交流者相互间可以同时进行个性化交流的媒体。新媒体的特征具有交互性与即时性、海量性与共享性、多媒体与超文本、个性化与社群化。

新媒体的发展将是未来媒体发展的新趋势。传统意义上的媒体是通过电视、广播、报纸、杂志，单一形式地完成的对于信息的传播，而新媒体是集传统意义的媒体的基础上，运用数字媒体技术开发创意完成的对于信息的传播、加工以及新的诠释的一种新的媒体概念。也可以称作是第五媒体。新媒体的形式随着生活科技以及人们对于信息的需求瞬息万变，以不同的形式出现在人们的视野中，比如时下非常风靡的移动电视流媒体、数字电影、数字电视、多点触摸媒体技术、重力感应技术、数字杂志等诸多形式。新媒体技术的应用体现了受众群体对于信息的抓取更加地深入，希望得到更大程度上的互动，以及对于信息的重新自我诠释，受众可以根据自己的喜好经历参与其中，获取自己最想得到的信息。新媒体技术的诞生，是人们将平面媒体信息获取的枯燥性、延迟性、非互动性等不足的方面加以整合，运用数字技术、无线技术和互联网三方面，改善了受众群体对于信息量冗杂以及信息质量残损的劣势，使得信息在保证量的基础上，更加能使多个受众群体得到及时的沟通、交流、反馈，达到了市场、受众、市场反馈的良好循环模式，更大程度上清除了信息的冗余。因此，新媒体又可以定义为互动式数字化复合媒体。

新媒体的参与性非常强，不需要太复杂的设备、技术以及人员的配备就可以实现你自己的新媒体作品，如当下非常热捧的定格动画。在新媒体技术还未诞生之时，人们想通过简单的方式表达自己独创的想法有些许困难，但当新媒体技术诞生后，只需要一台相机，一个剪辑软件，以及你充满创意的想法，就可以完成一个新媒体的产物——定格动画。人们可以将自己的想法通过手工的形式加上拍照技术，在剪辑软件上将其排序剪切，再配上声音，便是自己独一无二的数字微电影。每秒24张照片的速度可以让你的定格画面动起来，让你获得当导演的乐趣。

新媒体技术就是交互式媒体的展现，未来媒体的发展趋势便是受众与媒体之间更多、更深层次的互动。

二、统筹媒体的发展策略

随着以互联网为载体的新兴媒体的快速发展，全球信息传播快速化、多样化，"地球村"概念打破了传统的时空观，人们与外界甚至世界任何一个角落的联系更为紧密、更为便捷。同时，地球村的出现，使得传播需要考虑更多因素，运用更多传播手段。而视听新媒体的出现和快速发展，正是适应了传播的需要，并发挥着重要作用。

融合媒体是创新的技术平台，是新媒体内容的加工基地，承担所有新媒体领域的技术支撑，并负责产品设计和市场对接，可从以下几个方面统筹媒体的发展。

第一是理念的融合。光明日报是面向知识界、文化界的中央媒体，是中国知识分子的家园。光明日报和光明网媒体品牌新闻理念核心价值上高度统一。第二个是流程的融合。以前的流程是两张皮，没有交集，现在必须要把内容采编和发布统一在一个技术平台上，根据新闻事件的特点和过程来布置采集的方式，协同作业。第三是技术融合。只有将最新的技术和媒体的技术设施融合起来，融媒体才有发展的动力。第四是产品的融合。媒体融合发展的关键是要创新业态、创新产品，以产品为轴心，重组资源，近年来，光明网先后推出了光明云媒等等新媒体产品，这些产品在新闻价值上与光明日报理念一脉相承，用户特色各有细分。第五是人才的融合。需要建设一支业务水平高、反应速度快的新闻队伍。第六是渠道的融合。现在已经发展到内容与人才并重，就是要解决在新媒体、新技术的局面下如何保持对新的渠道的关注和应用，并具备策划全新渠道的能力。第七是市场的融合。这是一个自然而然的结果，过去光明网主要是依赖传统报纸，现在广告收入呈现了良好的态势。第八是资本的融合。现在仅仅依靠报社自身的积累显然不现实，要通过资本运作实现产业化的布局，提升市场的能力。媒体融合发展是传统媒体的转型方向，也是新媒体的发展机遇，新闻网站，新闻聚合，同质化的困局，促使网络媒体品牌特色的差异化。

三、微媒体传播策略

（一）新媒体的变化

中国新媒体发展呈现移动化、融合化和社会化加速的态势。在这种态势下，中国新媒体出现了四个显著的变化，基于新媒体的微传播，这些变化已经成为促进中国社会发展的新动力。

第一，微传播成为主流传播方式。基于移动互联网的微博、微信、微视频、客户端大行其道，微传播急剧改变着中国的传播生态和舆论格局。第二，传统媒体和新兴媒体正在加速融合。传统媒体纷纷推出新媒体战略，拓展传播空间，而新兴媒体凭借技术优势整合传统媒体资讯再传播，新媒体引发又一轮传媒革命。第三，新媒体的社会化属性增强。功能不断拓展的新媒体正在快速向政治、经济、社会、文化各领域延伸。微政务成为创新中国社会治理的新路径。新媒体引发产业升级和互联网金融热兴。微交往、微文化正在推动社会结构变革和文化发展。第四，新媒体安全成为最重要的国家战略。新媒体正在超越传统媒体成为跨越诸多领域的"超级产业"，而新媒体的安全问题日益成为各个国家战略考量的重点。在顶层设计的强化下，中国新媒体在社会发展中的战略地位进一步凸显。中国正迈步从新媒体大国走向新媒体强国。

（二）微媒体的三大类型及其传播策略

微媒体主要指以微博和微信等社交软件为代表的媒体，从微博、微信到微小说、微电影等。"微"事物满足了人们在快节奏的生活中以最短时间获取最多信息的需要，使人们在有意无意间将"碎片化"的时间充分利用。这类媒体呈现出以短小精炼、多手段、多方式的表达形式进行文化传播与信息交流乃至进行情感沟通的特征，信息量大，信息内容以几何增长的速度快速传播，具有超强的冲击力和震撼力。

当代的媒体消费趋势呈现出碎片化、微小化的需求。以移动互联网为基础的微媒体时代到来，微博、微信等传播媒介正逐渐成为信息传播的重要工具，用户凭借微媒体分享并持续地生产各类信息资源，信息的传播呈现出即时性、流动性、互动性、融合性的特征，正在冲击着传统传播学的传授概念。

1. 微博

新浪微博推出了自己的新浪微电台，使微博的用户可以凭借智能手机等客户端在收听移动广播的同时还能实时浏览微博、参与大家的互动，这种群体的互动和舆论引导功能，在有突发事件出现时体现得更为明显。中国之声的新浪"微电台"里众多中国之声听众通过其官方微博与其进行互动。微电台不仅具有互联网传播与广播两者的优点，还可以使得移动广播由单一的音频传播升级为音视频同步和双向传播的广播新形态，大大拓宽移动广播的发展空间。

2. 微信

微信与移动广播从特点上看，有着很高的亲近度，俨然成为国内最重要的微媒体平台。微信与移动广播都依赖于手机这个移动终端，契合移动人群的使用特点，从媒介属性上有着天然的联系，并且可以实现信息的共享和兼容。与微信的结合，可以增强移动广播的互动性，产生二次的开发内容。微信信息传播是一种以 P2P 为基础的社会化网状人际传播模式，因此具有便捷的文字以及语音回复功能，与微博、短信相比较，听众更乐于在微信上与广播节目进行实时的互动、实时路况爆料等，可以大大地增强广播节目的现场感、吸引力以及感染力。微信在移动广播中的应用不只是微信互动和微信路况，还可以建立微信电台、微信商城等等。通过技术手段连接到微信的电台助手，微信就可以轻松地拓展出节目点播、节目回放、天气预报、雾霾指数、违章查询、幸运抽奖等众多实用功能。

3.APP 客户端

移动广播手机客户端作为传统广播的一种延伸，为移动广播的发展开拓了新的传播渠道。根据相关的调研资料，目前大众常用的广播 APP 客户端有蜻蜓 FM、龙卷风、各家电台自己的 APP 等，客户端的普及使移动广播的收听和消费更加便捷。国内目前有独立 APP 的广播电台有数十家，从种类上看主要是分两类：第一类是以广播收听、点播、互动等功能为主，像厦门音乐广播、济南经济广播等；第二类是针对交通广播移动人群收听需要开发的，除了收听、互动等功能之外，听众可以通过 APP 客户端实时查询到路况播报，像北京交通广播等。

（三）微媒体的特点

习惯上，我们把新浪、搜狐那些门户网站称为媒体，它们是由大型企业运营的；相对门户网站而言，个人运营的网站就是一个微媒体，其中博客便是很好的微媒体的例子，相信以后会出现更加丰富多彩的微媒体形式。

微媒体创造的内容简单易读；互动性比传统媒体和新媒体都要强，内容的创造者与阅读者是面对面的强关系；并且阅读者可以通过关注、取消关注、订阅等操作进行选择性的阅读。当媒体成为为达到某种目的而进行的传播的渠道时，这种被传递的信息就叫作广告：这是作为媒体的正当收入方式。在这种情况下，媒体的差别就在于规模和受众群。

1. 增值性

必须有信息的源头参与才可能产生有价值的微媒体网络，信息源是指任何产生信息增值的发布。写一篇文章是信息源，对信息做一次有价值的修改或者发布一条评论，也是信息源。只要有新加入的信息，即信息增值，就有可能存在感兴趣的受众，并不要求发布者有记者证，使用正式文体和写作、发布方式。

2. 差异性

这种差异性是指微媒体整体与传统媒体的差异：因为都是微小的个体所发布的内容、风格、导向性、内容都会不同，很容易理解。微媒体的组成个体之间未必有很大的差异性，相反，很有可能出现大量的转载、抄袭、雷同和垃圾类信息。这个差异性也有别于特立独行的"个性化",原因很简单:就像一份小众群的杂志,内容再精彩发行量也就那么多,我们这里只讨论大众媒体的问题。

这种差异性给了读者另一种选择,在无聊或者不想看主流媒体的时候,有了替代品。

3. 传播性

这种传播指的是自发的传播,而不是通过报亭这样的发布渠道,因此需要两个条件:信息源对信息公开;传递路径上没有版权障碍。有兴趣的个体自发成为传播路径上的节点,并且是以指数方式传播;再加上渠道完全免费,这两点怎能不让所有广告商疯狂。

4. 选择性

由被关注,到被谈论,再到被传播,这是必然的模型,信息的优胜劣汰在此自然形成。我们会把好文章告诉朋友,会发布评论,会转载……是的,的确有垃圾和骚扰信息让某个路径上的节点非常不愉快,但是不会对网络整体产生致命影响,因为这个网络结构是自适应的。

四、广播媒体微信公众账号的运营策略

微信公众平台在传播的广泛性、即时性、互动性等方面具有独特优势,充分发挥这些优势就能达到文化传播的良好效果。

(一)明确定位微信账号承担的功能

微信能使用语音发送信息,与广播的媒介属性有着天然的联系。但在实际操作中,出于播出安全等方面的考虑,真正把微信接入直播信号、让微信粉丝"发声"的少之又少。一般来说,不同层级的微信账号承担不同的功能,如频率的公共账号侧重在微信平台上推介本频率节目、树立形象和维护关系;而节目层面的微信更有针对性,可利用微信拓展节目内容、吸引忠实听众。

从广播媒体已有账号的运营经验来看,微信主要有如下功能:一是节目预告,为节目争取潜在听众;二是内容推广,将节目的核心内容进行深度挖掘或在微信上进行二次传播;三是沟通互动,获取听众提供的线索,实时反馈信息或意见建议;四是活动或产品推广,发布活动信息或节目附属产品的相关内容。广播频率和节目可根据自身实际,有重点地选择一个或多个功能。

(二)精心策划所推送的信息

微信公众账号推送的信息包括内容和形式两方面。媒体使用微信公众平台的目的和定位不同,发送的内容会有差异。在推送信息的表现形式上,不仅与内容本身

有关，也与公众账号运营人员使用微信的技巧有关。

新闻类广播频率的微信常使用"图文报摘"型。这种图文报摘消息的头条使用图片和大标题，点击可查阅正文，其他内容以标题链接的形式。中央人民广播电台的"央广新闻热线"、中国国际广播电台的"环球资讯广播"等账号就是如此，它们依托母媒体强大的信息资源，把微信平台打造成免费的手机报。专业型的广播频率或节目往往把微信平台做成信息速递工具。中央电台经济之声将节目中的核心内容分时段提炼出来，在节目播出前以文字或图片的形式发送，既提纲挈领，又起到节目预告的作用。另外一些专题类的节目，喜欢把微信做成杂志类的阅读物，每天推送一篇较有深度的内容，形式上类似图文报摘的头条，包括标题、图片、内容预览及阅读全文的链接。

微信公众账号的内容应具备实用性、贴近性、可读性，在形式上要综合运用微信提供的各种功能和排版方式，形成自己的发布模式，尽可能地贴近和满足听众的需求。

（三）打造令人印象深刻的独特风格

微信的最大特点是还原人际传播的基本特征，因此，广播媒体在利用微信公众平台的时候要时刻记住，它并不是一个严肃的媒体平台，即使要用它做严肃的事情，也应该顺应它亲和、贴近的本性，也要像一个性格分明的"人"一样去跟粉丝沟通。

在这一方面，中央电台都市之声《FM 中国好声音》节目的微信就对账号进行了"拟人化操作"，在关注其微信后的提示信息中，它说"欢迎亲们随时与小文互动，如果回复慢了，请耐心等待一会儿"，这让人一下子就感受到有一个与其平等沟通的对象。北京电台音乐广播的微信账号叫"先听为快白米饭"，主持人白杰和小图钉延续了在节目中的搞笑风格，常常现"声"说法，向粉丝预告话题、分享生活趣事。

（四）运用图片、标题、文字标签等方式强化碎片化传播

手机作为媒体具有便携性、移动性、个性化的特点。广播在利用微信进行传播时，也应遵循受众使用手机的规律，让传播内容适应"轻松、轻便、碎片化"的需求。目前，图片的使用已经比较普遍，大家纷纷挑选有代表性、视觉冲击力强的图片，以追求在最短的时间内将信息传递出去。标题和文字标签的使用还不多，但已能看到明显的传播效果。

（五）全过程、全方位、多角度发起互动

如果要对一个微信公众账号的运营情况进行评估，互动效果应为其中的重要一项。在现实情况中，大多数账号仅仅把微信当作一个单向推送信息的工具，并没有

发挥其互动的优势。而好的运营经验是，在小小的一个账号中，利用一切可利用的资源提供互动方式，号召粉丝参与互动。中央电台中国之声的"央广新闻热线"，在微信账号的功能介绍中发布了节目的热线号码，号召公众提供新闻信息、参与互动活动。经济之声的"交易实况"，在关注账号后的提示信息中提供了节目在短信、微博、网络等多个平台的互动方式，向粉丝展示了各种反馈信息的人口。都市之声的"时尚知道"，每天主动推送的内容仅仅是一条特别制作的标题，若要获得详情则需要回复相应内容，有效地激发了粉丝参与的积极性

（六）重视多媒体平台的推广

有很多广播媒体的公共账号粉丝不够多，往往是运营人员苦心经营，但鲜有人响应，这是因为广播媒体的微信账号在推广上存在局限。

一方面，微信这个平台以熟人社交为主，没有微博中类似"广场"的公共空间。因此，用户很少有机会"偶遇"自己想找到的账号，只能是在已经明确知道账号名字的基础上，主动去搜索广播媒体微信公众账号。广播媒体的公共账号能否被搜索到，与媒体本身的知名度和影响力关系很大，也与其在运营时品牌识别是否统一有关。另一方面，其他的媒体如电视、报纸、杂志在推广微信账号时，可以直接在版面上刊登二维码，用户轻松地一扫，即可成为账号粉丝。

广播是声音的媒体，没有这样直接有利的方式吸引听众去关注其微信账号。因此，广播媒体若要增加其微信平台的影响力，除了保证提供优质的内容，还要借助各种资源的力量进行推广。一是利用媒体的联动效应，加大在广播、微博等平台的宣传力度，在节目中反复播报、推广，或借助媒体在网络、微博等其他新媒体平台的力量，尤其是增加使用平面媒体发布二维码的机会。而无论哪一个平台，粉丝和人气的聚集都需要长时间的积累和努力，这就对广播媒体在新媒体时代的运营能力有很高的要求。二是借助线下活动，聚集核心受众，通过一小群人"带动"更多的人，加速互动传播和口碑传播。

第三节　新媒体时代优秀传统文化传播路径

一、传统文化电子数据库是文化传播的新载体

互联网时代，中国传统文化的传承要跟上时代发展的步伐，要依赖新媒体进行传播、普及和弘扬。几千年来传统文化传播的方式都是依靠纸质媒介，通过传统购买和阅读来完成的。新媒体时代，将中国传统文化转化为数字化存储方式是革命性

的变化。国家图书馆启动的"中国基本古籍库"项目，目的是把纸质媒介存储、转化为数字，建立数字化数据库，可以说是具有开创性意义的工程。中国传统文化数字化建设项目共分 20 个大类，细分 100 个子录，涵盖哲学、社科、史地、艺文等学科。将自先秦时代开始，直至民国年间历朝历代经典文本典籍 1 万余册通过电子扫描，实现了纸质媒介存储方式到电子数据存储方式的转变。电子存储内容总量是《四库全书》的 3 倍。中国传统文化数字化工程是一项努力实现中国优秀传统文化资源网上运行传播的系统工程，馆藏模式体现着其核心理念。终端是建设一定数量规模宏大的、地域上分布广泛的、可以实现跨库检索的数字化文化信息资源电子库。中国传统文化数字化工程建设涵盖了中国传统文化方方面面内容，用数字技术重现中华五千年的灿烂文化和当代文化建设的伟大成就。数字化数据库是网络传播中华传统文化的重要媒介和平台。

二、数字化出版是传播传统文化的新方式

在中国优秀传统文化数字化存储的同时，磁介质的电子出版物兴盛发展起来。伴随数字出版技术的发展，新媒体的出现，数字化技术模糊了图书、报纸、杂志、电视、音乐等传统媒体之间的界线。中国传统文化的所有内容经过数字化转换，都能够图文并茂地在相应的终端电子设备上表现出来。方便、快捷，便于携带和阅读的优势使以电子介质为载体的电子出版物成为传统文化传播的新宠。电子出版物在版权许可的范围可以在最广大范围内销售，也能够成为电视、计算机网络资源的原点。网络出版将要成为文化出版和传播的重要载体和模式，更新着文化传播的方式和范畴。通过网络购买和下载数字化的传统文化产品，加速传统文化传播的广度和幅度，便于传统文化价值的交流和推广。

三、通俗化传播成为新手段

新媒体受众群体的阅读特点和接受习惯，要求传统文化的传播方式要有所改变。传统文化不再是高高在上的"阳春白雪"，通俗化传播成为传统文化传播的新手段。通俗化传播就是采取通俗的方式来满足普通文化层次观众对传统文化的需要。通俗化传播是充分考虑到现实社会中的传统文化生存环境和社会大众的接受水平，采用大众所喜闻乐见的方式进行文化普及和传播。由于时代的发展，老庄思想、《三国演义》《红楼梦》这样的经典著作对于普通大众而言，晦涩难懂：通俗化传播就是将这些典籍翻译成通俗易懂的白话文，成为人人可懂的现代读本，实现手机终端网络阅读，电视、网络媒体播放则是采用学者真人秀的形式，通过学者幽默风趣的讲解，使晦涩难懂的古籍变得通俗易懂又趣味横生。抑或是以电视、网络为平台，采取诗词、典故比赛的形式，将古代历史事件和人物，演变成故事，通过网络或电视使原本束

之高阁的历史传统文化惠及大众，让人们在竞赛的刺激中，在故事讲述中去了解历史。另外，传统的蒙学读物则是以动漫的方式，把瀚如烟海的古代励志的典故和劝诫故事展现出来，寓教于乐，从而实现蒙学教育的现代化转变。综观这些以弘扬传统文化为宗旨的电视节目，《百家讲坛》无疑是其中成功的典范。

中国传统文化对于大多数普通大众和新媒体使用者而言，是熟悉的陌生人。说熟悉是因为中国传统文化经过岁月的沉淀已经内化为民族文化心理，大家从小耳濡目染，或多或少都接触过中国传统文化的知识，对于传统文化有所了解，但又缺乏深入、系统的研究，与传统文化渐行渐远。《百家讲坛》节目将深埋在历史长河暗处的中华文明瑰宝挖掘出来，接续了传统文化，并以大众能够接受的方式进行传播，激发最大数量的普通民众学习中国传统文化的兴趣。《百家讲坛》节目火爆，不仅是借助传统文化热之势，更是巧妙地运用电视、网络的平台，以通俗化的方式延续传统文化，成功地让传统文化在电视网络中的传播，实现传统文化现代化的转化。

中国优秀传统文化传承的意义不是让传统文化高阁在书斋中吸收年轮的气息，而是在于我们如何在更大范围内汲取中国优秀传统文化中的德育资源，构建社会主义道德大厦。

第八章　广泛传播中华优秀传统文化

第一节　文化自信在传播中华优秀传统文化中的作用

一、文化冲突与文化影响力

如今中国正在逐步实现大国崛起，世界市场到处都充满了中国元素。可以说，如果缺少了 MADE IN CHINA，这个世界的日子一天都过不下去！中国的产品、中国的技术、中国的资金正在大踏步地走向世界市场，这是个事实。但是，如果说中国的文化在世界上也有这么大的影响力，就不一定了。为什么这么说呢？因为现在中国很多年轻的朋友们，要么哈韩，要么哈日，要么哈欧美。但是，对于自己本民族有什么好的文化，却并不能那么清楚。这是一个很值得我们深思的问题。

中国现在是经济上的"巨人"，但却有可能沦为文化上的"矮子"。由此，我们就意识到：中华民族的伟大复兴，离不开中华文化的伟大复兴。

文化的弘扬和传播究竟有什么意义？文化是不同民族、国家之间相互理解的重要桥梁和纽带，是世界和谐、和平的前提、保障。未来世界，国与国之间、种族与种族之间、民族与民族之间，仍然会有很多冲突。但是，这些冲突中，更深层次的冲突，就是文化之间的冲突，文化和文明的冲突将是世界未来冲突的重要表现形式。

在这种情况下，可以设想一下，如果世界上包括中国文化在内的不同文化之间能够很好地弘扬、传播，则不同文化和文明的人们就有机会不断增进彼此的相互理解、相互尊重，那么，世界的和谐、和平就完全有可能在当下得到实现。

因此，弘扬国学、弘扬我们的文化，让中国文化走出去，不仅有利于世界的和谐、和平，也可以让中华民族更好地实现伟大复兴！因为一个民族的复兴，不仅仅靠它的经济实力，不仅仅看它的科学技术水平，还要看它是否有强大的精神感染力、影响力。那么，这个精神的感染力、影响力靠什么来培养呢？靠文化，文化就具有这种强大的精神感染力、影响力。文化的精神感染力、影响力是什么？它是一种合理性的理念，它可以成为人类文明的共同财富。中华民族要贡献于这个世界，贡献于人类，我们不仅要为这个世界提供更多、更好的产品、技术，我们还要提供优秀的精神产品，这个就要靠文化！

不仅如此，文化还是民族认同、国家认同的重要标尺。中华五十六个民族，分布在广袤的国土之上，从地域、空间方面看，大家都比较分散，相距甚远，但是，我们都有一颗中华民族的赤子之心！这个赤子之心就是靠文化来维系的。中华民族文化让我们产生一种认同，所以，不管是身处祖国大地的何方，都认可自己是中华儿女，认可自己的国家、认可自己的民族。这种认同，靠的就是共同文化。所以，国学和文化弘扬这样一个活动，其意义和价值是不用我们多说的。

二、中国哲学与文化应有的文化自信

如前所述，人的全面发展是衡量社会进步的重要标准。人的全面发展，不仅需要科学技术，也需要文化：文化可以为我们提供一个精神的家园，提供安身立命之处。在这一点上，我们的国学、我们的中国文化是有它的长处的。因为中国文化和西方文化具有不一样的特质，西方文化一开始就关注外在的宇宙客观世界，中国文化则不是，它一开始就关注人和人的生命存在，关注人性问题和健全人格的养成。所以，在这一点上，中国的国学文化可以为我们提供一个精神上的安顿，为人的全面发展奠定一个良好的基础。

（一）中国哲学与文化有浓厚的德性本体与主体意识

中国的哲学与文化有一个特质，即特别强调正心、修身、齐家、治国、平天下。围绕这样一个主题，儒家与道家虽有具体观点的差异，但又都有相似的问题意识与情怀。儒家文化具有修身、治世这个特点，道家文化也是如此。我们认为，道家讲清静、无为，强调修身与治国，由此即可看出，道家哲学的主旨与精神仍然侧重在"人"。因为道家通过清静、无为，正是要追求人与宇宙天地间至高无上的理则——道与德的相合，认为社会与人生若能合于宇宙天地间的道与德，就可以成就美好世界与美好人生，故它与儒家哲学一样，具有很好的人生哲学。虽然道家具有"出世"的情怀，但我们却不能够完全将之看成是"出世"的哲学，因为其理论的落脚点仍然是世间，它以"出世"的形式，追求人与世间的美好。因此，作为中国本土文化的两大支柱，无论是儒家，还是道家，都重视人的修养，重视理想社会的建构。

西方哲学与文化的特质，则似乎更侧重对宇宙论、认识论等的研究。这可以从古希腊的自然哲学之兴起中窥见一斑。相传为古希腊第一位哲学家的泰勒斯，主要思考与探讨的哲学问题是宇宙与世界万物之始基，他提出"水"是宇宙万物之始基。此外，赫拉克利特认为"火"是万化之始基，如此等等。西方哲学与文化重视"知识"，如古希腊的毕达哥拉斯哲学，非常重视数的逻辑推演；而近代的康德哲学，也重视对"知识"的反思。故大体说来，西方哲学一般强调"知识"，它以"知识"为中心，建构了很好的逻辑与思辨哲学体系。正因为西方哲学与文化非常重视宇宙论和知识论，如果对东西方文化做一些对比，就应该能从中看出中国文化与众不同的特质：中国哲学与文化，无论是儒家、道家，还是从古印度传来的佛教思想，对于"人"的问题非常注重，千百年来，其以解决人的身、心问题为中心，于其中发展出高度的人生智慧。

中国哲学与文化讲德性生化之理，具有实践的意味。此与西方文化所注重的逻辑定义之理、科学归纳之理是有区别的。西方文化喜欢下定义，以说明某一类人或物的本质、构造，例如，通过对人本质、构成之理的抽象、分析，可以形成人这个"类"的概念。这种类概念的形成，要抽象掉人的一些具体、特殊之内容，而将其共通性的部分展示出来。科学归纳所形成的"实然"之理，亦是通过不断向深处追溯事物之根源，来总结、形成其理。此理更多是物理，乃物之所以如此之理。中国哲学与文化认为，人们对于作为德性与价值之本的"天理"，不能像对待科学之理一样，只是安于对其"实然"的了解，更要通过人心、良知在面对此理时所具"应然"之则，去肯定、实践其中所包含最根本的道理，这个根源性的道理就是天道、天命、天理之存在。

中国哲学与文化中的天理，与柏拉图的理念不同，与康德的哲学也不同，康德的批判哲学严格分辨宇宙论与道德论两者之异；中国哲学所建构的是道德形上学，是从宇宙论、人生论方面论德性及其实现，将人生论方面的德性及其实现问题，上升至宇宙论的高度，其所谓"天命"、"天道"、"天理"，皆是如此。西方所建构的则是以"知识"或"知解"为中心所成的知解形上学，更强调抽象，其所形成的天理、实理，更多地是一种"类概念"，而不是如中国哲学与文化所强调的德性及其实现之理。

中国哲学与文化所说的"心即理"，其所言之心为"本心"，"本心"能给人们的生活乃至生命定一个价值的方向，为行动立一个规范，这当然就可以称之为"理"。这个"理"，不是物理的理，故在科学研究方面，不能够说"心即理"；就知识论而言，"心"只是心理活动、认知活动，也不能说"心即理"，只能说心可以了解理。

西方哲学与文化中，存在与本质可以做分割。好比制造飞机之理与现实存在的飞机，是可以分开的。"存在"是现存，但由定义展示出来的"本质"，则相当于是一个抽象的概念；有本质之理，非必有与此理对应之物的现实存在；只有将存在与本质结合，才有具体物之存在。当然，现实中有此物，即可由之抽象出此物之本质，舍此物仅谈其抽象本质，往往只是概念的游戏罢了。所以，西方哲学与文化中的"唯名论"认为，抽象之理没有实在性，特殊性是真实的，普遍性是"唯名"的；普遍的名是经由人的思考、从特殊的个体存在中抽象出来的。这种知识论意义的"理"可以跟"存在"分离。

从具体物中抽象出来的理，只是一个抽象的概念，这种层次上所谓的"共理"，不是中国哲学与文化所说"心即理"的理。"心即理"的"理"，是使"存在"成其为"存在"的理，它要担负起使存在合符德性的责任，这样，"理"才可能备于"我"。因此，有形构之理，有德性实现之理。一般说来，知识上的理是"形构之理"，如循某物之构造原理，而可以构造出物，此所谓"理"，即是形构之理。德性实现之理与此不同，它不是循理制造某物，而是由意志自由生成一个合符德性的思想、行为来。一般来说，定义可以表现本质。例如，说"人是理性的动物"，理性是类，动物是纲，人是目，这种定义所彰明的本质，也相当于理，但此理只是"类概念"。中国哲学与文化所说的"天理"不是类概念，它是形而上的、普遍的德性。它既说明应当，也涉及存在。故天理、良知、本心不仅涉及人之为人的本质，它同时也是宇宙、世界的本质。宇宙便是吾心，吾心即是宇宙。只讲天理、良知存于吾心，不与宇宙、世界相关涉，则天理、良知也还只是人这个类所具的类概念，其宇宙的普遍性还不能体现出来。此天理、良知只涉及人的应当，而不涉及整个存在。

中国哲学与文化倾向于认为，被动地承受"天理"，还是能够主动地推己及人，这是人与动物、植物等宇宙存在物之间形成差别的重要原因。只有人方能够推阐、扩充天理，禽兽、草木瓦石等皆不能。所以，虽然人可以与万物同体，但人与万物又有所区别。人所具有的"能推"天理的道德自觉性，即是人的主体性，此"能推"天理的道德自觉性，对客观之天理本身，并不能够有所增减，然其对天理的隐或显的状态，却至关重要。天道、天理是需要现实呈现的。若不能现实呈现，只是潜存，则人类社会就很难说达到了完美。故不能够仅只是让天道、天理静态的"潜存"，而是要在人的道德实践中，将之动态地"彰显"出来。中国哲学与文化非常重视此问题，所以，人们对于德性不能只是默识、而要践行，要在生活中不断创生新的道德实践，所谓"日新之谓盛德，生生之谓易"。

中国哲学与文化特别重视人在道德践行过程中的主体性。在个体修养的方式、方法上，有两条相应的路径：一是下学而上达，一是即体显用，即本体即功夫。中国哲学与文化发展过程中，曾发生过著名的"朱陆之辨"。其实，就我们现在看来，朱陆异同只是功夫进路的不同：朱子讲格物、致知的道问学很多，但他亦尊德性，只是在如何尊德性的问题上，方法与象山有异而已。不能说朱子"尊德性"，只是经验地尊、外在地尊，这对于朱子本人的德性人格是一误解。至于朱子后学末流易有此流弊，则不排除有这个可能，因其功夫的进路、方法强调格物穷理，习惯在事事、物物上去计较，若不能在这个过程中发明本心，则确有可能逐末而忘本。

同样，认为陆象山只讲尊德性、忽略道问学，犯空疏之病，也不尽然。陆象山治学，强调每个人都要内在挺立起自己本有的德性主体，时时护住此价值本源，发而在外，自能"弥纶"天地之道而不过，自能曲成万物而不遗，何空疏之有？当然，从个人的道德修养来说，圣之为圣更多表现在内，这种圣贤人格之完成、践履，应该说，与知识、学问之多少，并无太直接的关系，这完全是从纯内在德性实践上而言者。

陆象山所创心学，为明代王守仁所继承、发展。王学以心为德性之体、价值之源，而非自然之"事"。当"本心"静而不显之时，既无善相，亦无恶相，然其本性乃纯粹至善，此与告子无分于善恶之"生之谓性"之自然主义不同。在中国哲学与文化中，精诚之天心、仁体是至善的，在实践中，至善既可以通过一般所谓的"善"来呈现，在某种情况下，也可以通过一般所谓的"恶"来呈现，"善"与"恶"对，而天心、仁体的至善则可以说是无对。心之动则为意，意念有善恶，而意念根源处的"良知"，则是无对之至善。在实际做功夫时，若要"致良知"，就要使人的意念永远相应于良知本心的心体而发，化恶念于良知之致中，这就是所谓"正心"。一般认为，心之活动不过是认识、了别、理智解物，不能以之为主宰并指导人们生活之价值方向的道德心，不能正视其为价值之主体。王阳明学问之精髓是"心即理"，此心是道德实践的心、非认识的心；理亦是形上道德实践的理，非知识所对的万物之理。

中国哲学所谓的"德性之知"，所知为何？应该说，其所知，正是知人之所以为人，以及人与人、人与万物相关联之时，能够得到德性之"超越"的那个道理；而所谓"闻见之知"，则只是知人与物在物理、现象上的所以然之理。故中国哲学原本意义上的格物、穷理，并不是仅以成就科学知识为目的；中国传统哲学重视"闻见之知"，更多地是欲借所闻、所见，以启发人心、良知去开启德性超越的所以然之理，而并不着力于研究见闻所接触人与外物本身的科学原理。故王阳明"格竹子"之所以失败，正表明追求格物、穷理的科学意义与德性价值实现二者之间，是有所不同的。而《大学章句》中朱熹所说的："众物之表里精粗无不到，而吾心之全体大用无不明"，其所云"众物之表里精粗"，并不对应科学知识而言；其所讲天理乃是道德的实现之理，是通过践仁、尽性，所开发出的一种直接悟见人生、宇宙德性之本的实理如此，体现的是一种儒家圣者的生命与人格精神。

仁心、良知、天理等本体，不能只是潜存，而要通过人们的道德实践，把它呈现出来，证实本体确实是这样。本体不是一个抽象的概念，也不只是一种思想境界，它要通过人的道德实践活动，将之呈现出来。中国的哲学与文化，并不特别彰显知解理性的作用，而更强调实践理性的作用。中国哲学与文化讲德性，此德性非谓以之拘束人，乃是讲其创生、创造，讲完成一个人所当有的人格。一般格物、穷理的求知，只是追求知识、学问，而非德性实践；在功夫实践的角度看，知识与道德则应该结合，只从知识上识得、在行动中却行不得，非可谓真知。

故中国哲学与文化特别强调将"知识"与"德性"相融通，在对于追求专门知识——"学"的同时，亦将之注入德性修养的内涵。如中医可以治病、救人，但它不仅仅是一门技术，更是一门修身、养性的学问，故良医必有大德，无大德则难成良医。儒家说"下学而上达"，其所谓"学"，当然不离日用常行、不离现实生活，但同时它又以升华至天道、天德，作为自己追求的价值目标。因此，中国哲学与文化始终强调将知识与德行密切结合，始终希望知识能够为德性修养服务，成为德性修养的重要组成部分。

德性同时具有主体性原则与客体性原则。《易传》中有"天地之大德曰生。"天地有好生之德，此即意味着德性的客体性原则，它充塞于天地之间，自在、自存。《论语》中有"人能弘道，非道弘人。"天道、天道自存于天地间，这就体现出天道、天德的客观性。若欲使此天道、天德在人世间彰显，有赖于人的弘扬、张大；人通过践仁之功夫，可以使天道、天德得到显扬，这又体现出德性的主体性。

（二）中国哲学与文化具有强烈的忧患意识

天命与天道下降而为人之本体，这本体是形而上的、体现价值的、真实无妄的主体。孔子所说的"仁"，孟子所说的"性善"，道家所说的"道"与"德"，皆是如此。所以，中国儒家的孔、孟与道家的老、庄，皆可以发展出一套独具特色的"天人合一"哲学。于此，道家通过"尊道贵德"，儒家通过"持敬"的修养，在自我的本性中，来肯定天道、天命所赋予之性、命。这种肯定，既是自我的肯定，更是从本体、根本上的肯定。

天道、天命下贯而为人、物之性与德，此本体的天道、性命既内在、又超越。"超越"主要体现其形而上学性，"内在"主要体现其自做"主宰"义。故儒家认为每一个人可以希圣、希贤，即追求成为圣、贤；道家认为人们可以成为真人、至人；佛教认为人通过修行可以成佛。我们要正确对待自己的生命，经常保持自己的生命不被"物化"，此生命当然指的是内含价值取向的精神生命，而不仅仅是自然的肉体生命。

在这个过程中，一方面，人要提醒自己，时时刻刻"与天地合德，与日月合明，与四时合序，与鬼神合吉凶"，这就是将自己的"性"与天道、天命相贯通。这个贯通的过程，离不开人的觉悟。另外，中国哲学与文化还要求，不仅自己成圣、成贤，在这个过程中，还要能够帮助、引领他人觉悟自己的真实性、命。因此，中国哲学与文化对于生命的尊重与强调，并不仅是形而下的只关注肉体之身体，而无精神、理想之追求；亦不是将天道、性命推出在外、高高在上，没有属人的内在性，悬空而永远不能亲切、近人。正因为人们常常忧患自己的"德"之未修与"学"之未讲；另一方面，也常常忧患天地万物之生、育不能各得其所，故形成了中国哲学与文化所特有的浓厚的忧患意识。一切人与物，究而言之，概莫能外：自以为处境危险者，因深惧而自警，反而可能得其平安；自以为平安无事者，不知警惧，反而可能倾覆。

故其又说：

子曰："危者，安其位者也。亡者，保其存者也。乱者，有其治者也。是故君子安而不忘危，存而不忘亡，治而不忘乱，是以身安而国家可保也。《易》曰：'其亡！其亡！系于苞桑。'"

此引孔子之语，提出无论是修身、齐家，还是治国、平天下，君子于安全之时，不能忘记危险；于存续之时，不能忘记消亡；于天下大治之时，不能忘记可能发生的祸乱。那些正处于凶险、灭亡、祸乱境地者，正是以前太过于安于其位、享有其存、恃于其治者。故人们要常存警觉之心，于安、存、治之时，时刻不忘警惕危、亡、乱之到来，采取种种措施事先预防之，方可以免于危、亡、乱之祸。正如《周易既济》卦之《象》曰："水在火上，既济。君子以思患而豫防之。"处水、火既济之时，本无患难；然《易》警戒人们，不可以因此时无患难而安逸、不事先做出预防；须知患难正可以生于既济之后，以为平安无事而生懈怠之心，则可能生起祸患。只有于既济、无患之时，贵于思患而预防之，则因防于其始而可使终无其患。

这种忧患意识，直接促成中国哲学与文化积极"参赞天地之化育"的入世、济世精神之形成。《中庸》："唯天下至诚，为能尽其性；能尽其性，则能尽人之性；能尽人之性，则能尽物之性；能尽物之性，则可以赞天地之化育；可以赞天地之化育，则可以与天地参矣。""唯天下至诚，为能经纶天下之大经，立天下之大本，知天地之化育。"也就是说，中国哲学与文化不仅强调修己之德，还要求推己及人，使德心、德行尽显于宇宙天地间，使之由人及物，使天地万物各得其所、各得其宜。正如《周易　泰》卦之《象》曰："天地交，泰；后以财成天地之道，辅相天地之宜，以左右民。"所谓天地之道，一般指的是天地生长、发育万物之规律；所谓天地之宜，指的是天地四时变化有其节序，日月运行有其法则，阳光雨露各有其时，丘陵、山川、平原、河海各有其宜产之物。《泰》卦上坤下乾，坤阴之地气往上升，乾阳之天气往下降，一阴一阳，升降上下、交互往来，阴阳相和、生成万物和人类。因阴阳通泰而生人、生物，故卦名曰《泰》。统治者观《泰》卦阴阳通达之象，对天地之道要裁成、辅相，使之保持和谐，无过、无不及，若有过则裁之，有不及则辅助之，积极参赞天地之化育。

中国哲学与文化所保有的忧患意识，能够不断警醒人们安而不忘危、存而不忘亡、治而不忘乱，使人们奋发向上，健健不息。这对于我们当代社会来说，仍然有其重要价值。

（三）中国哲学与文化具有包容精神与创新意识

"厚德载物"、"革故鼎新"，其源皆出于《周易》。《周易　坤》之《象》曰："地势坤，君子以厚德载物。"；《周易　坤》之《彖》曰："至哉坤'元'，万物资生，乃顺承天。坤厚载物，德合无疆。含弘光大，品物咸'亨'。"坤取象大地，大地之德，乃承天所施之气，顺天道之变化，生养万物。大地宽厚、广博，其生养万物之德普及于一切，不论其贵贱高低，皆一无所遗。正因为大地宽厚、广博，其包含、容纳之雅量恢宏、广大，故可以承载万物，使万物各遂其性、各得其所。因此，坤卦之德至少有四：顺承天道而不妄，生养万物而不遗，承载万物而不辞，包容万物而不斥。坤有大善之德而可以让万物通达、畅美，故云其能厚德载物。若以"含弘光大"释坤之德，则"含"有无所不包之义，"弘"乃无所不有之义，"光"是无所不著之义，"大"是无所不被之义，四者皆可以明《坤》之德。

中国哲学与文化的重要特点之一，就在于禀承《坤》卦"厚德载物"之精神，能够包容、承载不同文化与文明的成果，并在这个过程中，创新、发展自己的文化。所以，作为中华传统优秀文化重要组成部分的《周易》文化，多方面地体现了"厚德载物"的精神：如在国家与社会的层面，强调"君子以容民畜众"、"先王以建万国，亲诸侯"、"君子以教思无穷，容保民无疆"；在个人修养层面，强调"君子以虚受人"、"君子以同而异"、"君子以多识前言往行，以畜其德"；在人与大自然的关系方面，强调"先王以茂对时育万物"，如此等等，皆能体现出中华民族文化"厚德载物"的精神。

中华民族文化所具有的包容精神，在当代世界仍然具有其重要的时代价值。如前所述，文化与文明的冲突在当代社会愈演愈烈，大家越来越意识到，不同文化、文明与宗教等之间经常保持交流、对话非常有必要。但是，如何保证这种对话能够得以正常展开，这就需要我们具有包容的精神。若眼中只有自己而容不得他者存在，文化与文明之间必然难以展开有效的交流，更谈不上对话。因此，中国哲学与文化所具有的包容精神，应该在当代社会得到大力发扬，我们要积极努力，向世界展示我们文化的包容性。这既是中华传统优秀文化的重要特征，也是我们贡献于世界的一笔宝贵精神财富。

（四）中国哲学与文化强调人格养成

中国哲学与文化探讨了关于德性之善的种种表现方式，为个体的修养和社会的完善能够提供最基本的价值尺度和原则；对于如何调整人自身，调整人与社会、人与自然等各种关系的一些行为的规范和准则，这在传统国学中也很多。表现在中国文化重视探讨德性修养过程中的知与行、涵养与省察、正心与修身、持敬与存诚、格物与致知，等等。这样的一些问题，都非常重视人格的培养。

比如，对于人格修养，儒、释、道三家所讲，略有不同：道家讲"静"，儒家讲"敬"，也即敬畏。静与敬，两个字含义不一样。道家的这个"静"，是说事物有其规律和法则，人通过静心之后，把主观自我的东西消解掉，然后，人就能够顺从事物的规律和法则，静有这样的一个意思在。

中国传统文化的主旨精神,就要安"心"。儒家怎么安这个"心"? 它用一个"敬"字,就是在人的心中存一个东西,你始终存一个东西在这个地方,你的心就安了。存什么? 存良知、存天理,你存了良知、存了天理在这个心中,会有什么效果呢? 假定这个瓶子是空的,现在给它装满酒;盖上盖子后,再把这个瓶子扔到太平洋。虽然太平洋很浩渺,瓶子很渺小,但太平洋的水是进不到瓶子中的。因为瓶子里面已经满了。儒家所谓"敬",是说把良知、天理存进人心中去,把天理给存进去后,人面对这个世界的变化,无论怎样,其心都能安而不动。为什么? 因为心里充满天理、良知。这就是儒家所说的"敬",持敬以存诚。

国学文化当中,就有这种持敬、存诚、涵养。涵养什么? 涵养"初心",国学以这个初心为天理、良知。孟子讲性善,这就是相当于人的"初心"。但是,这个"初心"会受到污染,要保存这个初心,就是护住本有的德性、良知。若能保持住这个"初心",就是有涵养。

除了涵养,还要时时省察。省察这个初心为什么被牵引、被诱惑。医学治病,却往往只治人的身体,而不太关注人的心理健康。中国文化认为人的身体出现问题,一般跟心理有关联。有些人长期肝气郁结,这个时候,就可能产生器官性的实质变化:肝出毛病了。对此,光治肝是不成的,还要从心理上把他肝气郁结问题的根源找到,进行化解。所以,传统国学认为人的身心是相结合的,正心与修身是一体的;光养身体,不正心也是不可以的。其所说知行合一,或者知先行后、知难行易、知易行难等,这样一些讨论,都是要调整人的身心。这些讨论在我们当代来讲,也有它的价值。

国学关注理想人格的养成,关注理想社会的建构,有很积极、高尚的价值追求,能够激励人们去进行一种创造性的探索,为人们提供追求崇高理想的精神动力。儒家文化肯定人的情感,持"情善论"的立场。儒家文化肯定仁爱,认为仁爱是非常好的,这就是"情善论"。但是,这个爱必须适宜,不能够过、也不能够不及;过和不及,就不叫做情,而叫做欲。所以,宋明理学讲"存天理,灭人欲。"大家不要将这句话理解成:把人的情感全给消灭,不是这个意思。"存天理,灭人欲",不是要把人变得没有情感;它是说这个情感要当于礼而发,要"中庸",要"无过无不及"。

国学中,诚、良知、仁是它的价值之本。存此价值之本,可以经世济民,可以"开物成务","通天下之志、成天下之务",自强不息,经世济民,这样的一种思想在传统国学当中比较多。另外,它也有关于善与恶、公与私、义与利、群与己、荣与辱等价值方面的判断,还有一种超越的境界,比如说厚德载物、乐天知命、与天地合其德这种道德价值的超越境界。这样的一些内容,构成了我们的民族文化和民族精神的主要内容，也是我们国学的主要内容。

综上所述，中华优秀传统文化在历史的长河中，不断积淀，发展、形成了我们独具特色的价值文化精神。这些文化精神不断塑造着我们的民族性格，使中华民族能够历经五千余年的风雨，屹立而不倒、弥久而常新。这些文化精神既是中华民族的宝贵思想财富，也是世界文化精华的重要组成部分。我们当代中国人有责任将之发扬光大，使之能够惠及于整个人类社会。

第二节　中华优秀传统文化对世界文化发展的贡献

一、"和谐"是具有世界普遍意义的价值理念

"和谐"是中华优秀文化中的一个核心理念。"和谐"为人们提供了处理人际、国际关系的良好范式，可以成为具有世界普遍意义的价值理念。因为"和"以差异为前提，只有差异性的共存，才有"和"的存在；差异性必然要求每个个体包括个人、民族乃至国家的自我的实现，即要将其所具有的最本真性质转变成现实存在；而"谐"则强调差异性的谐和、有序，旨在强调人际、国际间的圆融、无碍。因此，建立在"仁爱"之基础上的"和谐"价值理念，才能真正肯定世界不同国家、不同民族的本真特性，建构起"差异相通"的"和谐"国际社会。

（一）"和谐"作为世界普遍文化价值理念的理论依据

"和谐"作为具有世界普遍意义的价值理念，为人们提供了处理人际、国际关系的良好范式。"和"以差异为前提，只有差异性的共存，才有"和"的存在。差异性必然要求每个个体包括个人、民族乃至国家的自我的实现，即要将其所具有的最本真性质转变成现实存在。"谐"则强调差异性的谐和、有序，旨在强调人际、国际间的圆融、无碍。

作为世界大家庭的重要一员，中国以什么样的态度和方式，去参与、推动世界文化价值发展方向之调适与转向，这既是一个非常重大的理论话题，也是一个不容回避的实践问题。我们的答案之一，就是推出"和谐"文化的价值理念。在我们看来，只有建立在"仁爱"之基础上的"和谐"价值理念，才能真正肯定世界不同国家、不同民族的本真特性，才能在不抹杀各个不同国家、不同民族的本真特性的基础上，建构"差异相通"的"和谐"国际社会。

1. "和谐"价值理念建立在"仁爱"的情感基础之上，使之可以成为具有世界普遍意义的价值理念

在中国儒家看来，"仁爱"本身既有普遍性，又有差等性。从"亲亲"到"仁民"，从"仁民"到"爱万物"，爱由近而至于远。这种情感发自于每个人的"良知"与"善性"。例如，以"亲亲"为例，前一个"亲"为动词，后一个"亲"为名词，即爱其亲人的意思。为什么要爱其亲人呢？追溯其源，则又是由每个人所具有的"爱"自己的天然情感所引申出来的。儒家持一种"情善论"的立场，认为每个人都有一种根源于其自身的"爱"，由爱自己发而在外，能则爱亲人、爱朋友、爱国家、爱人类，乃至于仁爱万物、宇宙和谐一体，皆是由此"爱"而来。因此，儒家认为"爱"的情感是可以成为普遍性存在的。

不仅如此，爱又体现出差等性。儒家不仅讲"仁爱"，还讲"仁爱"的效果，也就是要考察某种"爱"发出来之后，是否合适？以其专门的术语来讲，则是"爱"发出来是否皆"中节"，是否能当于"理"，在"中节"和"当于理"的过程中，"仁爱"就必然呈现为差异性。例如，在我们的教育中，教师当然应该"爱"学生，一个不爱学生的教师，很难成为一名合格的教师。但教师对学生的这种"爱"，与这位教师爱自己爱人的那种"爱"，无疑是存在差别的。教师对学生的"爱"应该表现为一种"爱护"，这与其对自己爱人的"爱"不能相等同。

之所以倡导"和谐"，是因为"和谐"的价值理念本来就是建立在普遍性的"仁爱"的基础之上的，这种普遍性的"仁爱"在表现的过程中，必然呈现出差异性，这就是"爱有差等"，但"爱有差等"或者说差异性又不妨碍其具有普遍性。这种差异性与普遍性的共存，即表现为"和谐"。"和谐"的一个基本特征，就是"差异相通"。因此，我们发现，"和谐"观念及其价值实现方式，将人类最普遍、最值得肯定的"爱"的情感，作为其存在的基础，从而可以成为具有世界普遍意义的价值理念。

当今世界，不同民族之间、不同国家之间如何"和谐"相处，成为国际政治需要认真对待的一个重要的现实问题。"和谐"的价值理念对此能够提供什么样积极意义的解决方案？"和谐"的价值理念必然要求处理国际事务当从"仁爱"出发，以"仁爱"作为处事的最高准则，或者更进一步，以之作为不同国家追求的终极目标。由"仁爱"则生"功"与"利"，此"功"与"利"与"仁爱"相伴，其重要表现之一，即为国与国之间不论大小皆和谐相处。一个国家的行为皆出于爱、出于惠及人类的考量，由此所带来的功与利皆合于"仁爱"的精神，由此则能表现出不同国家、不同民族的"和谐"。与此相反，一个国家或民族若只从一己之"私利"出发，不能够将"爱"扩而充之，这种行为必然会不断在国际社会制造各种麻烦，这个时候，国际社会就没有和谐了，存在的只能是各种冲突。由和谐之爱的精神彰显，才能统摄各个不同国家，使之作为一个"共在"体而存在，各国皆能爱惠于此。正因为此，我们才说，"和谐"可以成为具有世界普遍意义的价值理念。

2."和谐"价值理念体现出"多元普遍"、"差异相通"的特性

"和谐"的价值理念，强调差异与包容，差异意味着其具有"多元性"；包容则意味着其能于差异性中发现、找到普遍性的价值。故"和谐"的价值理念持一种既"多元"又"普遍"的立场。

"和谐"的价值理念，恰恰可以打破在价值问题上人们所容易坚持的一种所谓的"价值不可通约"的观点，这种观点认为价值只具有相对性，而不可能存在客观性、普遍性。应该说，不同民族虽然具有不同的精神气质，在看待世界时，也总有不同的视角，这就可能表现出无限的丰富多彩性，故说价值观具有独特性、多样性是正确的。

但我们又不能仅仅停留在这一层面上，如果我们换一个角度看问题，则会发现，虽然价值观各有不同，但于其中所体现的精神实质，却可能总存在着某种普遍性的因素。好比中国人常说的"打是亲，骂是爱"，"打"、"骂"与"亲"、"爱"一般说来是相互对立、排斥的，"亲"与"爱"的表现形式，通常不可能以"打"、"骂"来表现；然脱离开这种具体形式的对立，进入到精神实质的层面，则有时候"打"与"骂"，恰可以表现人们之间的"亲"与"爱"，这又是为什么？因为我们摆脱了机械地以"打骂"不是"亲爱"的形式，进入到实质性地考察问题的阶段，在这个时候，就会发现，差异乃至对立中，存在着相通、存在着普遍性。"和谐"最能体现这种差异性的统一，"和"意味着多种多样，意味着丰富多彩，"谐"则表明差异性可以相通、可以共存。

3."和谐"价值理念倡导"和而不同"、"和而相通"

在中国哲学中，价值不属于科学方面的问题。科学问题侧重认知，以知识、逻辑为前提，但价值问题更多地属于人们的生活实践，这种生活实践看来似乎是偶然的、随意的，如此则其原则也似乎是私意的，不可能具有普遍性。

中国哲学与文化强调"和谐"，是因为其关注点在于人如何成为理想的人，由人所组成的社会如何成为理想的社会。在这个过程中，其必然以价值和道德理性作为考察的核心，其所谓知与行，不是一般所说的科学知识，即不是一般所谓的征服自然、改造自然的活动，其知与行皆发自于人自我完善的需求，人在自我完善的过程中，由其内在的理想、精神，发而在外，便有了具体的知与行。但这种知与行与纯科学的认知与实践还是有着一定的差别，因为它主要关乎人性的修养，是由人性修养过程中所发出来的知与行。一般都说"科学无国界"，只要是条件具备、程序得当，所得之结论便具有普遍性。而人性之修养，则更多地是个人的体会、体验，这种体验因其带有个人的情感色彩，具有个体的殊异性，而似乎不可能具有普遍性。但中国文化却不这样认为，如儒家孟子讲人性善，他并不是讲个别某个人或某一类

人的人性是善的，而是认为人性普遍地是善的，虽然人性在表现的过程中千差万别、各有不同；陆王心学讲"人同此心，心同此理"，也是从普遍意义上来讲的，但陆王心学此说也并不否认差异性的存在；佛教禅宗不立文字，强调以"心"印"心"，也许我们会问，人心各不相同，如何能彼此印证？但对开悟的禅师们来说，正因为他们彼此之间心与心相通，故能相互印证，这种相通性即是建立在普遍性的基础之上的。

在中国的"和谐"文化与思想中，并不否认个体之间具有差异性，但这种差异性又是与普遍性相互贯通的。中国的"和谐"思想，很少出现所谓原子式的个体主义，这种观点认为：个体与个体毫无相通之处，每一个体皆是自生、自造，不存在彼此之间的同一与贯通。但如果深入思考一下，这种观点恰是将个体抽象化了，因为在这世界上，并不存在一种只有与众不同、却没有共通性的个体。在对事物进行认识时，我们看到了个体、看到了差异，这是我们区别认识事物时所应当持有的立场，不如此，我们就不可能对个体事物的本性做出清晰的认识和表述；但我们如果仅仅停留于此，则真可能导致"只见树木，不见森林"的情况出现。为此，我们还可以从另一个角度和层面来认识事物，即从个体的、不同的事物的"通性"上去认识、体验事物的存在及其表现方式，这种认识并不至于抹杀个体的真实性、独特性，却能在保持个体的独特性、真实性的同时，达成其整体性的相贯通，这就是一种"和谐"。

魏晋玄学中的郭象庄学，一方面讲"独化"，认为这个世界没有造物主，万物皆自己造成自己，这就是所谓的"独化"，犹如嘴唇与牙齿本不相同，各自独化，但是，唇与齿之间又存在着彼此之间的"相为"。宋明理学讲"理一分殊"，它首先肯定每个个体性的存在具有独特性、自在性，但这种自在性、独特性又不是封闭的，它既内在又外在，既有个性、又有开放性，差异中相通，"通"的基础即是"理一"，在"理一分殊"的理念中，整个宇宙和谐一体，既差异、又贯通。此说旨在说明，作为个体性存在的人，其价值实现虽然是独特的，但并不排斥其中存在着相通的、普遍性的价值原则。

也就是说，中国的"和谐"文化精神，不认为个体性只是封闭物，只能以一种原子式的方式存在。虽然中国文化在谈"和谐"时，前提是先肯定个体性、独特性，但这种个体性存在在实现其自身价值的过程中，由其作为类存在物方面情感的真实相通性，而可以成就一"和谐"整体。如在不同情况下，人们皆应持一种对"真"、"善"、"美"的理想追求，这种追求是保证人类不断完善、进步的动力，在追求"真"、"善"、"美"的过程中，每个个体所面临的情与境当然会有所不同，其表现必然具有差异，甚至在某些情况下，其表现形式还可能具有对立性，如前所述之"打"、"骂"与"亲"、"爱"，但这种差异甚至对立，并不排斥不同个体精神指向性方面具有实质的相通性。

这种相通性使得个体能够在实现自我的过程中，不断向周围的他者开放，彼此相互理解、沟通。这个过程并不是抹杀个性的过程，它恰是要在保持个性独特的基础上，方能进行。

当然，中国文化在谈论此问题时，更多地将问题限定在理想人格的修养方面。如宋明理学认为人性有"天地之性"与"气质之性"之分，但这两者又不是两种不同的人性，而是一性，一性中既有"天地之性"、又有"气质之性"；"天地之性"与"理"相联系，"气质之性"与人所禀的"气"相联系；理与气的关系，是理在气中。由于人之禀气有清浊厚薄，故人的气质相互差异，但差异的禀气中，皆存有"天地之性"，且"天地之性"只有落在禀气之中，才能现实地存在，不然，"天地之性"就挂空了。由于气质的独特，故每个个体皆是独特的、个性的；但每个个体皆赋有"天地之性"，故不同个体之间是可以相互敞开、贯通的，这种既独立而不改，同时，又周行而贯通，即是"和谐"的应有之意。这种"和谐"观认为，人和事物皆个性鲜明、各个不同，同时又相互贯通、具有开放性，和而不流、和而相通。

（二）"和谐"作为世界文化价值理念的现实意义

1. "和谐"作为世界文化价值理念具有其必然性

以"和谐"作为世界文化价值理念具有其必然性。这样认为，是有其理论和现实根据的：其一，"和谐"方能导致人与人之间的"认同"。人在这个世界上，并不只是一个个孤立的、原子式的存在，人们不能离开社会生活，无论是人的工作、学习，还是生活等实践活动，皆具有社会性的特征。社会由不同的人所构成，但又不能还原成一个个不同的人，社会性本身就体现出一种整体的"和谐"。

在这种"和谐"氛围中，不同个体之间必然存在着一种"认同"，这种"认同"的内容很广泛，人们通常所说的政治认同、阶级认同、身份认同等，都包含在内。于其中，一个非常重要的认同是"文化认同"。上述所说这些认同，应该说，都是建立在"和谐"的基础之上的。只有"和谐"，才可能为认同奠定基础。

其二，"和谐"并不必然"趋同"。在前文中，我们讨论过"和"与"同"的区别。中国古人即认为"和"与"同"是不同的。"同"是抹杀个性，消灭独特性，个体处于一种"千人一面"的趋同状态。

"和谐"则不同，一方面，"和谐"是建立在保持个体的个性、独特性的基础之上；另一方面，每一个个体性的存在构成为一个整群，在这个群体中，不同个体共生共存，它们之间也存在着一种共在性，这种共在性因个体的差异、变化而处于动态的变化之中，每个个体以"自我"的特殊方式来塑造这个群体。同样，这个群体也以其不断生成的"共生"、"共在"的性质影响着每个个体，以便让每个个体将此"共生"、"共在"内化为"自我"之应有内涵，如此，则个体也因此得到内涵上的充实、更新，这种充实、更新再结合个体本身与生俱来的独特性，将可以使个体得到进一步发展、升华。

这样，个体与群体之间便达成了一种良性的互动，个体以自我的方式影响群体，群体以"共在"的方式影响"个体"。因个体性的存在，群体丰富多彩；因群体的"共生"、"共在"，个体得到充实、提高。如此，则能够建立起不同个体之间的群体"和谐"。

其三，"全球化"进程中的"和谐"呼声。目前，人类社会发展的过程中，出现了"全球化"的趋势。"全球化"是人类社会科技进步的一个结果，因为科技的不断发展，使得人们生产、消费的各个环节都具有了世界性；"全球化"也有利于资源的合理配置与应用，可以有效提升市场的功能；"全球化"促进了人与人之间交往，人们对于世界和平的渴望、要求，在这一时期更加明显、突出。

在"全球化"的世界大家庭中，各个民族、国家不再是一个孤立的、单独的存在，而是处于相互关联、动态发展的整体当中。因此，"全球化"并不意味着消解不同民族和国家的个性，而是指具有不同个性的民族、国家皆以自己独特的方式，加入"全球化"的过程中来，这就必然要求不同民族、不同国家的"和谐"相处，也就是说，"全球化"的进程必然要求"和谐"。

2. "和谐"价值理念的精神旨趣

"和谐"并不意味着否定主体性的存在。有一种观点认为，中国传统文化的价值自我是非主体性的，如儒家的"毋必"、道家的"无为"、佛家的"无我"，皆有否定自我的意味。这种观点对于中国文化的"和谐"精神，实是一种误解。我们认为，"和谐"必然要求有两个层面的视角：一方面是从个体自我出发，考察自我的殊异性如何来体现普遍的"爱"，这种考察必然以时间、地点、条件为转移，必然具有个性和差异，这种独特的个性和差异是不能被消解的。好比儒家所倡导的"泛爱众"要求"爱"被及于一切，故一个人爱自己的爱人，当然也应该爱他朋友的爱人；但这两种"爱"却不能相混淆，因此，这个人就不可能以"泛爱众"为借口，以爱自己爱人的方式，去爱其朋友的爱人。这个过程中，是不可能将具体之爱的个性与差异消解掉的。

另一方面，我们还要从个体性出发来一个超越，这里所说的"超越"并不是"否定自我"，因为"超越"恰恰是以"自我"的存在为前提的。所谓超越，是暂时将"自我"搁置，将"爱"的具体内容搁置，去探求具体的"爱"的背后所体现的实质精神。以这种实质精神来统摄不同内容、差异的"爱"，这就可以达成尊重个性的同时，又能"和谐"地兼容并包。若要达成"超越"，即要"毋必"、"无为"、"无我"，这里的"毋必"、"无为"、"无我"是达成差异性存在"和谐"相通的一种境界，只有在这种境界中，方能建构起"和谐"。

当然，"和谐"也不仅仅只是一种忘我的境界超越，而可以成为一种自我实现的现实超越。"和谐"并不只是一种境界，它也应该是"现实"。只有每个个体在现实中充分地实现自己的本真价值，才能将不同个体之间的"和谐"不断地推向更高层面、更高水平的存在。因此，"和谐"并不意味着一成不变，并不是保守、裹足不前，而是在每个个体自我实现的过程中，不断达成群体间更高层次的协调与发展。

"和谐"价值理念是否反对斗争、不讲转化，倾向于维护现状。我们认为，"和谐"意味着差异，差异各方的相互作用必然导致整个局面的动态发展，故"和谐"并不是静如止水的静态存在。"和谐"导致的动态发展，应该是使局面由低级状态的"和谐"向更高层级"和谐"的过渡，这在当前和平与发展成为世界两大主题的国际形势下，尤其有其重要的现实意义。"斗争"是建构更高层面和谐的一个手段，其与"和谐"价值理念并不相违背。至于说中国古代社会中，"和谐"的价值理念本来就没有得到过充分的实现，这要具体问题具体分析。对于我们当前来说，倡导社会主义和谐的价值理念，就要充分考察其落实的各项运行机制，使之不仅仅停留在文化价值理念的层面，更体现在现实的人伦日常之中，这需要全社会的共同努力。

综观中国文化的发展，于其中始终体现出"和谐"的精神旨趣。如在先秦时期，以孔、孟、荀所代表的儒家，重视伦理、德性和礼乐的原则；以墨子为代表的墨家则重视功用的原则，道家老、庄则更重视自由和自然的原则，诸子百家看待问题的角度、解决问题的方法各异，然又在一个更高的层面上相互贯通，这就体现出一种"和谐"。以这种精神来解决当世之问题，未尝不可，虽然我们所面临的问题与古代相比，已经有了极大的不同，然而处理问题的精神与态度，则可以相近而有所借鉴。正因为中国文化中的"和谐"价值理念既尊重各个民族、国家的个性，尊重其应有的主体意识，同时也强调各个民族、国家的共生、共存，故而其能够成为具有世界普遍意义的价值理念。

二、积极弘扬中华优秀文化，为世界文明发展、进步做贡献

中华优秀文化既造就了中华五千年文明的灿烂历史，也对当今中国的迅速发展起到了极大的推动作用。面对世界文化和文明进步的潮流，中华优秀文化应该乘势而上，积极走出去，发挥自己所特有的优势，为世界和平与发展做出自己应有的贡献。

当代社会，各种人际冲突、民族冲突、国家冲突等之后，深层存在的是利益的冲突；而利益的界定，就与价值息息相关。当代国际社会的各种政治危机、经济危机、社会危机等，也与价值观念的危机相涉。

（一）价值观对于塑造民族性具有重要的作用

民族性的差异，其主要的原因是文化价值观的差异，由于文化价值观不同，导致不同民族思考问题的方式和看问题的方法产生巨大差别，以这种不同的文化价值观为指导，不同民族的人们其行为方式也存在着较大的差别。相反，如果是生活在同一个价值文化圈的人，却可能具有较多相通、甚至相同的思维方式和行为方式，于其中便显示出所谓的国民性或者说"民族精神"。

正因为现实人们的行为和思想并不是从虚无开始，而总是在一定的社会历史文化氛围中形成并展开，因此，过去特定时期的价值判断和价值理念就已经作为现实一切活动的前提和预设条件而存在。在当今世界各国，价值观教育与建设皆是当代意识形态工作的核心内容之一。所谓教育，其功能之一，就是要塑造人，要宣传某种理想人格、理想社会，表达某种社会期望，进行社会教育，净化人的心灵，陶冶人的道德情操，激发人的崇高精神。为此，社会就要提供一整套支配人类外在活动和内在思想的价值观念，将一套价值观念和价值评判体系推广于社会、人群之中，帮助人们形成价值观念，提供价值尺度和价值取向，使社会、人群形成一种规范的日常行为方式。在这个过程中，人们遵循良性的价值理念，将人性中崇高的精神加以升华，不断培养高尚和健康的思想和情感。

中国文化中的价值观思想体系，有很多方面的思想精华皆可以贡献给世界，值得现代人认真思考和总结。长期以来，中华传统文化尤其是儒家文化便非常关注现实，具有积极入世、济世的淑世精神。例如，儒家知识分子大都有一种强烈的责任感和忧患意识，他们研习儒学经典的目的，不仅是要对儒学的经典进行文字的训诂和经义的训释，更是要探求其中所蕴藏的大中至正之道，为经世济民提供理论的指导。尤其当社会和国家处于内忧外患、危机四伏、弊端丛生的时候，更是如此；知识分子群体皆有一股强烈的忧患意识，他们以一种浓郁的人文情怀，关注社会、人事的矛盾冲突、混乱失序，面对现实困境，焦虑不安，忧心如焚，希望找到摆脱社会困境的出路，以拨乱返正，重建正常的秩序。中国哲学与文化强调正常社会秩序的建构，这离不开价值文化的建构。因为价值为政教之本，无论是内修德义，还是外建"王道"，皆离不开价值与文化。中国文化倾向于认为，人类社会之所以未能摆脱种种弊病，就是因为人们不能了解理想社会的存在模式及其价值，故中国文化通过持续不断的艰苦理论探索，力图为人类社会开辟、找到更多理想的发展模式。

在中华优秀文化中，蕴涵着极为深刻、丰富的价值理论思维的成果。如前文所述，它具有"天理"、"本心"、"仁"、"诚"的价值本体思想；"先立乎其大"、"格物致知"、"即物穷理"、"涵养省察"的道德价值修养之功夫；"立人极、明王道"，"急乎天下国家之用"，"开物成务"、"通天下之志"、"成天下之业"、"自强不息"、"经世济民"的社会责任感；"义"与"利"、"道心"与"人心"、"理"与"欲"、"性"与"情"、"未发"与"已发"的价值评判思想；"厚德载物"、"乐天知命"、"与天地合其德"的道德价值的超越境界等，这些方面构成了中国优秀传统文化的主要内容。

中国的哲学与文化大都关注人与社会的问题，重视人生观、价值观的讨论。他们将价值问题与人生问题、社会历史问题相联系，关心人生和社会的价值和意义，人应该追求什么样的理想人格，社会应该追求什么样的理想社会。这对于构建当代人类的道德规范和伦理精神，具有重要的理论和实践意义。从价值学的视野出发，从中国哲学与文化中总结出其中带根本性的价值观问题，建构价值哲学的理论体系，并进而将之传播至世界，这是当前我们所面临的一个十分重要的研究课题。

（二）中华传统优秀文化的创造性转换与创新，为世界文化发展做出贡献

通过对中华民族优秀价值观的研讨，我们就能够明白自己的民族和文化曾经是什么，可以进一步追求什么，从而在现代社会的发展中，不至于沉沦和迷失方向。在此基础上，对中华传统优秀文化的继承、发展，将会有力地推动中国哲学与文化对世界的贡献。中国社会在经历了改革开放之后，迎来了社会主义事业的飞跃发展。在这一时期，随着全球化趋势的不断深化，中西文化的交流与碰撞，在文化价值层面上，逐渐形成了中西交汇、古今融通的局面。这种局面的形成，要求我们具有一种文化价值理念的自觉，要对自己本民族的文化进行创造性转换，做出综合的创新，突显出其作为世界主流价值观念载体的重要作用。

（三）为建构符合现代世界所需要的新文化、文明形态提供文化资源

在对中国的哲学、伦理、政治等领域具体问题的探讨中，如人性善恶、王道政治、天理与人欲、持敬与功夫等问题中，都不可避免地会涉及一般的价值问题，从而呈现出独特东方特色的价值观。如果要评价中国哲学与文化在世界文化与文明发展中的地位与作用，我们认为，这不仅表现在其理论体系趋于完善、学术内涵不断丰富，更重要的是，现当代中国文化的主体精神和关心人类发展前途、命运的问题意识愈来愈明确。从目前的学术发展态势来看，伴随着中华民族逐步走向复兴，当代有不少学者探讨中华民族文化主体性的确立与重建问题，以及中华优秀文化如何更好地贡献于世界的问题。这其中，首先要确立与重建民族文化的主体性，要使中华民族的文化生命变得成熟与自觉，能够反思自己是什么？追求什么？这其中就有着重要的价值取向问题。

其次，面对当代社会所存在的新、旧价值观的冲突，中、西价值观的冲突，如

何建构一个科学、严谨、完整的世界文化、文明发展体系，是当代社会所面临的一个重大问题。改革开放以来，在经济、科技、文化发展方面，不断推陈出新、去伪存真；中国知识界的学风，也随之而变，这表现在它通过融会中西、贯通古今，不断为构建人类社会的主流价值思想体系而努力。通过将中华优秀文化进一步推向世界，将能够促进中西不同文化、文明的交流与对话；也能够为人类在新的社会历史时期确立起科学、正确的思想观念和价值导向，起重要的参考和借鉴作用。

最后，可以预见，中华优秀文化走向世界，将可以为指导人类的社会实践，有效地解决各种价值冲突、价值危机对人类社会所造成的危害，不使整个世界因价值观念冲突而导致危机，将整个世界建设成一个和谐、美好世界，产生积极的影响！这对于世界的和平与发展，也能够起到积极作用。

我们今天处于古与今、中与西哲学文化大冲突、大融合的时代，努力推进中华优秀文化走出去，将可以为建构符合现代世界所需要的新文化、文明形态提供优秀的文化精神资源。我们完全可以自信地说，中华优秀文化有能力推动世界文化、文明向崭新的未来迈进，可以为人类社会的发展开辟出理想的发展路径，建构富有创造力的发展模式。

第九章　文化自信背景下中华优秀传统文化的发展

第一节　中华优秀传统文化传承路径

一、传统文化的内涵、地位及圆周

（一）定位传统，厘清源头

1. 概念梳理，文化定位

文化是一个生生不息的运动过程，任何一种民族文化，都有它发生、发展的历史，都有它的昨天、今天和明天。广泛意义上的"大文化"是理解中华优秀传统文化是文化自信的"源头活水"时应立足的天地。中华文化是以文化的民族性和国度性为依据，以地理环境为依托划定的文化概念。中华传统文化则是融合了地理性和历史性进而在时空中划出的一片文化领域。这是"昨天"的中华文化，具体指19世纪40年代以前的中华文化。中华传统文化是我们先辈传承下来的丰富遗产，是历史的结晶，并不只是博物馆里的陈列品，而是有着鲜活的生命。传统并不仅仅是一个管家婆，只是把它所接受过来的忠实地保存着，然后毫不改变地保持着并传给后代。它也不像自然的过程那样，在它的形态和形式的无限变化与活动里，永远保持其原始的规律，没有进步。传统是社会的一种生存机制和创造机制，借助于它，历史才得以延续，社会的精神成就和物质成果才得以保存和发展。

2. 把握优秀内核，提炼优质内涵

中华传统文化源远流长、博大精深的特质不仅给文化继承提供了丰富的资源，而且也给文化传承带来了因袭的负重。由于对自身的传统认识和外部环境的客观把握都不够透彻，这样一年年、一代代的传承难免泥沙俱下、良莠不齐。中华优秀传统文化概念的提出，让探索文化的眼光从纷繁、迷茫中定位到优秀的内核，既能来龙去脉地了解传统文化的发展历程，又能避免被无法穷尽的枝节材料所淹没，量上的减少为找寻最核心的质节省了精力。外延的收缩、内涵的提炼，让我们认清了中华优秀传统文化是新时代国家、社会、个人应该忠实坚守的文化自信的"源头"。

（二）认识内涵，划定圆周

文化有广义和狭义之分，隐性和显性之别，中华优秀传统文化是中华传统文化的组成部分，它既有文化的共性，也有自身的个性。因此，在探讨其内涵时，可以从共性角度对中华优秀传统文化进行显性和隐性两方面的考察，从而划定优秀传统文化的圆周，在既定的范围内给文化自信输送"活水"。

1. 显性文化是人的本质力量的对象化

首先，表层显性文化特指器物层面的文化实体，即由"物化的知识力量"构成的物态文化层。它是人的物质生产活动及其产品的总和，是可感知的、具有物质实体的文化事物，构成整个文化创造的基础。其用途能满足人类最基本的衣、食、住、行的生存需要、生产生活的劳动需要以及休闲娱乐的精神需要。其材料是人类主体通过社会实践活动，利用、改造自然界客体而创造出来的包含人的价值取向的产品。其次，中层显性文化指在人类社会实践中形成的各种社会规范和社会组织，即制度文化层。物的文化生产过程形成一定规模进而成为一种社会的活动，必然会结成一定的社会关系。人类高于动物的根本之处在于人不仅只进行满足直接肉体需要的生产，而且进行摆脱这种需要支配的真正的生产。在对对象世界的改造中，使自然界表现为他自身的创造物和他的现实性，从而创造出一个属于他自己、服务于他自己，同时又约束他自己的社会环境即"人化自然"，这便是人通过不断反观自身的实践达到的"自然人化"过程，创造的"人化自然"结果。人在"人化自然"中创造准则，并将其规范为社会制度，固化为社会组织，上升为政治制度。最后，深层显性文化即精神文化层，包含社会意识和社会思想。社会意识形态则指经过系统加工的社会意识，它们往往是由文化专家对社会心理进行理论归纳、逻辑整理、艺术完善，并以物化形态——通常是著作、艺术作品——固定下来，播之四海，传于后世。如政治理论、法权关系、宗教信仰、文学艺术等。而社会思想除一些学术思想或成一家之言的学派观点之外，其思想的最高抽象和凝练便是哲学思维。

2. 隐性文化是人的本质力量的内在化，体现在心理潜意识和符号上

第一，人类社会实践和意识活动中长期孕育出的思维方式、价值观念、审美情趣以及由心理动机而产生的行为模式均属于心理文化层的范畴。第二，符号中的言语符号包括声音言语、文字言语、图形言语和非言语符号中的情态言语、体态言语既为人类文化的传承提供了载体，又是人类文化的重要组成部分。特别是汉字作为文字言语同中华传统文化有着极为密切的关系。它既是中国文化的重要文化事项之一，又是中华文化中其他文化项的载体。通过对中华优秀传统文化显性和隐形内涵的范畴界定，我们便能在既定的文化圆周中甄别文化自信建设的营养成分，清除源

头的污染物，从而保证汇入文化自信的中华传统文化的优秀纯洁。

二、树立传统文化塑造性意识

传统文化是文化自信的"活水"还是"死水"？这类问题，是大而无当的假问题，真正该探讨的问题应该是传统文化的某一部分以何方式、在多大程度上影响、制约着我们今天的生命活动？我们应该怎样去塑造新的传统？为此，我们将所探讨的文化定位于中华优秀传统文化，在这样的大前提下回答传统文化是文化自信的"活水"还是"死水"的问题就显得有话可说、有理可持。

"活水"既有流淌之势，又有动态之感。中华优秀传统文化的"活水"在"过去"往"现在"流向"未来"的历程中，我们不仅看到文化基因的悠久沉淀，更体会到传统文化血脉如水般难以割断。费孝通先生曾认为，"文化自信指的是生活在一定文化历史圈子的人对其自身文化的自我觉醒、自我反省和自我创建，对文化的发展历程和未来有充分的认识。"因此，当传统文化遇见现代文化自信时，不同支流的活水是泾渭分明还是兼容并蓄？这个问题在中华优秀传统文化与文化自信的融汇中难以避免，面对传统与现代的张力，两种不同的表现形式让传统文化存在着"活水"变成"死水"的危机。

（一）破除一无是处式全盘否定，寻找自身传统的自信曙光

"全盘西化论"与"彻底重建论"否定传统文化的合理性。中华优秀传统文化的"活水"经过几千年的流淌进入了现代化的大门。在现代化的进程中一些学者倡导"冲击—反应"论，认为以儒学为核心的中华优秀传统文化是一个内部缺乏活力的惰性体系。它长期停滞不前，只有在西方文化的冲击下，才被迫做出反应，被迫向近代转变。这一观点虽肯定了近代西方文明对中国近代化进程的历史推动作用，但也具有一定的片面性，它仅看到传统文化在这一进程中的消极阻碍性，从而单方面认定传统文化是中国近现代发展中的阻碍。在片面性思想的发酵下易产生"全盘西化论"、"彻底重建论"等对中华传统文化全盘否定的倾向。"全盘西化论"认为西方皆优，自身皆劣，对传统文化怨天尤人、满腹牢骚，在妄自菲薄中丧失了民族自豪感和文化自信心。"彻底重建论"则认为必须对中华传统文化进行全力的动摇、震荡，使之彻底解体，尽速消亡，倡导想要建设中国新文化，"必须进行彻底的反传统""断裂传统""以反传统来继承传统"，甚至宣传反传统是"永远不悔的旗帜"。

无论是"全盘西化论"还是"彻底重建论"都是对自身文化的不自知、不认同、不自信。"人贵有自知之明"，民族也是一样，唯有客观把握自己的缺点，才能舍旧取新，大步前进，唯有了解自己的优良传统，才能保持高度的文化自信。优良传统中的家国天下的经世理想、穷变通久的变易哲学、民贵君轻的民本意识、自强不

息的进取态度都是连接中华优秀传统文化与文化自信建设的纽带。这些传统文化内在的活力因素必然唤醒文化的自信。把握你自己的文化，认识到传统文化本身内在的活力因素，这是中华优秀传统文化在面对历史和时代的阻碍时，冲破窒息流淌的束缚，寻觅传统现代化发展的曙光、建设文化自信的希望所在。

（二）冲破泥沙俱下式全盘接受，恢复文化传统的自信信念

1. 泛化优秀，全盘接纳

对中华传统文化不加辨识，夸大传统文化内部的优秀成分，以偏概全，只看到其丰富的精神内涵，忽视其中的荒杂内容。将中华优秀传统文化泛化为中华传统文化的文化保守主义者倡导复兴儒学，认为中国社会出路的解决在于文化出路的解决，而文化出路的根本解决在于儒学的复兴。但是作为中华传统文化核心的儒学思想本身并非尽善尽美的，更不是包治百病的良方。从儒家思想本身的优劣不齐来看，如果说完全恢复儒学的地位，充分恢复传统文化在中国的统治地位并指导中国的文化建设，这无疑会给文化自信本身带来不自信。若中华传统文化是文化自信的优良补给，必然会因源头的不纯洁而污染文化的自信，从而窒息文化自信的活力，动摇文化自信的信念。

2. 把握"传统"与"文化传统"，澄清全盘接受的误区

从传统角度看，"传统"本质首先是"传"，它应该是动态的、富有生命力的东西，因此具有"传下去"的合理性和必然性。凡是现实的都是合理的。这里的"理"也昭示着一种文化传统，即符合社会规范之理。合理的文化是时代选择的结果，是文化内在机制调节的结果。在历史演变的大叙事下，中华优秀传统文化是时代"合理性"积聚的结晶。从文化传统角度看，"所谓文化传统，就是受特定文化类型中价值系统的影响。经过长期历史积淀而逐渐形成的、为全民族大多数人所认同的思想和行为方式上的难以移易的心理和行为习惯。"当文化传统这种事实判断的范畴与民族文化的"基本精神""民族精神"相结合时，在价值指向上，就有优秀与否之分。因此，只有优秀的传统文化才能指引文化传承的现代性路径，才能是文化自信最深厚的文化基因。

三、建构四维度传承网络，夯实三立足传承基石

在新民主主义革命时期，研究党史的根本方法是全面的历史的方法并将其称之为"古今中外法"，即弄清楚所研究问题发生的一定时空，把问题当作一定历史条件下的历史过程去研究。对于文化研究来说，"古今"就是从时间角度把文化及其传统看作是历史地发展着的；"中外"就从空间角度正确处理民族文化和外来文化的关系。

因此，对中华优秀传统文化，在讴歌中探索，在自豪中反思，在固守中并蓄，在传承中创新。我们要树立四个维度：古、今、中、外；坚守三个立足点：建筑、活动、精神。只有这样的传承拓展，才是丰富中华文化，建设文化自信的王道。但是百年实践探索中仍存在建筑单一趋同化，教育机械形式化，精神空洞亵渎化的趋向。毫无疑问，没有中华传统建筑就没有中华文化固化。没有生产教育宣传就没有中华文化活化。没有传统敬畏精神就没有中华文化神化。

（一）秉承平等交流理念，强化自身开放适应性

1.探古寻根，清澈源头

讲清中华优秀传统文化的价值理念、深邃内涵、鲜明精神，探清中华优秀传统文化的历史渊源、发展脉络、基本走向，在探古寻根中增强文化自信。

（1）横向领会中华优秀传统文化内涵

中华优秀传统文化实质上是民族精神的具体表现。从中华文化基本精神的主体内容方能领会传统文化的丰富内涵。"天地与我并生，万物与我为一"的精神境界，"人事为本，天道为末"的人本意识，"苟利国家生死以，岂因祸福避趋之"的报国情怀，"富贵不能淫，贫贱不能移，威武不能屈"的浩然正气等，都体现了中华民族的优秀传统文化和民族精神，都是不应该忘却的"本来"和"初心"。我们要扩宽传统文化的圆周，在更广阔的天地感悟文化的广博，坐井观天、一叶障目只会滋长自负的情感，唯有眼界开、认识深、站得高，方知宇宙之大，人之渺小，从而端正对中华优秀传统文化的态度，树立文化自信的信心。

（2）纵向探寻中华优秀传统文化根源

只有确切了解人类全部发展过程中所创造的文化，只有对这种文化加以改造，才能建设无产阶级的文化。没有这样的认识，我们就不能完成这项任务。我国现今建设文化自信，必须对中华传统文化的历史进行科学的考察和分析，从而对传统文化史作出科学的总结，端正对传统文化的看法。从上古时代至西汉时期，中华文化独立流淌，滋润华夏一方土地。两汉佛教的输入，与中国固有的传统思想既相互对峙又相互影响。在彼此融汇中，中国佛教已接受中国本土思想的熏陶而凝铸在中华传统文化之中。明代后期，因传教士来华带来了西方的自然科学知识。西学东渐的风气下，简单模仿并不能解除民族的危机。马克思主义在中国的传播，也使中华文化的发展进入一个新的阶段。文化史探究中，中华文化从古至今的纵向流动中，其创造性、延续性、兼容性的特点让中华优秀传统文化焕发出不懈的动力，凝结着历史的精华，它并不是博物馆里的陈列品，而是有着活的生命。历史探究，让我们认清现实发生的合理性和存在的必然性，即使局部存在着中华优秀传统文化与文化自信的碰撞，我们依旧会信心满满地进行先进文化建设。

2. 守望今朝，坚守活水

（1）重视传播手段，加快传统文化现代化建设

我们大多数都感到"时代变了"，特别是当我们把自己和父母的生活相对比的时候，这种感觉便是我们对近代文化变迁最切身的感受。文化变迁并不仅仅出现在我们的文化中，在整个人类历史上，随着人们需要的变化，传统行为不断地被取代或被改变。中华传统文化在几千年的文化变迁中传承至今，眼下的中华优秀传统文化仍然面临着变迁，面临着现代化的问题。自身文化通过创造性转化，创新性发展实现文化自立、自强。优秀文化只有借助传播手段才能让国人接受，让世人尊重。文化传播不仅在传播方式上存在着"地理文化中心论"即以一个地理文化中心（埃及），随后，在其他各民族与其接触中，传播扩散到世界各地，与"平行传播论"即认为世界上存在着一道传播着几个不同的文化复合体，而且在传播内容上也形式多样，不管是打上文化烙印的实体还是无形思想的传播都属于传播的对象。

（2）传播社会主义核心价值观

因为优秀传统文化是中华民族的精神命脉，是涵养社会主义核心价值观的重要源泉，也是我国在世界文化激荡中站稳脚跟的坚实根基。成体系的核心价值观有其固有的根本。抛弃传统、丢掉根本，就等于割断了自己的精神命脉。新时代提出的社会主义核心价值观，把涉及国家、社会、公民的价值要求融为一体，既体现了社会主义本质要求，继承了中华优秀传统文化，又吸收了世界文明的有益成果，再现了时代精神。核心价值观传承着中华优秀传统文化的基因，寄托着近代以来中国人民上下求索、历经千辛万苦找寻的理想和信念。我们要在全社会广泛传播社会主义核心价值观，积极吸取中华优秀传统文化中与时俱进的新内容，不断补充价值观的建设，让社会主义文化更加自信，让中华民族更加自信、自立、自强。

3. 立足中华，捍卫清流

清理失衡环境，捍卫文化自信。文化是民族进步的灵魂，文化软实力是国家精神的纽带。中国文化经历了 20 世纪以来的心酸历程。当今中国倡导文化自信的首要一步便是肃清文化生态环境。"文化生态环境"是指由构成文化系统的各种内、外在要素及其相互作用所形成的生态关系。中华文化发展的堪忧现状表现为文化生态的失衡—民族传统文化常常被误解，高雅文化、精英文化市场日渐萎缩，而娱乐文化则大行其道。培育良好的文化生态最有效的措施是政府发挥激浊扬清的作用，肃清文化生态环境，为文化自信保驾护航。

首先，组织领导统帅传统文化传承路径。各级党委和政府要从坚定文化自信、坚持和发展中国特色社会主义、实现中华民族伟大复兴的高度，切实把中华优秀传统文化传承发展工作摆上重要日程。党的十八大以来，以习近平总书记同志为核心

的党中央高度重视中华优秀传统文化的传承发展，始终从中华民族精神追求的深度看待优秀传统文化，从国家战略资源的高度继承优秀传统文化，从推动中华民族现代化进程的角度创新发展优秀传统文化，使之成为实现"两个一百年"奋斗目标和中华民族伟大复兴中国梦的根本力量。其次，政策保障捍卫传统文化传承路径。加强中华优秀传统文化传承发展相关扶持政策的制定与实施，注重政策措施的系统性协同性操作性。加大中央和地方各级财政投入力度，支持中华优秀传统文化传承发展重点项目建设，制定文物保护和非物质文化遗产保护专项规划等都是传统文化发展必不可少的政策性路径。最后，文化法治环境护航传统文化传承路径。文化自信离不开传统传承、现代规划的引导，更离不开文化法律建设的推动和保障。立法的宗旨是为了加强公共文化服务体系建设，弘扬社会主义核心价值观，增强文化自信，提高全民素质，营造健康文化法治环境。第一，立法保障。逐步建立中国特色社会主义文化法律体系和制定一系列与之配套的制度与机制，为文化市场、文艺创作、遗产保护、文化安全提供重要保障。第二，执法监督。提高文化系统的依法行政能力，满足人民的文化权益，加大文化执法行为的监督，对涉及保护传承弘扬中华优秀传统文化的相关法律法规的施行力度进行重点监督检查。第三，法治宣传。在全社会宣传营造守法光荣、违法可耻的氛围。增强全社会依法传承发展中华优秀传统文化的自觉意识，形成礼敬守护和传承发展中华优秀传统文化的良好法治环境。

4. 放眼国外，百川汇海

开放世界的八面来风驱散了曾经笼罩在民族心头的封闭阴云。人类各民族相互交流的深度和广度都在不断拓展。在这样的时代大潮中，中华优秀传统文化将以怎样的姿态参与世界文化的合作、交流，即中华优秀传统文化的适应性问题。文化的发展规律是：一个民族的文化只有遇到更先进的文化，在冲突与融合中才能更新发展。相比其他国家的文化开放程度，中华文化的适应能力是比较弱的，在中国地理环境，经济方式和制度传统的影响下，产生了强烈的文化优越感和自我中心的文化心态。在文化自负心理的发酵下，这种自我本位，视"华夏"文明高明而精微，"外来"文化低劣而粗浅。近代的落后挨打，让一部分国人改变了这一看法，但是，时至今日，仍然存在着对中西文化融合道路的分歧。就文化本身，中西文化无优劣之分，即使评判高低，中华文化悠久的历史，渊源的内容也更胜一筹。之所以在传统文化与世界文化交流适应中表现出弱势和消极之感，这并不是文化本身造成的，而是取决于文化背后的经济因素。这其中最关键的便是科学技术的作用。

5. 科技助跑，自信交往

科技创新推动的首次工业革命，诞生了大工业，孕育了现代市场。资产阶级除非对生产工具，从而对生产关系，从而对全部社会关系不断地进行革命，否则就不能生存下去。资产阶级，由于一切生产工具的迅速改进，由于交通的极其便利，把一切民族甚至最野蛮的民族都卷到文明中来。在发达国家和落后国家的文明冲突中，落后国家必然会主动或被动地学习先进国家的科技成果，甚至产生崇尚西方文明、贬低自身传统的不自信思想。因此，中西文化应秉承平等交流的理念，强化自身开放和适应性。不仅需持有平等观念、全球观念等现代意识，而且需发展科学技术，赶上西方科技的步伐，用硬实力支持软实力的建设，在中西文化交流中彰显自信的民族文化。

（二）三立足回归文化初心

1. 建筑：固化文化，积淀自信

建筑是凝固的艺术，是固化的文化。建筑的本质是为了栖息，但是人们在生产过程中会不经意留下自己文化的影子。中国古代建筑从有据可依的西安半坡圆形和大方形住房，就一直同自身文化观念和与之相适应的审美趣味相联系。中国建筑的根本特色是由中华文化的特点决定的。建筑提倡"透风漏日"，从门窗到亭台廊榭的设计均得自然之动景，感宇宙之情韵，体现了中华文化气化流动，衍生万物的宇宙观。宫殿建筑的阳刚和园林建筑的阴柔生动凝练了儒家阳刚和道家阴柔之美。建筑的最高境界"和"是艺术家将中华文化"和"的基本精神运用到固态艺术上的再现。

秉承保护方针，建设城镇文化。建筑文化遗产的价值，根本在于它能见证历史，即它的历史价值。我国保护传承文化遗产秉承着"坚持保护为主、抢救第一、合理利用、加强管理"的方针，积极做好文物保护工作，加快新型城镇化进程。因此，我们要坚守传统文化遗产保护原则，加强传统文化建筑群的保护，建立历史文化名城、名镇、名村等特色文化传承区域，进行集中重点完善，发展文化特色区域旅游产业。目前，城镇化发展的蓝图依旧在更加清晰和细致的描绘，城镇化"望得见山、看得见水、记得住乡愁"的美好愿景也有很大推进。但是，城镇化高楼大厦平地起的光鲜外表下，人们在眼花缭乱中总是感到冰冷与陌生。工业文明标准化的追求，容易导致城市建筑的千篇一律、千城一面，城市发展中个性的缺失、文化的缺失让人们失去了熟悉的味道。"钢铁＋混凝土＋玻璃幕墙"的冰冷让建筑急需灵魂的注入，急需传统文化的支持。文化是一座城的灵魂，只有文化的浸润，城市建筑才能彰显其魅力。因此，城镇建筑的建设必须与传统文化相结合，将文化元素、文化脉络融入建筑之中，搞好城镇文化生态，使建筑有灵魂，使城市有传统，使文化有自信。

2. 活动：活化文化，激发自信

传统是社会的一种生存机制和创造机制。借助于它，历史才得以延续，社会的精神成就和物质成就才得以保存和发展。正因为如此，文化传统并非仅仅停滞于博物馆的陈列品和图书馆的线装书之间，它还活跃在今人和未来人的实践中。

首先，文艺创作实践活跃传统文化传承。善于从中华文化资源宝库中提炼题材、获取灵感、汲取养分，把中华优秀传统文化的有益思想、艺术价值与时代特点和要求相结合，运用丰富多样的艺术形式进行当代表达，推出一大批底蕴深厚、涵育人心的优秀文艺作品。只有自觉投身人民生产生活的伟大实践中，才能从最真实的人民生活出发，发现人民喜怒哀乐，创作出持续满足人民精神文化需求的良作。传统与现代结合的文艺作品才是不失本来又能开拓未来的精品，才能成为宣传文化自信的号角。

其次，教育、宣传实践搞活传统文化传承。第一，国民教育贯穿始终。围绕立德树人的根本任务，将中华优秀传统文化在广度上融入思想道德教育、文化知识教育、艺术体育教育各环节，在深度上贯穿启蒙教育、基础教育、职业教育、高等教育各领域。第二，宣传教育全面覆盖。综合运用报纸、书刊、电台、电视台、互联网站等各类载体，融通多媒体资源，统筹宣传、文化、文物等各方力量，创新表达方式，大力彰显中华文化魅力。家庭教育中广泛开展文明家庭创建活动，挖掘家训、家书文化，为青少年营造良好家庭文化环境。社会引导中重视承接传统习俗、符合现代文明要求的社会礼仪，形成言行恰当、举止得体、礼让宽容的社会风尚。国家战略上加大对国家重要礼仪的教育宣传力度，彰显中华传统礼仪文化的时代价值，树立"文化大国"、礼仪之邦的自信形象。

最后，生产生活实践激活传统文化传承。一方面，用中华优秀传统文化的精髓涵养企业精神，培育现代企业文化。静态企业文化管理中重点组织企业文化的培育和养成。组织内在精神的提升及展示，组织规章制度的制定和明示，组织文化设施的建设和维护，组织经营文化的设计与传播。动态企业文化管理中重点组织文化的传播和弘扬。开展技术技能型文化活动增加工人劳动技能；开展生活福利型文化活动增加工人劳动保障。开展文体娱乐型文化活动增添工人劳动乐趣。开展制度创新型文化活动保障工人劳动公平。另一方面，深入发展传统体育，抢救传统体育项目，把传统体育项目纳入全民健身工程。组织体育健身意识，形成个人良好健康头脑；组织体育制度建设，完善体育竞赛、运动的法律法规。组织体育行为习惯，形成持久、有序、渐进的健康行为。在个人中营造健康体魄生态，在社会中形成健身文化理念，从而丰富文化自信的内容，彰显更广泛的文化自信。

3. 精神：神化文化，敬畏自信

传统敬畏涵养对中华优秀传统文化的敬畏之心。孔子有云："君子有三畏：畏天命、畏大人、畏圣人之言。"强调敬畏自然，顺应万物本性，敬畏在人性中充分展现人性光芒的典范形象，敬畏洞悉天地之道而穷其理，敦风化俗的圣人之言。敬畏在一般意义上表达的是人们对社会生活严肃、谨慎和认真的态度，是人在面对庄严崇高事物时所产生的带有害怕、尊敬的感受，是对文化超然性的意识。对传统文化的敬畏之心是人类最可贵的自信。因为人是文化的存在方式，任何人都无法回避"我从哪里来"这一形而上的问题，都强烈渴望"安身立命"的根性回归，而这一问题在个体生命中是不能充分被说明的，只有从世代延续的人类发展历程中才能有效地回答。传统保护着我们，划定人性的圆周。基于民族传统的认同，我们才有安身的可能，才有自己的"文化身份"，基于社会生活，传统更维系着基本的社会秩序。因此，对自身民族文化传统葆有敬畏之心是文化自信最难得的初心。

自信缺失弱化文化自信底气。中华优秀传统文化当今面临的最大困境就是对传统文化本身自信的缺失。中华文明历史悠久，这种传统的厚重感让我们身居其中而不自知，历史的飞快向前更淡化了对民族传统的自觉意识。20世纪至今的百年流变中，中华优秀传统文化并没有在自觉中得到很好的传承，不可否认，文化建设依旧是我们的短板。我们时常感叹：中国是一个文化资源大国，却是一个文化产业小国。

文化自信首先来源于信仰，因相信而有敬畏之心。只有拥有敬畏之心，才会有"虽不能至，然心向往之"的敬仰之情，才会有摒弃糟粕，坚守底线的畏惧之情。当今的部分民众缺少对传统文化的敬畏之心，这种自信的缺失会弱化优秀传统文化作为中华民族精神血脉、文化基因的价值，甚至丧失整个民族的独特性和存在的现实性。

雄关漫道真如铁，而今迈步从头越。今天，文化建设的步伐依旧缓慢。为此，习近平总书记倡导"文化自信"，将其与制度自信、道路自信、理论自信并列，认为文化自信是更基本、更深层、更持久的力量，体现了党和国家对文化建设的高度自觉。在文化自信建设中，我们不仅要脚踏实地，将传统文化放于实践生活中，着眼于具体政策的实施，具体方案的出台，而且要仰望星空，置传统文化于浩瀚星空，心存敬畏，做到"口诵而得其教，心维而得其旨，体行而得其道"，才能在文化自信建设中有所为有所不为，坚守道德底线，呵护文化操守，从而坚守恒定的文化价值。

因此，我们要心中存敬畏，视传统为"立命"之根，在文化自信建设中以神话般的敬畏尊重传统，严肃对待传统，这样才能找寻到传统文化传承发展的明确路径，这样我们的文化自信建设才不会迷失方向，我们的步伐才会更加矫健。

第二节　坚定文化自信弘扬中华优秀传统文化

一、挖掘中华优秀传统文化中的优势与价值

在几千年的历史变迁中，中华民族创造了悠久灿烂的中华文化，其博大精深源远流长令人叹服。中国传统文化指的是在长期的历史发展中保留在中华民族中具有

稳定形态的中国文化，是中华民族赖以长期发展、不断进步的精神支撑和智力支持。它包括思想观念、价值取向、道德情操、生活方式、礼仪制度、风俗习惯、宗教信仰、文学艺术、教育科学等诸多层面的广博内涵。中华优秀传统文化根植于中华传统文化中，是一个丰富的有机体，是中国传统文化的精华所在气魄所在，体现着民族精神里的价值内涵。

（一）中华优秀传统文化有着独一无二的连绵不断性

回溯世界历史，成熟的农耕文明均出现过异族入侵，结果就是尽享恒河流域滋润的南亚次大陆四分五裂，各色侵略者轮番而上，令人惊叹的哈拉帕文明早已湮没在漫漫黄沙中，与中古印度完全脱节；巴比伦和埃及，至今被 7 世纪才兴起的伊斯兰文明统治着，原生文明沦为博物馆里永远破译不了的谜团。及至现在，这些地方总是战争频发，炮火不断，灾难连连。而中国有着多元一体的格局，在不同时期、不同地域、不同阶层都有它们各自的文化特色，这些文化在中国优秀传统文化中的"贵和"哲学熏陶下，原有的传统既表现出中国文化的共性又保留了各自的个性，其内容也更加丰满。当代中国，幼童学语时诵读着两千年前圣贤尊者留下的训诫，少年读书时赏析着一千五百年前文人墨客挥毫写就的诗词歌赋，亲子共游时观览着一千年前工人们精雕细琢的壁画石刻，垂暮昏昏时聆听着从五百年前流传至今的婉转昆曲，这是多么的难能可贵。

即便是在近代，西方列强的隆隆炮火下，中国走到了半殖民地半封建社会的生死危机下，中国的文化依然没有走到亡国灭种的悲惨境地。林则徐为抗击英军，开始研究西方文化，他主持编译了《四洲志》，魏源在《四洲志》的基础上著成了《海国图志》，该书阐述了"师夷之长技以制夷"的思想，咸丰年间，出现了中体西用的文化观，尽管它强调的是西学的"用"法，但这种文化观对于冲破传统思想的禁锢，开阔当时的人们视野都起到了十分积极的作用。并且这些文化思想并不是对中国传统文化根本性的革除和改造，仅仅是一种观念上认知上的转变。简言之，近代中国的传统文化是在与西方文化冲击交融中，历经曲折的延续和发展。

纵观世界文明史，留存到今天、完整而昂然屹立的文明只有中华文明。中华民族具有 5000 多年连绵不断的文明历史，创造了博大精深的中华文化，为人类文明进步做出了不可磨灭的贡献。在中华优秀传统文化中"价值整合"精神的奠定下，造就出坚定文化自信弘扬中华优秀传统文化了华夏文明无与伦比的历史延续性和文化稳定性，这是我们肯定自身文化时的一大优势。

（二）中华优秀传统文化有着永不褪色的时代价值

中国优秀传统文化丰富多彩涉猎广泛，除却前文所提到的思想文化，行为文化中的饮食、衣饰、建筑、戏曲等都应该被囊括其中，但是，那些色味俱全的传统美食、做工精美的头钗步摇、曲径通幽的私家园林、身韵兼备的青衣花旦，也是由相应的思维方式、价值取向和审美情趣所指导所决定的，从中反映出人们对社会生活的理解、情感和理想，是蕴含着特定的精神内涵的。因此从这个角度可以认为，中国优秀传统文化，就是中华民族长期发展过程中形成的，曾经起过积极的作用，迄今仍有合理价值，能够为中华文化的现代传承和创新发展起到积极作用，能够促进社会进步和民族发展的文化。在这样的理解下，本文将主要从精神思想的层面，发掘中国优秀传统文化的时代价值。

五千年绵延不绝的中华文明有着博采百家众长、兼及八方智慧的特点，在此基础上还有一种支撑着我们这个民族不断繁衍生息不断自我更新的内在精神动力。于是在历史长河的千淘万漉下，一些思想观念和固有传统长期受到人们的尊崇，成为生活行动的最高指导原则，它限定人们的思维方式，支配人们的行为习俗，控制人们的情感抒发，左右人们的审美情趣，悬置着人们的终极关怀，在历史上起到极大推动社会发展的作用，这就是中华优秀传统文化的基本内涵，将其概括为：和谐统一的哲学意蕴、家国同构的伦理取向、贵和尚中的思维模式、内圣外王的修身理想、经世致用的科学意识、关怀现世的宗教引导、崇德重义的高尚情怀、厚德载物的博大胸襟。

中国优秀传统文化昭示的精神思想，在现当代中国，依旧能指引中国文化健康的精神方向，能够激励着人们的精神信念，能够催生中华民族的理想，能够鞭策中华儿女的奋斗，能够孕育炎黄子孙的精神品格。中国优秀传统文化在今天仍然具有强大的生命力与价值性。

（三）中华优秀传统文化有着深厚广泛的世界影响

中华优秀文化传统影响力巨大，它超越了地域、阶级、党派、种族、时间的界限，哺育了每个中华儿女。从世界历史的范围来看，作为世界文化的重要部分的中华传统文化也一直影响着其他民族，创造了遥遥领先世界精神文明的灿烂历史。

从远古时代一直到16世纪，中国传统文化源源不断的向外辐射和传播，朝鲜在商周时期就传入中国文化；西汉张骞出使西域，沿着丝绸之路，中国的丝绸陶瓷等自此远销中亚西亚；日本在隋唐时期派遣使者和问学僧前往中国积极学习中国文化；到了12世纪，出现了一批来华的冒险家和旅行家，这些人把在中国的所见所闻做了生动传奇的介绍，引起了更多欧洲人的无限向往，掀起了狂热的中国风。

中国古代科技成就更是灿若群星，是最为耀眼最为自豪的。例如中国很早就形成了独具特色的农学体系，成书于北魏末年的《齐民要术》提出了因地制宜、多种经营和商品生产的思想，它不仅奠定了我国农学发展的基础，在世界农业科技发展史中也占有重要地位；中国古代数学的丰厚成果更是熠熠生辉，中国人发明了完整而抽象的九九乘法口诀和沿用了一千多年的筹算法，在公元前 1 世纪左右成书的《周髀算经》内详细地介绍了勾股定理的公式与证明；中国古代的天文学也成就斐然，公元前 613 年在《春秋》一书中便有了关于哈雷彗星的文字记录，这个发现早于西方近两个世纪；最能代表中国古代科技之博大精深的当属医药学，从甲骨文和商代遗址中出土的文物可以看出当时的人们已经积累了较为丰富的医学知识，战国名医扁鹊编纂了中国最早的医学文献《扁鹊内经》，唐代苏敬主持撰写的药典《新修本草》比欧洲的《佛罗伦萨药典》早了 839 年，明代时诞生的不朽巨著《本草纲目》万历年间传至日本，之后被译成多种文字在欧洲传播，此书还创立了当时世界上最先进的分类法。中国还有许多其他方面的科技文化，包括地理、陶瓷、建筑、物理等学科的技术在相当长的时间都处于世界领先水平。

中国古代科技的成就比比皆是不胜枚举，这些成就站在当时的人类历史的巅峰，为人类文明的发展做出了卓越的贡献。火药、指南针、印刷术——这是预告资产阶级社会到来的三大发明。火药把骑士阶层炸得粉碎，指南针打开了世界市场并建立了殖民地，而印刷术则变成新教的工具，总的来说变成科学复兴的手段，变成对精神发展创造必要前提的最强大的杠杆。可以说，中国古代的科技在世界范围内广泛传播，并推动着世界文明与文化的进步。这样无出其右的伟大发明与令人惊异的世界影响是中华优秀传统文化的鲜明特色，是促使我们形成文化认同的有力因素。

当代中国是历史中国的延续和发展，当代中国思想文化也是中国传统思想文化的传承和升华，要认识今天的中国、今天的中国人，就要深入了解中国的文化血脉，准确把握滋养中国人的文化土壤。只有坚持从历史走向未来，从延续民族文化血脉中开拓前进，我们才能做好今天的事业。中华优秀传统文化以其对世界文化的卓越贡献和对中华民族绵延不绝的影响，以及它生生不息薪火相传的历史延续性，为坚定文化自信提供了深厚的历史支撑。

二、理性对待中华传统文化

任何一种文化都不可能与世隔绝，都需要从其他文化中汲取养分。在面对多重异域文化的冲击下，对中国传统文化过度肯定，在文化上自我满足自我陶醉，以致自我封闭是一种不切实际的态度；对中国传统文化轻率否定，莽撞的切割自身的文化血脉，会使民族成为无根之木无源之水。把握好这一尺度，在面对中国传统文化时要做到客观诠释、理性对待。

历史上从区域国际政治格局来考察，在公元前 3 世纪形成直到公元 19 世纪末期衰败解体的朝贡体系中，中国始终处于核心或"共主"地位。到了 18 世纪末期的乾隆时期，清王朝依然对于要求通商的英国马戛尔尼使团不屑一顾，要求该使团以"贡使"的身份觐见乾隆，因礼节而争执时，皇帝讲说"天朝地大物博、物产丰盈、无所不有，不需要外族的货物也不需要和外族通商贸易。"一方面反映出清朝统治者自外于世界发展潮流对于现代化理念的缺乏，另一方面也暴露了封建王朝对于中华文明的高傲自负。字里行间里透露出的文化优越感，甚至可以说自负。文化自负是一种对待自身文化时的自满自足与妄自尊大。这种态度折射出了一种对外来文化的恐惧和戒备心理，以致自我封闭、处处设防。

近代以来，中国在西方列强百般欺凌的悲风凄雨下，中华民族的文化心理出现了巨大的落差，不仅有了生死存亡的民族危机感，更有开眼看世界后，倍感差距的挫败感。在面对中国传统文化的时候，国人由"骄矜自得"的文化自负变为"技不如人"的文化自卑。甚至，中国读书人还反用了社会进化论，认为是中国文化的落后，才造成了中国政治、军事、经济的整体落后。在民族危机的遮蔽下这种文化危机一直潜藏至今。生活里常有这样的言论："西方比较文明东方比较专制，进口的东西就是好，国外肯定不会发生这样的事儿，出国了多好可别再回来了"等等，这种一切向"西"看的标准和追求，重塑了我们的审美权，推翻了我们的历史解释权，压抑了我们的理想，偷换了我们的希望。这样的文化自卑，诱使中华民族狭隘的轻贱自己无知的膜拜西方。

文化自负带来的往往是因循守旧依傍前人阻碍创造的思维，文化自卑带来的则是自愿接受别国一切改造最终被控制思想的精神殖民。同时，在现代社会，对中国传统文化的肯定，并不意味着可以对传统文化进行过度的阐发。必须实事求是的看到中国传统文化中的不足之处，特别是科学与民主精神的匮乏，使得它必定无法在当代社会中焕发出曾经拥有的全部荣光。

不论是文化自负还是文化自卑，都是一种错误的认知。以怎样的态度对待外来文化和民族文化，考验着一个国家的文化自信。文化自信是一种基于理性认识上的成熟表现，也是一种文化上知己知彼的精确认知。建立文化自信，克服盲目的文化自负和盲从的文化自卑，既要有开放包容的胸怀，做到与时俱进，推陈出新，以宽容的态度和开放的心态积极应对世界文化的冲击；也要有辩证取舍的科学精神，能够以理性的态度吸纳外来文化，能够从客观的角度诠释自己的文化。文化越是自信，越是能守护住中华民族的精神支柱，越是能在世界文化激荡中站稳脚跟，越是能创造出属于中华民族的新辉煌。

三、大力弘扬中华优秀传统文化

中国现时的新政治新经济是从古代的旧政治旧经济发展而来的，中国现时的新文化也是从古代的旧文化发展而来，因此，必须尊重自己的历史，决不能割断历史。因为有传统，所以才有现代；因为有了现代，所以必须对传统进行审视。文化自信的树立与传统文化是不可分割的、联系密切的，应该从它们的关联中发掘出合理积极的因素，为当代社会主义的发展、为建设社会主义文化强国提供应有的历史资源。

（一）在中华优秀传统文化中汲取精神滋养

中华优秀传统文化作为一种物质性与思想性相结合的理论性和非理论性的、对整个社会具有正面性、积极性、稳定性和现实性的精神成果的聚合体，其价值取向和思维方式为基础和核心通过构建社会心理、伦理观念、行为习惯、价值观念、理想人格、思维方式以及审美情趣等等，广泛地传播在中华大地上，深刻地影响着炎黄子孙们。它作为中华民族通过继承和遗传而来，集体而普遍的文明积淀，历经时代的变迁，始终保持着相当的稳定性和持久性，给中华民族打上了深刻的民族烙印。

在中国优秀传统文化中提出的："民贵君轻"的民本思想；"天下兴亡，匹夫有责"的爱国精神；"言必信，行必果"的诚信态度；"鞠躬尽瘁，死而后已"的奉献意识；"民惟邦本，本固邦宁"的治国理念；"不以一己之利为利，而使天下受其利，不以一己之害为害，而使天下释其害"的无私情怀；"不以规矩，不能成方圆"的自律观念；"和而不同"的理性思辨。其中所涉及所包含的价值诉求与现当代社会倡导的社会主义核心价值观高度契合，均可从中国优秀传统文化中寻根问据、引申诠释。

中华优秀传统文化发挥着文以化人的教化功能，把对个人、社会的教化同对国家的治理结合起来，达到相辅相成、相互促进的目的。对中华文明形成并延续发展几千年而从未中断，对形成和维护中国团结统一的政治局面，对形成和巩固中国多民族和合一体的大家庭，对形成和丰富中华民族精神，对激励中华儿女维护民族独立、反抗外来侵略，对推动中国社会发展进步、促进中国社会利益和社会关系平衡，都发挥了十分重要的作用。

文以载道，文以化人。中国优秀传统文化中的丰富哲学思想、人文精神、教化思想、道德理念等，可以为人们认识和改造世界提供有益启迪，可以为治国理政提供有益启示，也可以为道德建设提供有益启发。它给人们以理性的启迪，智慧的播撒，感性的熏陶，旷达的渲染，以此建立了一种受思维心理影响而形成的行为体系，隐没在生活方式之中，润物细无声地影响着国民、社会和国家。中华优秀传统文化发挥着一个民族、一个社会、一个国家的精神导向的作用，通过构建一个民族伦理道德的表率垂范；树立一个社会评判是非曲直的价值标准；彰显一个国家理想信念的追求取向等路径，建立了一个积极健康的人文环境和稳定和谐的社会环境。中华优秀传统文化通过树立相同的价值追求与精神导向、协调国民的心理和行为、垂范中华民族的思想德行与伦理规范，建立了坚定文化自信的思想支柱。

文化自信，就是对本民族优秀传统文化的自信。它源于对本民族优秀传统文化的必要尊重，源于对本民族文化特质和文化价值准确的判断和定位，更源于对本民族优秀传统文化的合理继承。中国民族文化自信的底气来自中国优秀传统文化，中华优秀传统文化是坚定文化自信的沃土。

（二）在中华优秀传统文化中攫取力量支撑

文化自信的建成，离不开人们有意识有目的的文化实践活动。凝聚全体国民的社会共识，增强人们的主观能动性，是坚定文化自信的必由之路。而中国社会共识的凝聚很大程度上依靠的是国民基于中国优秀传统文化形成的文化共识。中国优秀传统文化是中华民族在长期共同生活中形成的具有本民族独特风格、独特气派的文化，能够跨越时空、超越国度、加强民族团结、振奋民族精神、增强民族向心力。它散发出的永恒魅力是炎黄子孙之间血脉相连的纽带。对同根同源文化的深度认可能够凝聚成中华儿女普遍共识的文化认同感与民族归属感，继而培养出传承、发扬、创新文化的精神动力，是坚定文化自信的关键。中国优秀传统文化留给当代的我们的文化资源，包括文学、艺术、建筑、服饰、饮食等等都是弥足珍贵的，如果能利用好、开发好这些文化资源，无疑是对中国优秀传统文化最好的宣传，也是实现文化自信的一大助力。

文化自信旨在打造民族共有的精神家园，凝聚社会共识，建设社会主义文化强国，塑造国家形象，提高国际影响力。因此，要做到文化自信，不仅要做要让中国人从内心深处信仰并热爱自己的优秀文化，更要做到将立足本国又面向世界的当代中国文化传播出去，明确中华民族的精神标识，使世界各国领略华夏文明的独特魅力，进而在世界文化中具有感染力、吸引力，在国际舞台上具有号召力与影响力。这样，中国既能凝聚广大人民的价值共识和精神力量，又能回应西方文化话语的频频诘难，从容面对世界范围内不同文化的交锋。

弘扬中华优秀传统文化，增强国民心理上的文化认同感和民族归属感，是涵养文化自信的具体要求；展现中华优秀传统文化，凭借其独特魅力在国际上获得更多认可与喜爱，是践行文化自信的现实需要。

（三）积极推进中华优秀传统文化创新发展

任何一种传统文化，不论它在历史上的影响力多么持久多么深远，构成它的核心理念都是产生于过去，这决定了传统文化在现代化的过程中，其固有的一些认知和观念必定会与现当代社会不相兼容。而能够使我们树立起文化自信的"传统文化"，必定是经过现代性审视而仍然具有活力的那部分传统文化，是能够和当代社会衔接、能够给予我们精神力量和价值指引的优秀传统文化。同时，必须明确的是，尽管中国优秀传统文化在民族文化自信的建设中有着不可替代的作用，但我们也必须清醒地认识到：如果一个民族将自身对文化的自信仅寄托于传统的复兴，而不是当代文化的蓬勃发展，是不切实际的。

一种文化的活力不是抛弃传统，而是能在何种程度上吸收传统、再铸传统。一种文化，能否经受住历史和实践的检验，被证明是先进且正确的而非落后和错误的文化，很大程度上取决于能否与不同文化在相比较中存在，在斗争中发展。

不忘历史才能开辟未来，善于继承才能善于创新。在结合新的时代环境，对传统文化重新提炼和发展，以期形成契合当前时代特征的文化的过程中，我们应当持有如下的态度与行为：

1. 理解中扬弃

以历史为坐标观照传统文化的本来面目、尊重其历史作用，并以此为基础，再以时代性为现实关怀对传统文化进行科学的评判，在对传统文化的评判中寻找出民族文化繁荣发展的路径选择，从而对传统文化进行超越；而不是用时代性对它进行屏蔽、覆盖，更不是对它进行诋毁、全盘否定或涂抹、粉饰。

2. 保护中传承

保护好传统文化才能更好地集成其中的优秀文化，不仅要强调经典传统文化的传承，更要对民间的非物质文化给予更多的培植和保护。这将增强我们保护文化发展世界竞争性，为我国甚至世界文化发展的多样性增光添彩，大力推动文化自信的建设。

3. 交流中创新

文化交流是文化得以进步和发展的动力，在世界文化中与各个民族的文化在交流中碰撞，在冲突中融合，在学习中创新，才能真正做到"古为今用""洋为中用"，才能创造出面向现代化、面向世界、面向未来的，民族的、科学的、大众的社会主义文化。

真正的文化自信，首先是以对本民族文化做出客观分析、理性定位为基础的，其次在此基础之上，才能产生对自身文化价值的充分肯定，才能树起对自身文化发展道路和方向的坚定信念，才能做到推进优秀传统文化现代化，形成具有时代气息和民族特色的中国文化，最终使得中国优秀传统文化在现实条件下能够自主发展。给中国优秀传统文化增添活力，就是为坚定文化自信注入蓬勃生机。

（四）文化可以深入人们的一切活动

文化是人各项活动里面的基因，是我们的精神家园，也是我们的传统。文化一旦内化于心，就有稳定性和长期性。文化自信渗透于道路自信、理论自信、制度自信之中。一旦文化自信树立起来，这个影响更长远更深厚更广泛。只有对于自己国家、民族的文化不断扬弃、不断创新，才能形成对于本国文化的充分自信与坚定信仰，才会形成对于他者的影响力、感召力与吸引力，进而形成具有普遍意义的价值认同、文化追求。坚定文化自信，既是增强中华民族凝聚力的表征，也是文化大国应当给予世界文明的贡献。今天的中国正逐步实现中华民族的伟大复兴，西方自由主义不是中国复制的对象，中国也不会无谓的恳求被西方世界承认一切。独特的文化传统，独特的历史命运，独特的基本国情注定了中华民族必须走自己的路，建构自己的社会范式，在崭新的时代境遇中凸显着发展中的中国文化的实力与魅力，在理论自信、制度自信和道路自信的基础上，走向文化自信。

第三节　以史为鉴弘扬中华优秀传统文化

一、文化自信的历史命运

文化自信的历史命运，与人类经济、社会、政治的发展密切相关。随着国家、民族的形成和发展，各国各民族之间的交往不断发展起来，冲突与合作、对峙与融合、战争与和平，缤纷杂现、变幻莫测。但是，在资本主义之前人类社会发展的历史中，这种交往从范围来说还是地区性的，从性质和价值趋向来说则受到不同时期地区主要强国的文化特性的明显影响。例如，在世界东方，就受到历史悠久的中华文化的深刻影响，以和平、友好为主旋律，在交往中各国各民族的文化自信得到了高度尊重。古代中国出现了如汉唐盛世那样推动东方各国各民族友好相处、和平繁荣的局面，出现了如张骞通西域、玄奘西行、鉴真东渡、郑和下西洋等开辟古代丝绸之路的壮举，贯通欧亚大陆、横跨亚非海路，促进了更大范围各国各民族友好贸易、和平交往的发展。

资本主义的产生和发展，推动了各国各民族在各方面的全球性相互往来和相互依赖，这合乎经济、社会发展的规律，是历史的进步。但是，资本的本性及逻辑却把少数国家、民族的繁荣建立在劫掠大多数国家、民族的财富与尊严的基础之上，把世界推入殖民掠夺的血海，开启了世界历史在近代的大变局、大动荡、大分裂。西方列强用坚船利炮满世界抢夺殖民地，同时到处践踏和摧毁殖民地半殖民地人民的文化自信。世界不是更加和谐而是更加分裂，民族之间不是更加平等而是更加对抗。这成为文化自信历史命运的一个重大转折。

全世界从此既紧密相连又深刻分裂，一边是西方列强，一边是被侵略被掠夺的殖民地半殖民地国家和民族。西方列强以"文明"自居，以"世界中心"自诩，以"文化优越感"自恋，他们把文化自信扭曲成自己的"文化霸权"，既要把自己的价值观强加于人又极其伪善地到处实行"双重标准"。他们"霸气"十足，奉行"强权即真理"的强盗逻辑，同时在殖民地半殖民地国家和民族肆意摧毁其文化自信，豢养奴才、培植"奴气"。文化自信从来没有像这样在全世界面临一方面被扭曲、一方面被践踏的大危机。

有压迫就会有反抗。在帝国主义殖民主义的压迫和洋奴们的为虎作伥面前，殖民地半殖民地人民的文化自信，以不屈不挠、宁折不弯的"骨气"迸发出来，放射着强烈民族精神独立性的时代光辉。殖民地半殖民地人民以"骨气"反对西方列强的"霸气"，以坚决的革命斗争反抗帝国主义殖民主义的侵略压迫，这不仅反映了被压迫民族的要求，而且反映了整个世界的要求。因为西方列强对世界的统治其实是国际资产阶级的阶级统治，所以全世界无产阶级和被压迫民族便成为声气相投的兄弟、并肩战斗的盟军。恩格斯在《共产党宣言》1893 年意大利文版序言中强调：不恢复每个民族的独立和统一，那就既不可能有无产阶级的国际合作，也不可能有各民族为达到共同目的而必须实行的和睦的与自觉的合作。文化自信由此在新的历史条件下以深刻的时代内容和深远的世界意义获得了升华。

正如毛泽东在《新民主主义论》中指出的，中国共产党是在一个殖民地、半殖民地、半封建的社会，在"我们民族的灾难深重极了"的条件下领导中国人民进行革命的；中国革命发生在国际资本主义非更加依赖殖民地半殖民地便不能过活的时代，发生在各个资本主义国家的无产阶级"宣布他们赞助殖民地半殖民地解放运动的时代"，因而中国革命已经是"新的世界革命的一部分"，是"无产阶级社会主义世界革命的一部分"，因而不为帝国主义所容许，而为帝国主义所反对。中国共产党就这样准确判定了时代发展的必然趋势，准确判定了中国革命的历史方位，深刻认识了中国人民肩负的世界历史使命。因此，毛泽东提出了"发展民族新文化提高民族自信心"的庄严任务，强调这种新文化首先就是"反对帝国主义压迫，主张中华民族的尊严和独立"的。这种高度的文化自觉、坚定的文化自信，帮助中国人民推翻了三座大山，取得了新民主主义革命的胜利，为实现近代以来无数志士仁人"振兴中华"的梦想提供了基本前提。经历了百年屈辱，"中国人民从此站起来了"，这是对全世界无产阶级革命和被压迫民族争取独立、解放事业的巨大鼓舞，是对正在土崩瓦解的殖民主义体系的沉重打击。

世界反法西斯战争胜利以后，许多国家和民族走上了独立自强的发展道路。新中国建立后，中国共产党领导中国人民进行社会主义革命，进而开始了巩固和建设社会主义的艰辛探索。但是，西方列强称霸世界的野心没有改变，它们拉拢资本主义国家、敌视社会主义国家，把世界拖入冷战的漩涡。它们信奉和推行西方中心论的观念没有改变，竭力摧毁其他各国各民族文化自信的企图没有改变，它们继续推行强权政治、炮舰外交，把自己的社会制度和意识形态强加于人，同时大搞种族歧视、双重标准，对不顺从自己的国家实行经济封锁、政治颠覆、挑起内乱和战争。它们对社会主义国家实施西化分化战略，大肆煽动抹黑其历史荣光、抹黑其领袖和英雄从而摧毁其理想信念与文化自信的历史虚无主义思潮。但是，中国却以坚定的文化自信，在中国共产党领导下，高举社会主义旗帜，历经曲折，战胜艰险，成功地找到了建设中国特色社会主义的道路，改革开放和现代化建设取得了辉煌成就，国家兴旺发达，人民生活水平不断提高。特别是进入 21 世纪以来，和平和发展的时代潮流席卷全球、势不可挡。以中国为代表的新兴经济体和广大发展中国家，经济、社会快速发展，在世界经济中的分量越来越重，国际影响力和话语权越来越大。而其他国家经过国际金融危机的打击、中东战争的消耗、恐怖袭击和难民潮的冲击，新自由主义到处碰壁，"华盛顿共识"声名扫地，霸权主义捉襟见肘，"民主"神话濒临破灭，体制失效警号长鸣。整个世界的财富和力量的重心正在发生历史性转移。广大发展中国家和新兴经济体的文化自信越来越有底气。在这样的历史关头，西方国家特别对中国的文化自信感到担忧，甚至视为威胁，深刻反映出它们面对霸权主义滑落轨迹的历史挫败感。

施害者和受害者的历史记忆和历史感受迥然不同，但是，历史的前行却不以人们的主观意志为转移。时代不同了，各国各民族的文化自信再也不容随意践踏，这是全世界人民历史奋斗的胜利成果，是文化自信自身真理性和正义性的历史证明。坚定文化自信，将继续成为各国各民族兴旺发达的精神支撑，将帮助全世界人民奔向持久和平、共同繁荣的未来。历史已经证明并还将证明，坚定文化自信，促进世界各国各民族全球性普遍交往和相互依赖，实现各国各民族独立自主、相互尊重、合作共赢，共建人类命运共同体，这符合世界各国人民的根本利益，是历史发展不可阻挡的大趋势。殖民主义、霸权主义，终将被汹涌澎湃的历史潮流所吞噬。

二、坚定文化自信弘扬中华优秀传统文化

中华民族有 5000 多年的悠久历史，创造了灿烂的中华文明。在世界四大古老文明中，唯有中华文明延续至今，并保持着强大的生命力和创造力。中国作为一个文明古国，长期在世界上科技领先、经济繁荣、国力强盛，对人类文明进步做出了巨大贡献。我们坚定文化自信的一个重要方面，就是要科学总结历史文化遗产，把那些真正体现中华民族禀赋、特点、精神的优秀传统文化继承下来，并根据新的时代条件在创造性转化、创新性发展中加以发扬光大。

（一）天下为公、以民为本

以坚定的文化自信传承和弘扬中华优秀传统文化中天下为公、以民为本的价值取向和精神追求，永远和人民血脉相通，全心全意为人民服务。

我国古代很早就提出"民为邦本，本固邦宁"，把人民作为国家的根本。周武

王伐殷，师渡孟津而作《泰誓》，说："天视自我民视，天听自我民听"，"民之所欲，天必从之！"把"民之所欲"作为推翻商纣暴政的革命正义性的根本依据。春秋战国时期，以民为本是诸子百家的共识。管仲鲜明地说："政之所兴，在顺民心；政之所废，在逆民心。"老子说："圣人恒无心，以百姓之心为心。"孔子提出"大道之行也，天下为公"的"大同"社会理想。孟子强调："民为贵，社稷次之，君为轻。"他对齐宣王说："乐以天下，忧以天下，然而不王者，未之有也。"对梁惠王说："老吾老，以及人之老；幼吾幼，以及人之幼。天下可运于掌。"天下为公、以民为本的思想博大精深，为中华传统文化种下了富有人民性和革命性的基因，在长期的历史发展中反复经受实践检验而不断丰富和发展，形成多层次的核心价值观和坚定的精神追求。举贤任能、讲信修睦、关心民瘼、重视民生、倾听民意、顺乎民心，成为促进国家兴旺发达、克服各种危机和挑战的强大正能量；公忠为国、公而忘私、重义轻利、先义后利，"先天下之忧而忧，后天下之乐而乐""天下兴亡，匹夫有责"，铸就了充沛天地的人间正气；"己所不欲，勿施于人"，推己及人，扶危济困，尊老爱幼、慈爱友善，催进着中华民族的社会和谐与进步。

在马克思列宁主义指导下，中国共产党在领导中国革命、建设、改革的伟大实践中，把人民群众作为国家真正的主人，作为历史的创造者，一切为了人民，一切依靠人民，充分发挥人民群众的历史主动性，帮助人民推动历史前进。这是对中华民族优秀传统文化的继承和升华。在实现中华民族伟大复兴的奋斗中，坚定文化自信，必将使前人"天下为公"的理想和"以民为本"的传统在新的历史高度上得以发扬光大。

（二）保持中华民族精神上的独立性、创造性和生命力

以坚定的文化自信传承和弘扬中华优秀传统文化中自强不息、勇于创新、善于学习、与时俱进的开放思维和开阔胸襟，永远保持中华民族精神上的独立性、创造性和生命力。

中华民族自古铭记"满招损，谦受益"，对客观世界采取敬畏尊重、虚心学习的态度，是一个谦逊好学、求真务实的民族。老子提出"道法自然"的原则，承前启后，影响深远。古代哲人讲"日新之谓盛德"，讲"苟日新，日日新，又日新"，讲"天行健，君子以自强不息"，都不但是"道法自然"的生动实践，而且培育了中华民族乐观进取的精神、开放创新的思维和开阔包容的胸襟。同时，中华民族又历来反对叶公好龙、纸上谈兵、讥讽坐井观天、夜郎自大，批评刻舟求剑、囫囵吞枣、嘲笑邯郸学步、东施效颦，要求无论学习和创新，都要从自己的实际出发，都要注重实践、接受发展着的实践的检验。这种勇于创新又不忘初衷、谦逊好学又不失根本、乐于包容又拒绝迷信盲从的充满辩证精神的文化立场和态度，使中华优秀传统文化富有原创性、开放性、包容性，使中华民族自古以来就以"朝闻道，夕死可矣"

的精神去执着地追求真理、实践真理，为真理而斗争。

这种文化立场和态度，在天下为公和以民为本的价值取向和精神追求的驱动下，使中华民族在强盛时能够亲仁善邻、海纳百川、取长补短、互学互鉴，在困顿与灾难中能够不屈不挠、励精图治、转益多师、探寻新路，形成了中华民族积极进取的巨大创造力和"多难兴邦"的强大修复力。玄奘西行、鉴真东渡这样历经艰辛、九死一生的文化交流传奇，是发生在国势强盛的唐朝的千古美谈。明朝郑和率领船队横跨波涛汹涌的太平洋、印度洋，到处传播友谊、互惠贸易，那是当时世界上最为强大的无敌舰队。而在19世纪40年代以后，在陷入殖民地半殖民地悲惨境地的深重灾难中，中华民族进行了人类历史上最为伟大的海外学习运动、最大规模的社会变革试验、最为深刻的人民大革命，终于成功改变了民族命运。

自20世纪中叶以后，为了探寻救国救民的真理，中国一批又一批志士仁人去西方各国考察、学习，向国内介绍、宣传西方各种思想理论。但是，迷信西方、全盘向西方学习的结果，却总是先生打学生。最后，学习了马克思主义，中国人民才在精神上掌握了主动权，找到了前进的方向。为了探寻适合中国国情的制度，辛亥革命推翻封建王朝以后，中国把君主立宪制、议会制、多党制、总统制都拿来试过了，结果都行不通。最后，中国人民选择了社会主义，才走上了民族复兴的道路。而且，在中国共产党领导下，中国革命也没有简单照搬俄国十月革命首先在城市暴动的具体经验，而是探索出坚持武装斗争，以农村包围城市、最后夺取全国胜利的中国经验，取得了革命的胜利。中国在基本建立社会主义制度以后，在世界社会主义探索遭遇严重挫折的情况下，又确立了改革开放这个根本政策，创造性地探索出在社会主义制度下发展市场经济的中国特色社会主义道路，创造出举世惊羡的中国奇迹。可以相信，继续坚定不移地传承与弘扬这种以人民为中心的价值取向、从善如流又不失自我主体性和独立性的辩证思维，中华民族将能成功应对各种时代挑战，不断进行理论创新、制度创新，沿着中国特色社会主义道路胜利前进。

（三）弘扬中华优秀传统文化中的美德

以坚定的文化自信传承和弘扬中华优秀传统文化中热爱和平、以德服人、向善向上的道德境界，践行亲仁善邻、和而不同、合作共赢的国际关系原则，建设人类命运共同体。

中国自古重视德。《尚书·大禹谟》中说："正德、利用、厚生惟和。"把"正德"列为平治天下的三件大事之首。先秦时期的诸子百家共同塑造着中华文化重德尚义的传统。在老子那里，德就是"善"，他说："上善若水，水利万物而不争。"在孔子那里，德的核心是"仁"，提倡"泛爱众而亲仁"。孟子也说："仁者，爱人。"这种观念渗透于"修身齐家治国平天下"的各个层面。在这些层面上，都要重德、敬德，都要与人为善，都要践行"己所不欲，勿施于人""己欲立而立人，己欲达而达人"的原则。

中华优秀传统文化对于德的重视和认识，其重要特点和可贵之处在于不仅讲"利万物""泛爱众"，而且讲"和而不同""和为贵"。在长期的社会实践中，先哲们对世界的多样性有着深刻的认识和概括。西周史伯说："夫和实生物，同则不继。以他平他谓之和，故能丰长而物归之，若以同裨同，尽乃弃矣。"指出不同的东西彼此和谐才能生成世间万物，如果所有的东西都一样，世界就不再发展了。由此形成了中华优秀传统文化中"和而不同"的思想。

《周易》所谓"地势坤，君子以厚德载物"，《礼记》所谓"万物并育而不相害，道并行而不相悖"，都是讲"和而不同"是自然之道，也是君子之德。这就要承认差异、包容差异、尊重差异，以求同存异、互学互鉴和谐相处，并推动事物的积极发展。人与人相处、国与国相交、民族与民族相友，都要遵循这个原则。这是个人和顺、家庭和睦、社会和谐、民族团结、天下太平的通途。所以，中国自古反对霸道，反对穷兵黩武、对外扩张，主张"远人不服，则修文德以来之"，强调"得道多助，失道寡助"，践行亲仁善邻、协和万邦。这些，正是"和而不同"的观念在处理国家关系、民族关系上的运用。

中华民族是在历史进程中逐渐形成并经过数千年历史风雨考验和洗礼的一个多民族的大家庭。这些民族之间的关系不是征服者与被征服者的关系，而是相互尊重、平等相待、情深谊长的同胞兄弟。中华文化是这些民族共有的精神家园，中国是这些民族共同的祖国，是这些民族的命运共同体，各个民族各自独有的文化特点、风俗习惯和权益得到了充分的保障和尊重。这本身就是"和而不同"的一个成功典范。

中国自身的历史经验使中国从来拒绝扩张野心，也从来没有为扩张领土而发动过侵略战争。中国在很长的历史时期一直是世界强国，却从来没有奉行过西方列强那种"国强必霸"的思维逻辑和行为模式，更没有西方列强为抢夺殖民地而残酷灭绝土著民族、大规模劫掠非洲黑奴的罪恶行径。新中国成立后，一直奉行独立自主的和平外交政策。经过多年的奋斗，中国正在强大起来。一些西方舆论鼓噪所谓"中国威胁论"，其实正是按照他们自己的思维逻辑和行为模式以己度人。1860年英法联军抢劫并纵火焚毁圆明园、1937年日本侵略者南京大屠杀等令人发指的暴行，早已被世界人民钉在历史的耻辱柱上。那种殖民主义、军国主义的文化传统和精神追求，必然被抛进历史的垃圾堆。中国将坚定文化自信，传承和弘扬中华优秀传统文化，亲仁善邻、以德服人，和而不同、合作共赢，努力建设人类命运共同体，造福于中国人民，造福于全世界。

英国历史学家汤因比曾明确地比较了中华文明与西方文明的特征和历史贡献。

他认为，西方在经济和技术上影响和征服了全球，但是却留下了政治上的民族国家林立世界的超级难题，这个政治真空将由中华文明来补足。他最终的结论是，中华文明，这个历史上一直以和平主义和世界主义为取向的天下文明，将在 21 世纪成为全人类的共同精神财富。

历史和现实都正在强有力地证明，一个强大、自信的社会主义中国在世界东方蒸蒸日上，不会重复西方资本主义发展的老路，将打破"国强必霸"的西方逻辑，不是世界的"威胁"，而是世界的机遇。它将为应对各种全球性挑战和加强全球治理提供重要的中国方案，为世界各国人民谋和平求发展奉献有益的中国智慧，在推动世界建设人类命运共同体方面做出独特的中国贡献。

参考文献

[1] 翟均林. 传统文化与沟通交流 [M]. 长春：东北师范大学出版社，2020.

[2] 汤忠钢. 传统文化与人文精神 [M]. 北京：光明日报出版社，2020.

[3] 杨文涛. 中国传统文化 [M]. 北京：中国言实出版社，2020.

[4] 李丹. 中国优秀传统文化 [M]. 长春：东北师范大学出版社，2020.

[5] 阳光宁. 大学生传统文化素养 [M]. 江苏凤凰美术出版社，2020.

[6] 张妮. 文化名家谈文化自信 [M]. 北京：人民日报出版社，2020.

[7] 陈剑安，陈载舸. 文化自信与国家凝聚力 [M]. 广州：广东高等教育出版社，2020.

[8] 李军，赵宇飞. 中国人的文化自信 典藏本 [M]. 孔学堂书局，2020.

[9] 邹广文. 当代中国文化自信研究论纲 [M]. 北京：中国青年出版社，2020.

[10] 王淑卿. 文化自信视域下传统文化的传承发展研究 [M]. 吉林出版集团股份有限公司，2020.

[11] 于凌炜. 新时代中国特色社会主义文化自信研究 [M]. 北京：知识产权出版社，2020.

[12] 张波. 新时代走向"强起来"的文化自信研究 [M]. 长春：吉林大学出版社，2020.

[13] 汤一介. 中国传统文化的特质 [M]. 上海教育出版社，2019.

[14] 周秉伟. 传统文化进校园 [M]. 镇江：江苏大学出版社，2019.

[15] 袁荣高，张波. 中国传统文化教育 [M]. 成都：电子科技大学出版社，2019.

[16] 张义明，易宏军. 中国传统文化概论 [M]. 西安：西北大学出版社，2019.

[17] 宋旭民. 中国传统文化概论 [M]. 北京：国家行政学院出版社，2019.

[18] 王瑞文，柳松. 中国传统文化概论 [M]. 北京：北京工业大学出版社，2019.

[19] 张忠纲. 中华优秀传统文化 [M]. 济南：山东文艺出版社，2019.

[20] 耿超，徐目坤. 文化自信 [M]. 桂林：广西师范大学出版社，2019.

[21] 陈晋. 中国道路与文化自信 [M]. 北京：学习出版社，2019.

[22] 张义明，李慧慧. 中医药传承与文化自信 [M]. 天津：天津科学技术出版社，

2019.

[23]陈正良, 梁兴印."四个自信"之文化自信宁波蓝本[M].长春: 吉林大学出版社,
2019.

[24] 杨文启. 文化自信 家国情怀品自高[M].武汉: 武汉大学出版社, 2019.

[25]麻进余. 文化自觉与文化自信视域下的城市文化建设研究[M]. 现代出版社,
2019.

[26] 赵晶. 高校思想政治教育中的文化自信培育研究[M].吉林出版集团股份有限
公司, 2019.

[27] 陈为艳. 文化自信视域下我们如何读西方文学经典[M].北京: 九州出版社,
2019.

[28] 马怀立, 张毅. 中国传统文化[M].天津: 天津人民出版社, 2018.

[29]常彦. 中国传统文化导论[M].陕西师范大学出版总社, 2018.

[30] 曹玉华. 思想教育与传统文化[M].长春: 吉林人民出版社, 2018.

[31] 李程骅. 文化自信[M].南京: 江苏人民出版社, 2018.

[32] 李建华. 文化自信与中国伦理[M].长沙: 湖南师范大学出版社, 2018.

[33] 李建德, 杨永利. 中国道路的文化自信[M].北京: 研究出版社, 2018.

[34] 陆通. 中华优秀传统文化与文化自信[M].吉林出版集团股份有限公司, 2018.

[35] 刘建琼, 罗慧. 基于文化自信的区域教育史志研究[M].长沙: 湖南教育出版
社, 2018.